지중해 모자이크 오디세이
비키니 입은 그리스 로마

비키니 입은 그리스·로마

2010년 2월 16일 초판 2쇄 발행
2009년 8월 5일 초판 1쇄 발행
글과 사진 김문환

펴낸이 이원중 교정 윤석기 디자인 박선아 출력 경운출력 인쇄·제본 상지사
펴낸곳 지성사 출판등록일 1993년 12월 9일 등록번호 제10-916호
주소 (121-829) 서울시 마포구 상수동 337-4 전화 (02) 335-5494~5 팩스 (02) 335-5496
홈페이지 www.jisungsa.co.kr 블로그 blog.naver.com/jisungsabook 이메일 jisungsa@hanmail.net
편집주간 김명희 편집팀 조현경, 김재희, 김찬 디자인팀 이유나, 박선아 영업팀장 권장규

ⓒ 김문환 2009

ISBN 978-89-7889-199-8 (03810)

잘못된 책은 바꾸어드립니다. 책값은 뒤표지에 있습니다.

이 도서의 국립중앙도서관 출판시도서목록(CIP)은 e-CIP 홈페이지(http://www.nl.go.kr/ecip)에서
이용하실 수 있습니다.(CIP제어번호: CIP2009002216)

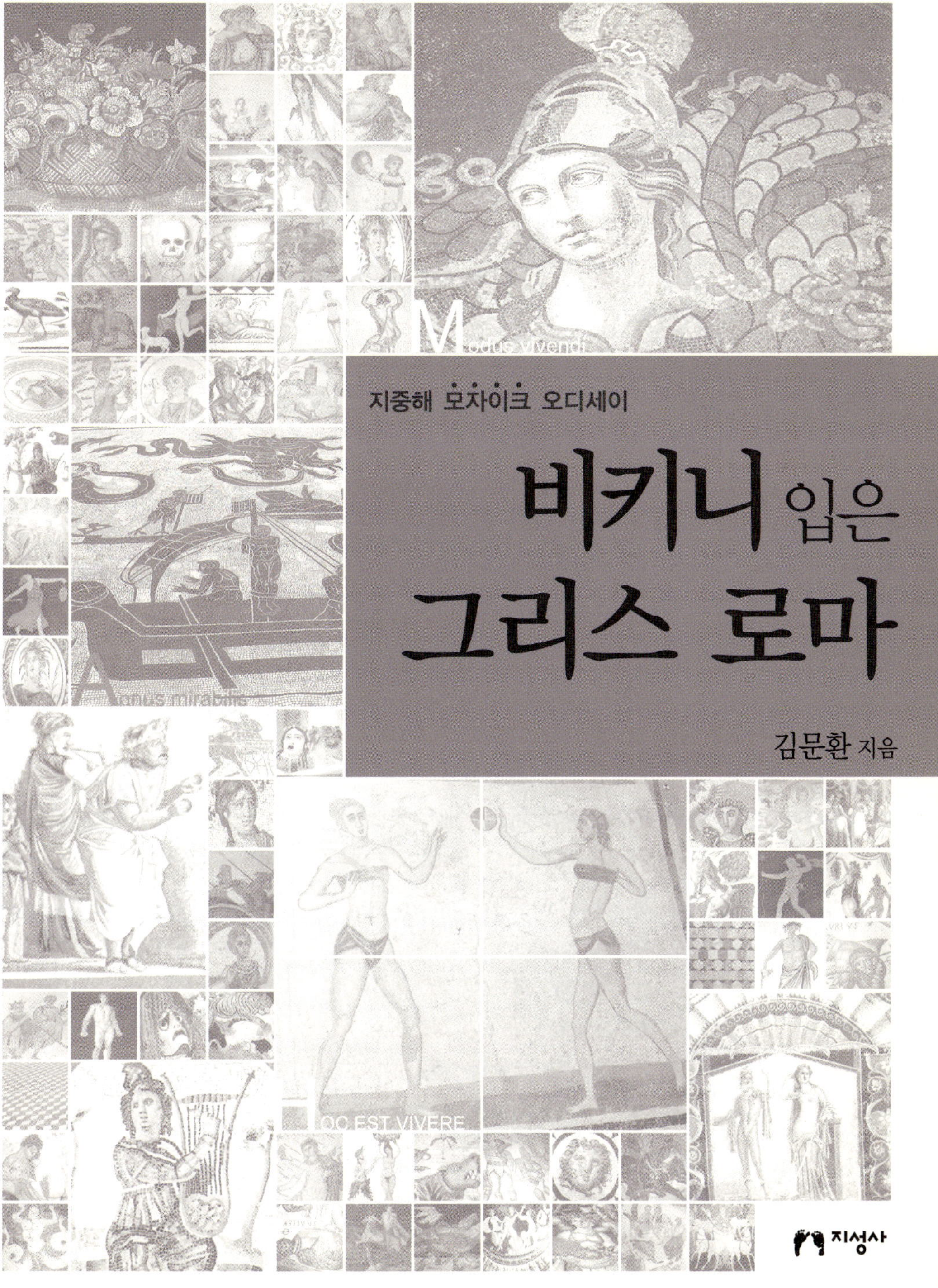

지중해 모자이크 오디세이

비키니 입은 그리스 로마

김문환 지음

지성사

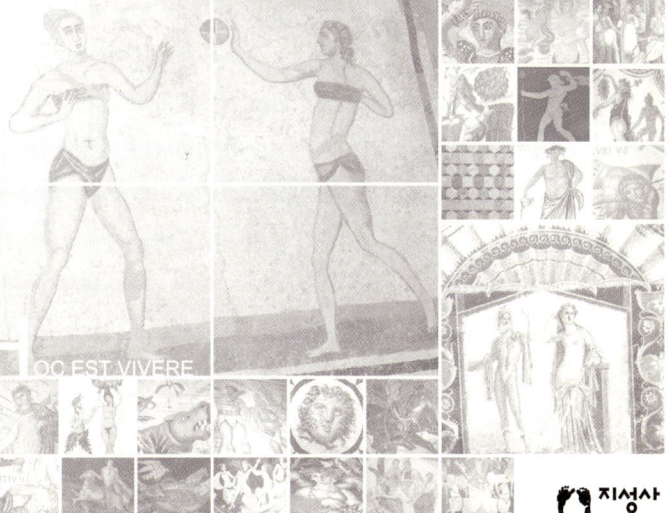

서문

지난 여름 바다가 떠오릅니다. 끝없이 펼쳐지는 푸른 하늘, 무작정 뛰어들고픈 쪽빛 바다, 곱디고운 흰 모래……. 사람 얼굴이 제각각 다르듯 마음도 달라 각자의 세상에 자신을 가두는데요, 애주가들은 소주 한 잔의 낭만, 독서가들은 파라솔 그늘 아래 삼매三昧, 몽상가들은 갈매기 위 조각구름에 펼치는 상상. 그래도 뭔지 좀 허전합니다. 무더운 오후의 나른함을 한방에 털어낼 청량제는 없을까요? 역시 사람 사는 세상의 보화는 사람이죠. 사람의 몸이 보고픈 것인지도 모르겠습니다. 그것도 군살 없는 몸매의 아슬아슬한 비키니요.

비키니 얘기 좀 풀어놓아야겠습니다. 태평양 절해고도, 생명의 씨앗까지 태워버리는 원자폭탄의 실험장소였던 곳이 바로 비키니 환초죠. 북태평양 마샬 군도의 북쪽, 북위 11도 지점에 푸른 바다 위로 목만 살짝 내밀고 앉아 있습니다. 미국은 이 섬을 장악한 뒤 원주민을 이주시키고는 1946년부터 원자탄 실험을 했습니다. 독한 방사능에 살을 깊게 데었을 텐데, 그 자리에 또다시 1954년 수소폭탄까지 터트렸죠. 지구상에서 오직 미국만 두 번 사용한 핵무기는 그 가공할 위력에 아직도 시름 앓는 이들이 있습니다. 그 핵무기만큼이나 충격적이고 뜨거운 수영복이라 해서 '비키니'란 이름을 얻게 되었죠. 초미니 비키니 수영복은 제2차 세계대전이 끝난 직후 프랑스에서 처음 등장했어요. 프랑스의 루이 레아르와 쟈끄 아임이 선보였는데, 이들이 만들어낸 비키니를 입고 사진을 찍은 모델 미쉘린 베르나르디니는 오만 통이 넘는 팬레터를 받았다고 하니 요즘 말로 '인기 짱'이었죠. 그런데 이 비키니가 널리 전파되지는 못했다고 하네요.

비키니_3~4세기 초_시칠리아 피아짜 아르메리나. 고대 로마 시대에도 오늘날 비키니 차림으로 운동하는 여인과 공놀이 운동이 있었다.

　지금의 우리들은 이해하기 어려운 당시의 이유를 들어보면, 먼저 당시 미국의 최대 수영복 제조업체 사장인 프레드 콜은 "키 작은 갈리아 여인의 옷이다. 프랑스 여성들은 다리가 짧아서 길어 보이게 하려고 비키니를 입는다."고 했다네요. '갈리아'는 프랑스를 가리키는 라틴어인데, 민족 차별에 여성을 비하하기까지 하는 발언을 서슴지 않으며 비키니를 경멸했군요. 그것도 수영복 회사 사장이 말입니다. 격세지감이죠. 한 사람 더 만나볼까요. 1940년대 미국의 여자 수영선수이자 영화배우인 에스더 윌리엄스는 "비키니는 경솔한 짓"이라고 말합니다. 자신의 몸매를 여러 사

비키니 중에서 비치 발리볼. 8등신 미인이 엉덩이가 반쯤 드러난 비키니 차림으로 얼룩덜룩한 공을 손으로 치고 있다.

람 앞에서 당당히 뽐내는 요즘의 배우들에 비한다면 이 정도는 거의 알레르기 반응이랄 수 있지요. 스페인이나 이탈리아처럼 가톨릭이 성한 나라에서는 아예 법으로 금할 정도였다고 합니다. 미스 월드 선발대회에서도 첫 대회 이후에는 비키니 대신 야회복 심사로 바꿨고요.

시대를 앞서가는 사람들은 늘 이렇게 수난을 당한다니까요. 예쁘게 보이려는 선구자들이 죄 아닌 죄를 지으며 개척해온 비키니. 마침내 용감한 두 명의 배우가 결정적인 힘을 실어줍니다. 한 사람은 브리지뜨 바르도. 특유의 넘실대는 금발에 하얀 피부, 풍만한 몸집, 여기에 농염함을 극대화시키는 화룡점정畵龍點睛의 초점 없어 보이는 커다란 푸른 눈이 매력인 프랑스 배우죠. 남성들을 자극시킬 요소를 고루 갖춘 이 배우는 아마 개를 무척 좋아했던 모양입니다. 글쎄 1988년 서울 올림픽과 2002월드컵을 앞두고 무궁화동산槿域의 보신 문화를 신랄하게 비판했던 기억이 있습니다. 그 탓에 뽀빠이가 되기를 원하며 개를 사랑하는 방법이 다를 뿐이라는 동방의 예의 바른 남성들과 관계가 악화(?)되기도 했었죠. 이것은 나중 이야기고, 당시 떠오르는 섹스심벌이었던 바르도가 1953년 깐느 영화제에 참석해 해변에서 비키니 입은 모습을 공개하고, 3년 뒤에는 「그리고, 신은… 여자를 창조했다Et Dieu…

Crea la Femme」라는 영화에 비키니를 입고 출연합니다. 이를 계기로 비키니 수영복은 남프랑스 지중해안 상트로뻬_{바르도가 살던 곳}를 중심으로 퍼지기 시작하게 되죠. 남자들의 가슴을 뜨겁게 달구는 또 한 명의 개의공신_{開衣功臣}이 있습니다. 스위스 출신 글래머 배우 우르슬라 안드레스예요. 1962년 숀 코네리가 출연한 '007 본드 시리즈'의 제1탄「닥터 노」에서 본드걸을 연기했던 안드레스는 바닷물에 젖어 몸에 달라붙은 흰색 비키니 입은 모습을 공개했습니다. 사실상 온몸을 다 드러낸 셈이죠. 생각만 해도 아찔한 이 장면은 영국의 한 텔레비전 채널에서는 비키니가 나온 영화 중에서 최고의 장면이라고 치켜세우기도 했어요.

미국 성문화의 상징『플레이보이』지는 1962년에, 스포츠와 성을 절묘하게 배합한『스포츠 일러스트레이티드Sports Illustrated, SI』지는 1964년에 각각 처음으로 비키니 차림의 사진을 싣습니다. 아름다운 여배우들의 온몸을 던진 노력으로 비키니가 점차 미국과 세계로 뻗어간 것이죠. 미국의 성문화가 1960년대 만개한 것과도 맥을 같이하는데요, 왠지 이 대목은 썩 유쾌하지만은 않네요.

로마 시대의 비키니

여름철이면 여성들이 아무 거리낌 없이 몸에 걸치는 비키니의 나이가 겨우 반세기 남짓이라니, 좀 의외이기는 하지요. 여러분이 놀랄 만한 얘기 하나 할까요. 요즘 해변을 후끈하게 달구는 비치발리볼 있잖아요. 여성들이 비키니를 입고 펼치는 배구요. 로마 시대에도 여성들이 비키니를 입고 비슷한 경기를 했다면 믿으시겠어요. 2000년 전에 비키니라…….

• 비키니 중에서 멀리 뛰기   •• 비키니 중에서 원반 던지기   ••• 비키니 중에서 달리기

지중해의 아름다운 섬 시칠리아의 산 속 피아짜 아르메리나에 있는 로마 유적지에 고스란히 그 모습이 남아 있습니다. 로마 시대 비키니의 모습은 어땠을까요. 아래 입는 팬츠인 '수블리가쿨룸'과 가슴을 가려주는 '스트로피움'이 바로 그것이죠. 그러니까 로마 시대의 '스트로피움'과 '수블리가쿨룸'을 합치면 요즘 '비키니'가 되는 겁니다. 1950년대에는 미국에서조차 민망함에 고개를 돌려야 했던 옷차림이 이미 2000년 전 로마에서는 유행했던 셈이죠. 비키니만이 아닙니다. 비키니마저 거추장스러워 벗어던진 알몸이나 심지어 애정행위를 묘사하는 예술품도 다반사입니다.

그리스 · 로마의 정치와 학문

오늘날 비키니나 낯 뜨거운 행위묘사가 재등장하는 것은 무엇을 의미

할까요. 이는 단순히 고대 로마의 여성들이 누린, 복식服飾과 성의 굴레에서 벗어난 자유를 되찾았다는 차원에만 머물지 않아요. 근엄한 신과 종교라는 신성神性의 엄격한 통제를 벗어나 그리스·로마 시대의 인간정신人性 회복을 의미하는데요, 서양사에서 말하는 15세기 르네상스를 기억하실 겁니다. 르네상스하면 단순히 고대 철학이나 문학을 문헌 속에서 다시 연구하며 되살리는 것만으로 생각하기 쉬운데, 실은 한 발 더 나아갑니다. 인문학을 떠나 그리스·로마 인의 삶을 규정하던 과학은 물론 정치제도, 사회운영 시스템 전반을 돌아보게 해줍니다. 그리스 아테네에서는 입법, 사법, 행정의 모든 전권을 국민이 갖고 있었어요. 폭군 칼리굴라나 네로를 연상하며 폭압적인 정치체제가 로마 역사의 전부라고 생각하면 큰 오해랍니다. 1200여 년의 로마 역사서로마 제국 가운데 500년 가까이가 민주공화정이었거든요. 주권이 국민에 있고, 공직자를 국민투표로 직접 선출하는 '레그나트 포풀루스regnat populus, 국민 통치'였죠. 당연히 주요 정책도 국민이 직접 투표로 결정했고요. 그렇다면 그리스 민주주의에서는 대운하를 파는 문제로 국론이 분열될 이유가 전혀 없었겠지요. 간단하잖아요, 주권자가 직접 결정하는 국민투표를 하면 되니까. 고대 그리스·로마 인이 누리던 민주주의의 기본원리마저 아직 확보하지 못한 대한민국의 이제 겨우 환갑 넘긴 민주공화국 현실에 무엇이 필요한지를 깨닫게 하는 새로운 잣대가 보이죠.

과학으로 가도 마찬가지입니다. 흔히 고대과학 하면 프톨레마이오스의 천동설을 들먹이죠. 반면 현대과학 하면 코페르니쿠스의 지동설을 떠올리고요. 과연 고대 그리스·로마 인은 과학에 무지했을까요. 헬레니즘의 과학을 대표하던 알렉산드리아 도서관장 에라토스테네스는 BC 3세기에 지구의 둘레를 정확히 측정했답니다. 이는 당시 지구가 둥글다는 게 상식이었다는 것을 의미하죠. 그러니 지구가 태양 주위를 돌고 있다는 아리스타르코스의 지동설이 코페르니쿠스보다 2000년 가까이 앞서 BC 3세기에 나오게 된 겁니다. 이쯤 되면 인간의 역사가 앞으로만 발전한다고 말하기는 어렵겠죠. 로마 시대 이후 무려 1500년 동안 유럽에서 사라졌다 되살아난 것이 너무 많으니 말입니다. 시칠리아 산 속에 남아 있는 비키니에서부터 나폴리 박물관에 남아 있는 그리스·로마 학문의 흔적까지 이렇게 인간의 삶과 역사, 학문, 문화를 되짚어볼 수 있도록 해주는 공신은 누구일까요. 모자이크Mosaic랍니다.

모자이크, 그리스·로마의 문명을 이해하는 잣대

미술시간에 색종이를 뜯어 붙인 기억이나 중세 기독교 모자이크만 떠올리다 그리스·로마의 모자이크 세계를 접하고는 상당히 큰 문화충격을 받았어요. 다행히 이를 희열로 승화시키는 데는 오랜 시간이 걸리지 않았습니다. 색상별로 잘게 자른 돌과 도자기, 유리 조각인 테세라Tesserae를 촘촘하게 붙여 원하는 이미지를 아름답게 표현해낸 예술 장르인 모자이크가 없었다면 2000년 전 그리스·로마 문명의 실상을 파악하는 데 큰 어려움을 겪었을 거예요. 문헌을 보고 머릿속에 그리는 것과 눈앞에 펼쳐진 천연색 이미지 사이에는 큰 차이가 나기 마련이니까요. 풍속, 사랑, 연회, 농경, 스포츠, 학문, 역사, 신화 등 당시의 생활상이 녹아든 모자이크는 그리스·로마 문명의 백미로 손색없답니다. 목욕탕이나 부유층 저택의 침실, 식당, 응접실, 복도 바닥에는 어김없이 모자이크가 화려한 색상을 뽐내며 반짝였어요. 바닥에 설치한 이유는 방수의 목적도 있었기 때문이지요.

모자이크는 BC 5세기경 고대 그리스에서 검은 색과 흰색의 두 가지 색 자갈Pebble만 쓰는 방식으로 처음 움을 틔우죠. 일종의 흑백텔레비전이라고 볼 수 있지요. 이후 헬레니즘 시기인 BC 4세기~BC 1세기에 알렉산드리아와 오리엔트 지역의 그리스 어권 국가들은 다양한 색상의 테세라를 사용

로마의 초미니 여인_튀니지 바르도 박물관. 가슴만 가린 모습이 요즘의 초미니 여인과 다를 바 없다.

해 한 단계 승화된 꽃망울을 터트려요. 컬러텔레비전이라고 할 수 있어요. 이후 그리스 문화를 계승한 로마 시대의 1~4세기 모자이크는 지중해 전역의 예술양식으로 만개합니다. 하지만 4세기 이후 기독교 시대로 넘어가면서 소재가 신의 피조물, 즉 자연과 동식물로 제한돼요. 이단의 다양한 전설을 다룰 수 없었기 때문이죠. 설치장소도 교회 벽이나 지붕으로 옮겨가며 쇠퇴해요. 바닥에 설치하고 밟기에는 너무 지엄한 내용이 많아서요. 물론 성서나 예수를 소재로 한 황금색 비잔틴 모자이크로의 진화는 또 다른 경지의 예술이었습니다.

과거와 현재를 넘나드는 문화, 역사, 정치

2000년 전 그리스·로마 인의 궤적을 더듬다보면 모자이크 속 로마 풍습이 불과 20~30년 전의 우리네 농촌풍속과 닮은 것이 많아 적잖이 놀

라게 돼요. 제 부모님과 중고등학생인 여식들은 한 지붕 아래 살지만, 완전 두 살림입니다. 우선 먹는 음식이 다르고, 생각도 단절되어 있어요. 부모님 머릿속에는 시골서 살던 풍습과 가치관이 고장 난 괘종시계의 시계추처럼 멈춰 있지요. 수십 년 된 달력 그대로. 하지만 그 시절, 그 문화를 겪어본 적이 없는 여식들에게는 오늘의 달력과 시계가 돌아가고요. 아마도 우리 부모님과 로마 인이 공유하는 정서적 일치감은, 부모님과 여식들 사이의 공감대보다 더 클 거예요. 정반대도 있네요. 로마의 비키니. 로마인과 여식들에게는 자연스럽지만, 우리 부모님께는 별나라 얘기가 되죠. 저는 가운데 '낀 세대'니 양쪽 다 통할 테고요. 가슴을 열고 다른 나라, 다른 세대의 삶과 문화의 숨결을 느껴야 하는 이유가 분명해지죠. 남과 나의 차이를 넘어 하나가 되는 아름다운 역설을 위해서죠. 상호 이해에 뿌리를 둔 인류사회의 평화를 위해 바람직한 일일 거예요.

하지만 오늘날 지구촌은 어떤가요. 민족간, 국가간 분쟁에 종교갈등이 더해져 '너의 죽음이 나의 살길이다 mors tua vita mea, 모르스 투아 비타 메아' 식 다툼이 일상이 됐어요. 민주주의라는 탈을 쓰고 이성과 합리라는 옷을 입었지만, 종교나 이념이라는 굴레에 갇혀 맹신과 야만이 지배하는 이전투구의 아수라장을 연출해내요. '만인 대 만인의 투쟁 bellum omnium contra omnes, 벨룸 옴니움 콘트라 옴네스' 살육장이 따로 없죠. 팔레스타인 가자 지구의 증오와 학살 현장이 곧 '자하남 Jahannam, 지옥의 불구덩' 아닌가요. 다툼은 결국 힘센 자들이 감춰둔 목적을 위해 벌이는 엉큼한 수작이죠. '다름'보다 '같음'의 공통분모를 찾아 '평화와 공존'의 아름다운 집을 지을 수는 없을까요. 다른 생각들이 조화를 이루는 '모두스 비벤

디 modus vivendi, 화합하는 삶의 방식'가 정말 그리워집니다. 이웃간 간격이 크지 않은 '평등사회', 무지와 맹목에 더럽혀지지 않는 '진실과 이성의 사회'요.

'미국산 소고기'와 '촛불'로 뜨겁던 2008년의 봄. 두 무릎을 꿇은 다음 두 팔에 이어 머리를 땅에 대는 오체투지로 이 풍진 세상의 죗값을 씻어내려던 분이 계시죠. 문규현 신부님과 수경 스님의 말씀이 뇌리를 스칩니다. "다 우리 잘못이요." 반성할 게 없는 분들의 고해성사여서 더욱 값지게 느껴지네요. 이쯤 되면 BC 5세기에 완벽에 가깝던 직접민주주의제도를 정착시키며 서구 최강대국으로 군림했던 아테네가 떠오릅니다. 민주주의 정점에서 거꾸로 혼란 속에 망해갔는데, 마케도니아 출신으로 아테네에 와서 학당을 열고 학문을 연마한 아리스토텔레스의 원인분석이 얼굴 화끈거리게 만드네요. "대중이 현명한 사람賢者들로부터 인정받지 못하는 사람을 정치 지도자로 뽑은 결과"라고요.

현재 한국은 철인哲人의 이런 규정에서 자유로울까요. 2008년 인터넷에서 화두로 떠오른 '미네르바'의 기억이 겹쳐집니다. 헤겔이『법철학』서문에서 "미네르바의 부엉이는 해질녘에야 날기 시작한다"고 말한 '미네르바'는 여신 '아테나'를 가리키는 라틴어로 '지혜'를 뜻하죠. 인터넷에서 필명으로 사용되고, 많은 사람이 자연스럽게 입에 올리는 것만으로도 서양 고대사와 문화가 우리 현실 속에 살아 숨 쉬고 있음을 말해주는데요. 쪽집게 해설로 경제 흐름을 짚어내다 진실을 베일 속에 남긴 채 구속되었던 '미네르바' 사건은 우리에게 무엇을 던져주나요. 현대 민주주의의 최고 가치가 자유언론인데. 서양의 민주국가에서는 이런 구속이 이루어질까요. 2009년 대한민국 정치가 정녕 '현명한 사람'들로부터 인정받는 상황인지 묻게 됩니다.

모자이크 오디세이…… 새로운 인생 오디세이

'히스토리아 비타이 마지스트라historia vitae magistra, 역사는 삶의 스승'이라는 말이 있어요. 옛것에서 배우는 온고지신溫故知新을 위해 발로 뛰며 현실에서 구하는 실사구시實事求是의 답을 찾아 지중해 주변 15개국 100여 군데 유적지와 박물관을 돌았답니다. 사실 돈 사람처럼 돌았어요. 휴가만 낼 수 있다면 비행기에 올랐으니까요. 오디세이Odyssey, 歷程, 역정. 그 결과물 가운데 모자이크에 관한 첫 권을 선보이게 되었습니다. 고대 유물에 관한 서적을 두루 갖춰놓은 빠리 루브르 박물관이나 런던 영국대영박물관에서도, 지중해 각지에 흩어져 있는 그리스·로마 시대의 모자이크를 한데 모은 책을 아직 보지 못했어요. 그리스·로마의 역사, 문화와 예술을 이해하는 데 작은 벗이 되기를 언감생심 바라는 이유랍니다. 투키디데스가 BC 400년경 쓴 책 『펠로폰네소스 전쟁사』 서문의 글귀가 가슴에 남습니다. "미래를 해석하기 위해 과거 지식을 추구하는 사람들에게 쓰임새가 있다면 만족스럽다." 졸저도 그럴 수 있기를 바랍니다. 모자이크에 일상, 역사, 신화의 새 생명을 불어넣다 생긴 오류는 너그러이 용서하시고 조언 부탁드립니다.

붓을 놓으려니 여러 잔상이 어른거립니다. 카메라 들고 배낭 메고 뛰다시피 유럽과 북아프리카, 중동을 돌던 때가 새삼 그리워지네요. '한 번뿐인 인생, 무엇을 위해 어떻게 살까'로 밤을 밝히던 고3, 현장을 누비며

뉴스를 취재하던 초년 기자, 저술에 몰두하던 중견 기자 시절이 스치듯 떠올라요. 그 치열하고 즐거웠던 순간들을 뒤로 한 채 이제 '약자가 행복한 사회'를 꿈꾸며 다시 한 번 열정을 다해 버스를 타고 뛰고 걷습니다. 하루하루 소중한 인연을 쌓으면서요. 2008년 봄 정치무대에서 겪은 '아누스 호리빌리스annus horribilis, 시련의 해'의 힘겨움을 다가올 '아누스 미라빌리스annus mirabilis, 경이로운 해'의 기쁨으로 승화시키려는 고된 여정이 냉정과 여유를 잃지 않는 자기성찰의 오디세이가 되기를 밤하늘 은하수 넘어 달님 속 토끼 옆에 와신상담의 다짐으로 새겨봅니다. 희생의 삶으로 일관하며 너무 고단해지신 부모님의 만수무강, 불효자의 작은 마음까지 함께하다 종양수술을 받은 아내의 건강을 가슴에 담으면서요.

이천, 여주 남한강가에서
김문환

차례

서문 4

그리스 사포의 연시에 실린 히포크라테스 교훈 19

코린토스	22
스파르타	29
코스	35
델로스	51
로도스	62
펠라	69

이탈리아 비키니의 유혹에 비친 플라톤의 학문 75

로마	78
바티칸	93
오스티아	106
나폴리	117
폼페이	158
에르콜라노	169

팔레르모	178
피아짜 아르메리나	189

프랑스 파리스의 업이 빚은 트로이 전쟁과 로마 풍속 **217**

빠리	221
셍제르망앙레	242
리용	260
비엔느	267
오랑쥬	282
베종라로멘느	285
님므	288

부록 모자이크란 **297**

모자이크의 역사와 장르	297
모자이크 기법	305

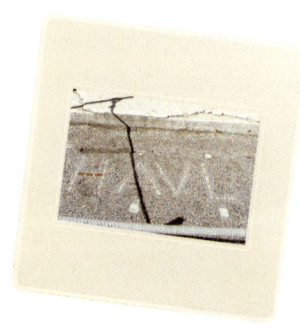

"하베HAVE, 안녕하세요"

그리스

코린토스Corinthos

스파르타Sparta

코스Kos

델로스Delos

로도스Rhodes

펠라Pella

> **베나리 VENARI, 사냥**
> **라바리 LAVARI, 목욕**
> **루데레 LUDERE, 경기**
> **리데레 RIDERE, 쾌락**
> **호끄 에스뜨 비베레 HOC EST VIVERE, 이것이 사는 것이다.**

　알제리 팀가드의 로마 시대 유적에서 발견된 글귀랍니다. '사냥'은 로마 시대 귀족과 상류층의 전유물이었죠. 일종의 레저이자 스포츠, 야유회를 겸한 놀이 문화였어요. '목욕'은 단순히 몸의 때를 씻는 것이 아니라, 요즘의 찜질방을 무색하게 만드는 사교 문화활동이었죠. '경기'는 프리미어리그 축구의 인기를 능가하는 로마 사회 최대의 이벤트로 전차경기나 검투경기가 그 대상이었고, '쾌락'은 다양한 즐거움을 뜻합니다.

　자, 이제 모자이크에 담긴 그리스·로마의 '이것이 사는 것'의 실상 속으로 함께 들어가보죠. 모자이크 작품들을 하나씩 눈과 가슴 속에 품어 봐요. 모자이크는 단순한 건축이나 미술 작품에 머물지 않아요. 타임머신을 타고 고대로 돌아가는 것과 같답니다. 고대인은 어떤 방식으로 살며 희노애락을 느꼈는지, 그들의 꿈과 사랑은 무엇이었는지 더듬어보는 기회가 될 겁니다. 일상사부터 흥미진진한 신화의 세계는 물론 학문과 역사가 깃든 그리스·로마 문명사의 거울이지요.

　현대 인류문명이란 거대한 배를 띄운, 작지만 위대한 발원지 그리스. 갈 때마다 느끼는 것이지만, 수도 아테네는 공해 탓에 청명하기보다 누렇게 병색 완연한 날이 많아요. 하지만 원래는 푸른 하늘과 맑은 바다의 나라죠. 바깥활동 하기가 좋아 일찍부터 야외무대 같은 데서 문화의 꽃을 피웠고, 바다를 떠도는 기질 덕에 외국으로부터 받아들인 것도 많았답니다. 페니키아에서 배운 서양 최초의 알파벳이 대표적이죠. 덕분에 중국 문명과 쌍벽을 이루는 빼어난 역사적 성취를 일궈냈죠. 오늘날의 기준으로 봐도 완벽에 가까운 민주주의를 구현한 것은 인류사에 찬연히 남습니다. 이집트에서 배운 석조 건축술로 파르테논 같은 아름다운 신전도 만들어냈고요. 후손이 이끼 낀 돌덩이, 좋게 말해 '조상의 얼이 스민 유적'을 껴안고 먹고사는 것도 훌륭한 조상의 음덕이니 크게 나무랄 바가 못 됩니다.

모자이크의 예술성이나 다양함이라는 기준으로 보자면 이탈리아나 프랑스가 앞서지만, 그래도 원조국가의 예우를 해줘야겠죠. 다른 나라에 비해 양적인 면에서 그리 후한 점수를 주기는 어려운데, 천연 자갈을 사용한 페블 모자이크Pebble Mosaic부터 돌도자기, 유리 조각들을 촘촘히 붙인 테세라 모자이크Tesserae Mosaic, 천연색 대리석을 큼직하게 잘라 원하는 모양을 그려내는 오푸스 섹틸레Opus Sectile까지 눈길을 끄는 몇 작품이 속삭이듯 들려주는 고대의 전설을 되새겨볼 만하답니다.

흥미진진한 탐방의 출발을 알리는 기적 소리가 울립니다. 그리스에서 시작해 모자이크의 엘도라도 이탈리아와 프랑스로 향하는 거죠. '삐이익' 하는 휘슬보다는 '따라라라' 고음高音이 아름다운 그리스 전통 기타 부주키 선율을 신호로요. 수도 아테네에서 방문하기 가까운 지역부터, 그러니까 코린토스, 스파르타, 섬 지역으로 떠납니다.

그리스

사 포 의   연 시 에   실 린
히 포 크 라 테 스   교 훈

코린토스

번영의 고대 도시 : 코린트 양식과 고린도서

인류 역사의 남상濫觴 가운데 하나인 아테네. 그 중심가인 오모니아 광장 서쪽에 있는 키피수 터미널에서 버스를 타고 먼저 펠로폰네소스 반도 코린토스로 갑니다. '코린토스'보다 신약성서 '고린도서'의 '고린도'라는 말로 더 익숙하죠. 예수의 제자인 터키 타르수스 출신의 바울로가 코린토스의 유대인들에게 보낸 두 통의 편지를 '고린도서'라고 하는데, 이 '고린도'가 바로 코린토스랍니다. 아테네와 가까워 배낭여행 하기도 좋고, 또 한국에서 떠나는 단체관광도 이곳에 들르는 경우가 많으니 눈여겨 읽어두면 좋아요.

코린토스는 그리스 본토와 펠로폰네소스 반도, 아드리아 해와 에게 해를 연결하는 길목에 위치한 탓에 일찍부터 상업이 번창하고 문화가 융성했습니다. 코린토스는 그리스 제일의 도자기 생산지였는데, 코린트식 도자기가 그 번영의 밑바탕이 되었죠. 코린토스 사람들은 해외로 진출해 여러 도시를 건설했는데요. 목욕탕 욕조 물 속에서 땀을 빼다가 부력의 원리를 발견한 뒤 "에우레카Eureca, 알아냈다."라고 외치면서 알몸으로 시내를 내달렸다는 아르키메데스의 활동무대인 시라쿠사시칠리아 도시도 이들이 만들었답니다.

코린토스 유적지에 도착해보니 기대보다 황량하다는 인상을 받습니다. 동양 철학을 담은 『천자문』에 나오는 가르침, '해와 달도 차면 기운다'는 일월영측日月盈仄이 절로 떠오릅니다. 번영은 어딜 가고 폐허의 흔적만이 가득하기 때문인데요. BC 146년 로마 인에 의해 파괴되고, BC 44년 로마 제국의 카이사르가 그 유적 위에 재건해서 번영을 되찾지만, 521년 대지진으로 무너집니다. 1858년 다시 한 번 절망적인 지진이 일어나 주민들이 구시가지에서 동쪽으로 8킬로미터 떨어진 곳에 신시가지를 만

아폴론 신전_ 코린토스. 전체적으로 황량하다는 인상이지만, 이런 유적이 남아서 고대 문명의 한 자락을 보여준다.

들어 이사가버리니 썰렁해진 거죠. 마침 봄비까지 부슬거려 더욱 스산했답니다. 무너져 내린 아폴론 신전 터에 외롭게 선 도리아 양식 기둥은 고적한 분위기 속에 흥하고 망함의 덧없음을 들려주는 듯했어요. 무심한 새들의 지저귐만이 방랑객의 벗이 되어 외로움을 달래줬습니다.

도로와 상수도 등의 일부 유적은 원형이 잘 보존돼 화려했던 그리스·로마의 영화를 증언해 줍니다. 한 세기를 번영했던 코린토스의 모습을 유추해볼 수 있게 해줘요. 흥청거리던 국제 무역항 뒷길에서 웃음 팔던 여인네의 교성嬌聲, 먹을 것 없이 떠돌던 빈민들의 아우성…… 대도시의 빛과 그늘이지만 부와 빈곤, 욕정과 타락, 신에 대한 믿음과 번뇌, 분열과 갈등이 혼돈스럽게 들려오는 듯해요. 신세대한테는 좀 진부한 영화처럼 들리나요? 1959년 찰턴 헤스턴이 모세 역을 맡아 열연했던 영화 「십계」나 1962년 스튜어트 그랜저가 롯을 연기한 영화 「소돔과 고모라」에 이런 상황이 잘 그려져 있죠.

댑싸리 밑의 염소 팔자와 피리 부는 목동

상념에 젖어 유적지를 돌아보다 발길이 코린토스 박물관 앞에 멈춰섭니다. 이 박물관은 1932년 미국 고고학회가 건축해 1934년 그리스 정부에 넘겨준 선물인데요. 1896년부터 미국고고학회에 의해 발굴된 유물이 전시되어 있습니다. 박물관에 들어서면 입구에서부터 모자이크가 기다려요. BC 460년경 만들어진 페블 모자이크인데 초기 작품으로 그 역사적 가치가 큽니다. 1976년 목욕탕 유적을 발굴할 때 출토된 것으로, 독수리 머리에 사자 몸을 가진 그리핀이 말을 공격하는 장면이 볼 만합니다.

• 전원 중에서 목동_2세기_코린토스 박물관. 넉넉한 몸매와 포동포동한 얼굴에서 평화와 안정, 휴식, 노동이 한데 어우러진 편안함이 느껴진다.
•• 염소_2세기_코린토스 박물관. 염소가 나무 그늘에 앉아 쉬는 모습이 한가롭다.

　페블 모자이크를 지나 박물관 왼쪽 로마관으로 가면 로마의 빌라에서 걸어온 모자이크 네 점이 분위기를 띄워요. 뛰어난 미적 감각을 뽐내며 전원의 호젓하고 느긋한 풍경을 운치 있게 그려냅니다. 비록 로마 시대의 작품이지만, 헬레니즘 시대에 유행했던 목가적 풍경 묘사가 슬라이드처럼 한 장씩 디졸브돼요. 먼저 마당을 한가로이 거니는 《수탉》은 흰옷 입는 백의민족이 사는 이역만리 무궁화동산의 1960~1970년대 시골집 앞마당으로 무대를 옮긴 느낌입니다. 어린 시절 아름다운 추억을 떠올리게 하는 묘사가 정겹게 다가와요. 뿔 달린 《염소》는 나무 그늘에 앉아 무더위를 피해 쉬고 있네요. 우리 속담 '오뉴월 댑싸리 밑의 개 팔자'를 연상시킬 만

그리스 25

큼 여유롭게 느껴지죠. 일하듯 놀듯 피리를 불며 가축을 돌보는 《전원》풍경이나 그 속의 '목동' 역시 금수강산의 풍요로운 초가을 들녘에서 소에게 꼴을 뜯기며 풀피리를 불던 초동樵童과 닮았습니다. 뜨겁게 내리쬐는 햇볕 아래서 이제 막 패는 벼이삭을 지키려 징을 치며 참새를 쫓던 앙증맞은 소년의 모습과도 겹쳐지죠. 그 소년은 어느덧 중씰한 반대머리가 되어 지중해 유적을 찾아 떠돌이 생활을 하는데……. 젖어드는 감흥이 마치 다 헤진 앨범 속 빛바랜 사진에서 고향의 풍경을 하나씩 들춰내 가슴으로 옮겨 담는 애틋함에 버금갑니다. 말과 글이 다르고 시대가 달라도 인간의 속내나 느낌을 담은 서정은 동서고금을 떠나 이렇게 심금을 울리는 법이죠.

메두사의 한 : 하늘거리는 금발이 뱀으로

《메두사》가 불행한 여인 메두사의 비극을 일깨우는 섬뜩한 전설을 준비하고 있네요. 분위기도 바꿀 겸 들어볼까요. 메두사는 출신성분이 좋습니다. 아버지가 바다의 신 포르키스이고 어머니는 포르키스의 누이 케토예요. 둘 사이에서 태어난 세 자매를 고르곤이라 하는데 그 중 한 명이 바로 메두사죠. 고르곤은 그리스 어로 '굳세다' 라는 뜻인데, '힘' 을 뜻하는 스테노와 '멀리 날다' 라는 뜻의 에우리알레, '여왕' 이라는 뜻의 메두사 세 자매를 가리킨다니, 이들의 힘을 가히 알 만합니다.

고르곤 자매는 어찌나 추물이던지, 무성하게 풀어헤친 머리카락은 하나하나가 살아 있는 뱀이요, 멧돼지 이빨에 손은 강한 쇠붙이라 여성스런 면모는 찾기 어렵습니다. 눈은 깜빡이지 않고 항상 부릅뜨고 있으며, 입

메두사_ 2세기_코린토스 박물관. 기하학적 무늬 한가운데 담긴 메두사의 얼굴이 신화 내용과 달리 선량한 이미지이다.

은 쭉 찢어진 데다 뱀의 혀를 날름거리죠. 코는 사자요, 아랫도리는 암말과 비슷하고 날개가 달려 날아다녀요. 누구에게나 공포의 대상이었죠. 지구의 서쪽 끝에 살던 이들의 하루 일과는 우연히 자신의 모습을 본 사람들을 돌로 바꾸는 것이었습니다. 끔찍하죠.

비록 메두사가 추물이기는 하나 짚신도 짝이 있는 법. 포세이돈에게는 그저 아름다운 여인으로 비쳐졌나봅니다. 포세이돈과 메두사는 관계를 갖고 아기가 생기가 됩니다. 그러나 메두사는 자식을 보기 전에 죽을 운명이었어요. 그리스 신화의 멋쟁이 페르세우스가 자신의 꽉 막힌 운명을

그리스 27

풀기 위해 그녀를 죽여야 했던 것인데요. 페르세우스는 헤르메스가 건넨 날개 달린 황금 신을 신고 메두사가 사는 곳으로 날아갑니다. 메두사와 마주치면 돌이 되기 때문에 아테나가 건네준 거울을 이용, 눈길을 피하면서 메두사의 목을 베요. 그런데 잘린 메두사의 목이 아테나의 가죽 갑옷혹은 방패 한복판에 박혔네요. 아테나가 싸울 때 적들에게 두려움을 주기 위한 조치였어요. 메두사의 목이 잘릴 때 핏방울이 튀기는데 여기서 포세이돈의 자식이 태어납니다. 바로 명마 페가소스와 크리사오르 형제이죠.

　메두사가 참 불쌍하죠. 큰 잘못도 없이 비운에 갔으니 말예요. 그래서인지 훗날 메두사의 억울함을 달래주는 신원설화춘향전과 같은 맥락이죠가 생겨났습니다. 메두사는 원래 빼어난 미모를 자랑했는데, 처녀의 신 아테나 신전에서 포세이돈과 불결한 행위를 벌여 하늘거리던 금발이 뱀으로 변하는 벌을 받았다는 거예요. 그리스·로마 시대 코린토스를 비롯해 국제 무역항들이 이렇게 불결한 행위(?)로 가득했을지 모르겠네요. 참, 춘향전의 춘향은 원래 지독한 추녀였는데, 그 한을 풀어주려고 절세가인 춘향으로 재등장시켰다고 하죠.

스파르타

오렌지 향 가득한 고대도시

왕성하게 뛰어놀며 공부해야 할 멀쩡한 학생들을 가둬놓고 잠 안 재우며 공부만 시키는 교도소 공부방, 기숙학원이 성행하고 있다죠. 우리 사회는 이런 반인간적 시설을 스파르타 식 학원이라 부릅니다. 이역만리에서 엉뚱하게 이름이 전용되어 수난을 겪는 스파르타가 안쓰럽네요. 스파르타는 고대 그리스 역사에서 아테네와 더불어 용호상박龍虎相搏의 경쟁관계를 이루던 번성한 도시국가였습니다. 아테네와 그리스 문명권 맹주 자리를 놓고 벌인 운명의 일전, 펠로폰네소스 전쟁으로 잘 알려져 있는데요. 2007년 상영된 영화「300」이 기억날 겁니다. BC 480년 페르시아의 크세르크세스 왕이 그리스를 침략했을 때, 대군에 맞서 레오니다스 왕과 함께 300명의 중무장 결사대가 싸우다 장렬한 죽음을 맞이한 '테르모필레 옥쇄玉碎 전투'요. 그 300명의 중무장 병사가 바로 스파르타 출신이랍니다. 사실 이 영화는 고증에 문제가 있어요. 글쎄 페르시아 크세르크세스 왕을 흑인으로 등장시켰잖아요. 오늘날 이란 사람인데……. 2004년 개봉한 영화「알렉산더」도 그래요. 알렉산더의 부인인 페르시아 출신의 록사나 배역을 흑인에게 맡겼다니까요. 그러고보니 고대 그리스 관련 영화를 만드는 서양 영화제작자들은 이란을 아프리카 어디쯤으로 여기는 것은 아닌지…….

레오니다스 왕 동상

스파르타는 아테네 오모니아 광장 서쪽 키피수 버스 터미널에서 버스를 타고 가면 도중에 한 번 버스를 갈아타는데도 네 시간이 채 안 걸리더군요. 무척 가까운 거리의 두 도시가 수백 년 동안 앙숙이었다는 사실이 다소 놀라웠습니다. 하긴 남의 얘기 할 때가 아니죠. 서울에서 개성이 한 시간, 평양도 세 시간 남짓이니…….

4월에 찾은 스파르타는 천상의 낙원 그 자체였습니다. 스파르타 군대의 강한 이미지와는 전혀 달라요. 감성 어린 나긋나긋한 느낌의 푸근한 도시였어요. 사방에 보이는 것이라곤 모두 녹색의 오렌지 장원이요, 끝없이 펼쳐진 그곳에서 뿜어져 나오는 향은 피비린내 나는 전장의 이미지를 한달음에 천상의 무릉도원으로 바꿔줍니다. 라일락 향보다는 연하지만 그런 만큼 더 은은한 느낌이 코끝을 간질이네요. 파리 국립음악원 출신의 실력파 연주인이죠. 리차드 클레이더만의 피아노 연주곡 「야생화」를 귀로 듣는 게 아니라 코를 통해 마음으로 음미하는 기분이랄까요. 이내 뇌신경으로 전달된 향은 가슴속에 묻혀 있던 감성을 자극합니다. 한마디로 고요하던 마음을 어지럽히는 거죠.

육감적인 사포와 헬리오스 태양마차: 스파르타 박물관

오렌지 향 은은히 감도는 스파르타 박물관은 규모는 버금에도 못 미치지만, 운치는 으뜸이랍니다. 야자수가 무성하게 늘어지고 오렌지가 주렁주렁 매달린 정원 속에 자리하거든요. 1876년 완공한 네오클래식 풍 건물의 고전미가 첫눈에 탐방객을 사로잡습니다. 오렌지를 슬쩍 하나 딸까 말까. 품위를 택해 박물관으로 들어서면 이국적인 정취를 한껏 선사하던

스파르타 박물관. 건물은 이오니아 양식 기둥머리의 네오클래식 풍이며, 야자와 오렌지 나무가 정원에 가득하다.

오렌지 향果香은 고대의 여인이 뿜어대는 색향色香에 자리를 내줍니다. BC 7~BC 6세기에 활약했던 그리스 최고의 여류시인 《사포》가 얼짱 미인의 자태를 유감없이 과시하며 탐방객을 홀리거든요.

지금은 박제처럼 벽에 걸린 사포지만 아프로디테만큼이나 돋보이는 미모에 깊이 있는 지성으로 큰 사랑을 받았죠. 레스보스Lesbos 섬 미틸리네에서 태어난 그녀는 딸 하나를 뒀지만 남편과 사별한 후 소녀들을 이 섬에 모아 예술활동을 했답니다. '동성애의 여성'을 뜻하는 레즈비언lesbian이라는 말이 거기에서 연유하게 되죠. 서정시도 있지만 소녀들과 애정을 나누며 육감적이고 관능적인 시를 남겼거든요. 사포는 그리스 최대의 서사시인 호메로스에 버금가는 대접을 받고, 또 그리스 신화 속 아홉 명의 뮤즈에 더해 열번째 뮤즈라는 찬사를 받아요. 시성詩聖이죠. 사포와 여제

트리톤_4세기_스파르타 박물관. 상반신은 사람이고 하반신은 물고기다.

자들의 관계는 서양역사 최고의 현자로 추앙되는 성현聖賢 소크라테스와 제자의 관계를 떠올리게 합니다. 그리스에 널리 퍼졌던 인생 선후배로서 동성간의 애틋한 만남이었죠.

사포의 미모와 연시를 떠올리며 야릇한 분위기에 젖어 발길을 돌리니 4세기 작품들인 《메두사》, 《헬리오스》, 《트리톤》, 《표범과 크라테르》가 눈에 들어옵니다. 트리톤은 바다의 신 포세이돈이 암피트리테와 결혼해 낳은 아들입니다. 아버지는 바다의 신이고 어머니는 50명이나 되는 바다의 요정 네레이드 가운데 둘째가라면 서러울 미모지만, 아들은 온전한 인간이 아니였죠. 하반신이 물고기였답니다. 그러나 효성이 지극해요. "굽은 소나무가 선산 지킨다"는 동쪽 예절 바른 나라東方禮儀之國의 속담은 허튼 말이 아니었나봅니다. 트리톤은 방망이를 들고 소라고둥을 불고 다니면서 어머니, 아버지가 나들이 나갈 때면 옆에 붙어 시중을 듭니다. 기특한 트리톤! 《트리톤》은 페블 모자이크, 즉 자갈을 사용한 작품인데요. 페블 모자이크는 뒤에 나오는 '펠라' 편에서 자세히 살펴보겠습니다.

《표범과 크라테르》는 표범 두 마리가 양쪽에서 포도주 혼합 단지 크라테르혹은 포도주잔 칸타로스를 떠받치는 모자이크인데요. 성스러운 축복을 의미한답니다. 이런 장면은 지중해 주변 유적에서 종종 볼 수 있어요.

스파르타에 가면 미스트라에도 꼭 들러보길 권합니다. 스파르타 시가지에서 서쪽으로 6킬로미터를 가면 13세기 십자군 시대에 번영하던 미스트라에 이르러요. 중세 비잔틴 양식의 교회와 프레스코에 흠뻑 빠져들 수 있는데요. 탐방을 마치고 산 밑으로 내려와 작은 호텔에서 하루 묵으면 그리스 시골 여행의 참맛을 느껴볼 수 있답니다. 2층짜리 아담한 호텔은 사실 우리의 여관 규모인데요. 저녁에는 오렌지 나무 옆 야외 테이블에 앉아 돼지고기를 쇠꼬치에 꿰어 구운 그리스 전통식 수블라키를 먹을 수 있죠. 정말 일품이랍니다. 게다가 포도주 한 잔 곁들이면 흥취가 더 살아나겠죠.

● 비잔틴 교회_ 미스트라. 오렌지색 기와가 질서정연하게 배열된 모습이 이국적이고 신비롭기까지 하다.

●● 십자가에 못 박혀 피 흘리는 예수_13세기_미스트라_프레스코

코스

아네모네 : 가련한 죽음에서 행복한 삼각관계로

코스는 에게 해 도데카네세12개 섬이라는 뜻 제도 한가운데 떠 있습니다. 누런 황사에 아연실색하고 마는 동방의 4월과 달리 코스는 녹색의 향연 그 자체더군요. 아테네에서 비행기를 타고 코스 공항에 내리면 허허벌판인데 유적과 박물관이 있는 시가지까지 20여 분을 차로 달리는 동안 펼쳐지는 들판 풍경은 하나하나가 그야말로 맑은 수채화첩입니다. 특히 초록의 풀밭 사이로 수줍음을 간직하려 애쓰지만 타고난 색기를 어쩌지 못하고 빠알간 얼굴을 내미는 아네모네의 향연은 구구한 설명이 필요 없죠. 푸르른 잔디 위 실바람에 살랑이며 고혹적인 몸짓을 선보이지만, 곡절이 많은 꽃이랍니다. 현실세계에서 가장 아름다운 여신 아프로디테와 저승에서 최고 미인 페르세포네, 이 두 여신의 마음을 홀딱 빼앗아 삼각관계를 맺었던 희대의 행운아 아도니스의 복과 한이 서려 있기 때문인데요.

진홍빛깔 아네모네의 사연은 이렇습니다. 아프로디테가 하루는 아들 에로스의 화살에 찔리고 말았어요. 에로스의 금빛 화살에 찔리면 누구든 처음 보는 이성과 사랑에 빠지고 만다는데, 마침 근처를 지나던 남자가 아도니스예요. 세상에 이렇게 억세게 운 좋은 남자가 또 있을까요. 졸지에 연인이 된 둘은 참 뜨거웠습니다. 그러던 어느 날 아프로디테가 잠시 제우스의 부름으로 하늘에 올라간 사이 사냥 나갔던 아도니스가 그만 멧돼지에 물려 죽고 맙니다. 아도니스가 죽으면서 흘린 피에서는 아네모네 꽃이 피어났고, 뒤늦게 달려온 아프로디테는 약을 찾아 이리저리 뛰다 가

시에 찔려 피를 흘리니, 그 피가 흰 장미에 묻어 붉은 장미가 돼요. 불사의 신과 부초처럼 덧없는 인간의 사랑이 만들어낸 아네모네와 장미! 붉은 색 꽃이 왜 정열과 사랑의 상징인지를 알겠네요.

1966년 산레모 가요제에서 상을 탄 이탈리아 여가수 윌마 고치의 「In Un Fiore꽃의 속삭임」이란 노래 들어봤을 거예요. 밝고 명랑한 이 노래 가사가 아도니스와 아프로디테 사랑 얘기 그대로네요.

"Non sai che in un fiore, c'e un mondo pieno d'amore
당신은 모르는군요, 한 송이 꽃 속에 사랑이 넘치는 세계가 있다는 것을요."

또 다른 전설에서는 아프로디테의 남편 헤파이스토스나 애인이던 전쟁의 신 아레스가 멧돼지로 변신해서 아도니스를 처치했다고 합니다. 아! 보험금을 노린 반인륜 범죄도 아니고 질투 없는 사랑은 불가능한가요.

아프로디테는 너무나 슬픈 나머지 식음을 전폐하고 앓아누웠습니다. 이를 가엾게 여긴 신들의 탄원을 제우스가 받아들여 아도니스를 살려주는데요. 여기에 또 문제가 생깁니다. 아도니스가 죽어 지하에 갔더니 지하세계의 여왕 페르세포네가 아도니스에게 반한 거예요. 페르세포네는 당연히 그가 환생해 지상으로 올라가는 것에 반대하죠. 아도니스의 삼각관계라는 게 바로 이겁니다. 결국 일 년의 반은 아프로디테와 이 풍진 속세로 부활해 살고, 나머지 반은 페르세포네와 영계靈界의 저승에서 사는 것으로 정리되죠. '데 팍토de facto, 사실', 남자라면 오매불망의 횡재수죠. 제우스의 요청을 받은 뮤즈 칼리오페가 내린 선물이라네요. 이렇게 죽었다 살았다를 반복하는 아도니스를, 가을에 죽었다가 봄에 환생하는 식물의 상징으로 여겨 식물의 신으로 섬기기도 했답니다.

매혹적인 에우로파의 나신 : 에우로파의 집

시가지에 도착해 버스에서 내리면 가장 가까운 서쪽 발굴지구부터 방문하게 됩니다. 코스의 신시가지는 옛 그리스·로마 시대 주거지의 잔해 위에 조성됐어요. 많은 고대 유적이 현대 건물 아래 묻혀 있는 셈이죠. 일단 건물이 없는 공터부터 발굴을 진행하는 중이더군요.

어지러운 발굴 현장 저편 풀숲 사이에 허름한 헛간 같은 게 보이는데, 그게 바로 '에우로파의 집'입니다. 헛간 안을 들여다보는 순간 눈이 번쩍 뜨이네요. 벌거벗은 아름다운 여인이 누워 있습니다. 호기심 어린 눈길을 주다 보면 곧 나부의 포로가 되고 맙니다. 찬찬히 들여다보니 나부의 주인공은 에우로파예요. 바로 《에우로파의 납치》죠. 에우로파가 황소 등에 올라탄 모습인데요, 페니키아 공주 에우로파의 미모에 홀린 제우스가 황소로 변해 에우로파를 납치해서 에로스의 호위를 받으며 줄행랑 놓는 장면이랍니다. 둘은 어디로 갔을까요. 크레타 섬이죠. 여기서 태어난 세 아들 가운데 한 명이 미노스 왕입니다.

신화의 신비 속으로 빠져들기에는 '에우로파의 집' 현장상황이 좋지 않네요. 아름다운 에

에우로파의 납치_3세기_코스

우로파의 모습에 놀라고, 관리상태에 또 놀라야 합니다. 에우로파와 제우스 모자이크가 온통 벌레의 분비물과 흙으로 어지럽게 더럽혀져 있기 때문입니다. "아니, 유적을 이렇게 관리하다니. 그것도 아름다운 에우로파를……." 문화 유적에 남다른 관심을 갖고 뉴스를 만들던 기자 시절이라 화를 내보았지만, 외국 땅에서 듣는 사람도 없고 뉴스를 만들 수도 없고…….

불화의 여신이 만든 미인대회

흥분을 가라앉히고 '에우로파의 집'에서 나와 동서로 쭉 뻗은 데쿠마누스 막시무스를 따라 서쪽으로 백 미터쯤 올라갑니다. 이어 만나게 되는 남북대로인 카르도를 따라 북쪽으로 이백 미터쯤 걸어요. 그러면 고대 그리스 신화 최대의 사건 속으로 빠져들죠. 트로이 왕자 파리스가 세 명의 여신, 즉 헤라, 아테나, 아프로디테를 놓고 누가 최고의 미인인지 가려내는 《파리스의 심판》을 만나게 됩니다. 《파리스의 심판》은 보존상태가 그리 좋지는 않지만, 규모는 무척 커요. 가로 14.2미터, 세로 6.65미터나 되는 대작이에요. 웅장하고 화려한 저택에 설치했던 작품임을 알 수 있죠. 지금은 비록 폐허에서 초라한 보호막 아래 누워 있지만 말입니다. 구도를 한 번 볼까요. 한가운데 파리스가 헤르메스의 도움을 받아가며 세 여신을 모아놓고 심판하고 있고요. 그 위아래로 문학, 예술을 관장하는 아홉 명의 뮤즈가 아폴론 신과 들러리를 서요. 빙 둘러 검투 장면도 얼굴을 내민답니다.

《파리스의 심판》이 생긴 사연은 이렇습니다. 아킬레스의 부모인 테티

1. 파리스의 심판 중에서 파리스, 헤르메스, 아프로디테_ 2세기 말_코스. 왼쪽에 파리스가 바위에 걸터앉아 고민하고 있고, 가운데 헤르메스가 서서 제우스의 뜻을 전하며 여신들을 소개한다. 헤르메스 얼굴 뒤로 둘러진 둥근 광배는 신을 상징한다.

2. 파리스의 심판 중에서 헤라와 아테나. 왼쪽에 최고 여신 헤라가 옥좌에 앉아 있고 오른쪽에는 전쟁의 여신 아테나가 있다. 장면 전체를 보면 왼쪽에 아프로디테가 서 있고 가운데 헤라가 앉아 있으며 오른쪽에 아테나가 서 있는 구도다.

3. 파리스의 심판 중에서 아폴론과 탈리아. 키타라를 손에 들고 월계관을 쓴 음악의 신 아폴론과 그 옆으로 희극을 주관하는 뮤즈 탈리아가 연극용 탈을 들고 서 있다.

4. 파리스의 심판 중에서 에우테르페. 아홉 명의 뮤즈 가운데 음악을 담당하는 에우테르페가 플루트를 들고 있다.

5. 파리스의 심판 중에서 칼리오페(오른쪽). 칼리오페는 '아름다운 목소리를 가진' 이라는 뜻으로 아홉 뮤즈 중 연장자다. 왼쪽은 이름이 뒷부분만 남고 지워졌다. 뒷부분이 '-NIA(-니아)' 인 걸 보니 우라니아나 폴리힘니아인데, 여기서는 종교시를 뜻하는 폴리힘니아로 보인다.

스와 펠레우스의 결혼식이 열렸는데요. 성대한 피로연에 '초대받지 못한 손님' 에리스가 "왜 나를 부르지 않았지."라며 나타났습니다. 모두 놀라 긴장하는 순간, 불화의 여신 에리스가 피로연장에 사과를 던지면서 한마디 차갑게 내뱉어요. "사과의 주인공이 최고의 미인." 좀 불길하죠. 아니나 다를까. 미인들의 다툼이 생기고, 사과를 얻기 위해 뒷거래로 얼룩지고, 비극적인 트로이 전쟁의 불씨가 되고 맙니다. 이 사과를 '불화의 사과'라고 부르죠. 벌써 소상히 말하면 재미가 줄어드니까 프랑스 루브르 박물관 편에서 자세히 소개할게요.

아버지 제우스의 뜻을 전하는 헤르메스가 누구인지 살펴보고 갑니다. 《파리스, 헤르메스, 아프로디테》를 보면 가운데 어린애 같은 고추를 달고 있는 신이 헤르메스인데요. 헤르메스 하면 무엇이 떠오르나요. 명품 가방이나 시계를 상징하는 프랑스 '에르메스프랑스어는 'H'가 무음' 상표인가요? 헤르메스의 어머니는 거인 아틀라스의 딸 마이아예요. 글쎄, 헤르메스는 어머니 품에서 태어나자마자 요람을 빠져나와 배다른 형 아폴론의 소를 훔쳤어요. 세 살 적 버릇 여든까지 간다는데. 소를 훔칠 때 소의 꼬리를 끌고 뒷걸음질로 도망가는 기지를 발휘합니다. 눈길에 짚신을 거꾸로 신고 걸어간 임꺽정의 책사 서림과 닮았네요. 화가 난 아폴론이 길길이 뛰니 헤르메스는 거북을 잡아 등껍질에 양의 창자로 줄을 맨 뒤 키타라를 만들어 형 아폴론에게 줘요. 음악의 신 아폴론이 멋진 악기에 마음이 풀려 동생의 도둑질을 용서하죠. 이렇게 꾀 많고 머리 좋으니 장사하면 딱 어울리겠죠. 그래서 장사꾼들이 떠받드는 상인의 신이 됩니다.

헤르메스는 원래 헤르마Herma, 즉 길가의 표지석을 뜻했어요. 과객들

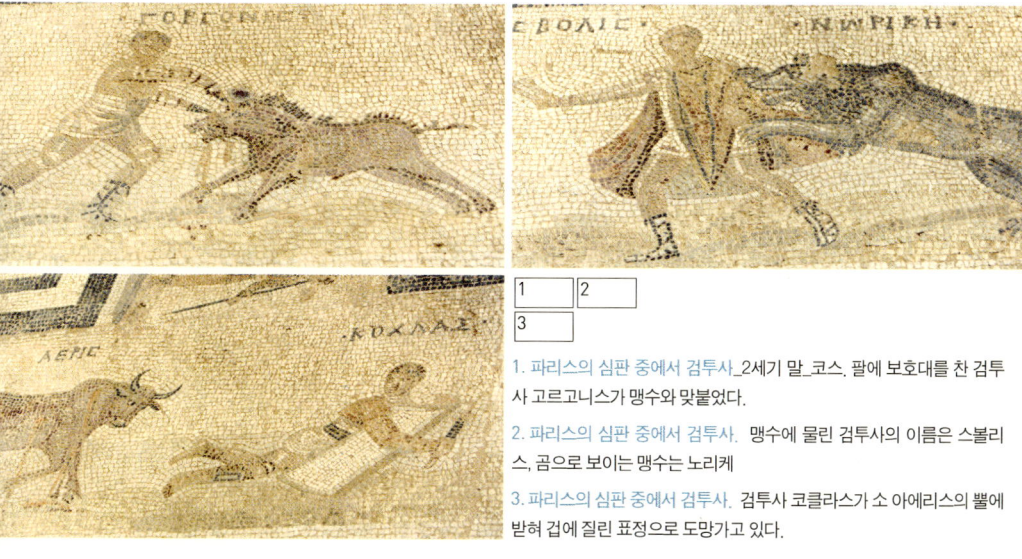

1. 파리스의 심판 중에서 검투사_2세기 말_코스. 팔에 보호대를 찬 검투사 고르고니스가 맹수와 맞붙었다.
2. 파리스의 심판 중에서 검투사. 맹수에 물린 검투사의 이름은 스볼리스, 곰으로 보이는 맹수는 노리케
3. 파리스의 심판 중에서 검투사. 검투사 코클라스가 소 아에리스의 뿔에 받혀 겁에 질린 표정으로 도망가고 있다.

이 지나면서 올려놓는 돌무더기요. 우리의 마을신 서낭城隍 돌무더기 풍속과 닮았죠. BC 6세기 아테네의 독재자 히파르코스는 헤르마 대신 사각 기둥을 세우도록 했습니다. 기둥 위에 수염 기른 헤르메스 반신상을 올리고 허리 아래 남근을 툭 불거지게 붙였죠. 아테네에 가면 1896년 제1회 현대 올림픽이 열린 스타디움이 있는데요. 여기 한가운데 서 있습니다. 우리네 정서로 치면 장승이라고 볼 수 있을까요. 마을 입구에서 경계를 나타내며 마을을 수호하는 신이요. 각각 개성이 다른 문화들이 얼핏 보면 다른 듯한데 그 뿌리는 비슷한가 봅니다.

《파리스의 심판》 위아래로 아폴론과 아홉 명의 뮤즈가 자리합니다. 뮤즈는 일반적으로 시나 음악의 신으로 알려져 있지만, 고대에는 역사나 천문학까지도 아우르는 학예 전반의 신이었어요. 주신 제우스와 기억의 여

신 므네모시네 사이에서 태어난 아홉 명의 뮤즈는 각각 담당하는 분야가 있답니다. 여러 설이 있지만 칼리오페서사시, 클레이오역사, 에라토서정시, 에우테르페음악, 멜포메네비극, 폴리힘니아종교시, 탈리아희극, 우라니아천문, 테르프시코레춤로 보면 좋습니다.

분위기가 확 바뀌는데요. 우아한 예술의 세계에서 생과 사를 넘나드는 싸움판으로 말입니다. 로마 시대 잔혹한 대중 이벤트 검투 장면이 《파리스의 심판》을 에워싸고 있어요. 맹수에 물려 다치거나 도망치는 '검투사'가 나오는데요. 이럴 때 생각나죠. 기독교도를 검투장으로 보내 맹수와 대결시켰다고 해서 나온 말, "기독교도를 사자에게 던져라크리스티아노스 아드 레오네스, Christianos ad leones." 좀 끔찍해요. 특히 소와 경기하는 장면은 유심히 살펴보죠. 모자이크, 프레스코, 조각을 통틀어 인간 대 소의 경기는 처음 봅니다. 오늘날 스페인과 남프랑스에서 유행하는 투우경기의 원조겠죠. 다양한 싸움동작을 그린 검투 모자이크에는 검투사의 이름은 물론 맹수의 이름까지 일일이 적어놓았습니다. 마치 맞붙는 선수 사진에 이름과 각종 자극적인 문구를 넣어 팬들을 유혹하는 요즘 격투기 홍보물과 크게 다를 바 없어요. 당시 경기 풍속도를 읽을 수 있어 좋습니다.

검투경기는 이 영화 보면 자세히 들여다볼 수 있어요. 반전과 기계화의 현대문명을 고발하는 데 앞장서던 스탠리 큐브릭 감독의 1960년 작 「스파르타쿠스」요. 트라키아 출신 전쟁포로로 노예가 된 검투사 스파르타쿠스의 반란을 다룬 역사영화인데요. 커크 더글러스의 빼어난 연기로 고대 노예제의 부당함을 잘 전달해주던 작품이랍니다. 스파르타쿠스를 비롯해 반란 노예들이 처형돼 십자가에 매달린 채 로마 도로 옆에 죽 늘어선 라스트 신은 길이 기억되는 명장면이지요. 「스파르타쿠스」가 나온 지 40년 뒤 2000년에 제작된 러셀 크로우 주연의 「글라디에이터」에서도 검투경기를 보지만, 구관舊官이 명관名官이라고 「스파르타쿠스」가 더 인간적으로 비쳐요.

'서쪽 발굴지구'를 둘러보고 다시 에우로파의 집 앞으로 돌아옵니다. 그러면 집 바로 앞에 커다란 저택 한 채가 보여요. 2~3세기에 만들어진 것으로 추정되는 로마 시대의 저택, 로마 빌라입니다. 바닥 기초만 남았던 것에 벽을 세우고 지붕을 씌워 당시 모습 그대로 되살려놓았어요. 과거 로마 인의 주거문화와 생활상을 이해하는 데 큰 도움이 될 뿐만 아니라 몇몇 모자이크를 접하는 보너스도 얻을 수 있어요. 비록 빼어난 수준의 작품은 아니지만, 당시 설치했던 장소에 그대로 남아 있어 로마 인의 생활상과 모자이크의 연관성을 짐작해보기 좋습니다. 여기서는 《호랑

- 호랑이_2~3세기_코스. 아칸투스 잎으로 둘러싸인 틀 속에 호랑이를 그렸다.
- • 오푸스 섹틸레_2~3세기_코스. 야외 주랑정원 페리스틸리움 바닥을 장식하고 있다.

그리스 43

이》,《표범》,《돌고래》가 과객을 맞아요. 다양한 용도의 방에 설치돼 있는데요. 페리스틸리움Peristylium, 야외 주랑정원 바닥을 뒤덮는 오푸스 섹틸레 작품이 인상적이랍니다. 오푸스 섹틸레는 대리석이나 그 밖의 돌을 그리고자 하는 모양에 따라 잘라 짜맞추는 모자이크의 일종이에요. 화려한 색상이 특징이죠.

인술仁術의 원조 히포크라테스 선서: 코스 박물관

로마 빌라에서 항구 쪽으로 조금만 가면 아담한 박물관이 나와요. 내부에 전시된 유물은 몇 점 안 되는데, 입구에 누운 작품이 모두의 눈을 휘둥그렇게 만들죠. 의술의 신 아스클레피오스와 서양의학의 비조鼻祖 히포크라테스가 등장하는 《아스클레피오스의 도착》입니다. 아기아 파라스케비 교회의 남쪽에 자리한 로마 저택에서 발굴됐는데, 2~3세기에 만들어진 작품으로 예술성과 작품성이 아주 뛰어나답니다. 신화 속 인물로만 여겨지던 히포크라테스를 묘사한 로마 시대 작품이에요. 특히 의학을 공부하거나 의료관련 분야에 종사하는 분이라면 남다른 마음으로 감상하게 되겠죠. 탐방객의 발목을 한동안 붙잡아둘 만큼 규모가 큽니다. 방금 제작한 듯 선명한 색상이 새물내를 물씬 풍기고요. 균형 잡힌 구도와 살아 숨쉬듯 사실적인 인물묘사, 작고 정교한 테세라 시공 등 명작으로 어느 한군데 손색이 없어요. 탄성이 절로 나오죠. 로마 저택에서 발굴해 근처 로도스 섬의 성에 보관하던 것을 원래 고향인 코스 박물관으로 옮겨왔습니다. 코스 사람들이 의술의 신 아스클레피오스가 코스에 도착하는 장면을 작품으로 남기게 된 사연은 무엇일까요. 신화와 역사를 뒤섞어 살펴보

• 아스클레피오스의 도착_2~3세기_코스. 의술의 신 아스클레피오스가 배를 타고 코스에 도착하는 장면으로, 히포크라테스가 왼쪽에 앉아 조상을 맞고, 오른쪽은 코스 주민이다.
•• 아스클레피오스의 도착 중에서 아스클레피오스

면 흥미롭겠죠.

　의술을 상징하는 뱀 지팡이를 든 아스클레피오스가 한쪽 어깨가 드러나는 그리스 풍 자주색 옷을 입고 배에서 막 발을 내려놓는 순간을 그렸습니다. 헤르메스와 달리 지팡이의 뱀은 한 마리예요. 위에 보이는 무늬는 아칸투스 잎이고요. 히포크라테스는 흰옷을 입고 바닷가 바위 옆 돌의자에 앉아 조상 아스클레피오스의 도착을 기다립니다. 아스클레피오스의 후손으로 알려진 그는 BC 5세기에 활약한 실존인물로서 윤리를 강조한 의사의 진정한 스승이죠. 이마가 벗겨지고 흰머리에 수염난 모습이 조상보다 더 늙어 보여요. '어째 이런 일이……' 가능할까요? 그리스에서 신들은 늙지 않거든요. 신이 된 아스클레피오스는 만년 청춘이고 자손 히포크라테스는 인간이므로 늙는 거죠. 배 앞에 코스의 주민이 토속적인 복장을 하고 마중 나와 있네요. 모자가 인상적이죠. 마름모를 이어붙인 외곽 테두리 안에 다시 아칸투스 잎으로 사각형 테두리를 만들고 그 내부에 중심 소재를 담는 방식을 썼는데요. 엠블레마 기법이라고 합니다. 헬레니즘 풍 모자이크의 전형적인 특징이에요.

원래 아스클레피오스의 고향은 트리테이지만 그의 아들 포달레이리오스가 코스에 보금자리를 틀고 의술을 전파한 까닭에 코스를 상징하는 신이 됩니다. 포달레이리오스의 직계 18대손이 고대 서양의 최고 의사로 꼽히는 히포크라테스예요. 요즘 이역만리 금수강산에서도 의사가 되려면 이 사람 이름을 걸고 선서를 해야죠. 히포크라테스는 BC 460년 태어나 아버지에게서뿐만 아니라 당시 문명 선진국이었던 이집트와 오리엔트 각국을 여행하면서 의술을 배웠어요. 인체가 불, 물, 공기, 흙의 4원소로 구성됐다면서 자연치유력을 강조하던 의사였습니다. 그가 2500년이나 지난 지금까지 의학의 비조로 존경받는 이유는 무엇일까요. 윤리죠. 그렇습니다. 히포크라테스가 아폴론과 아스클레피오스의 이름을 걸고 맹세하도록 후학들에게 강조한 것은 의사의 윤리였어요. 의술이 아닌 인술이요.

의사가 돈 잘 버는 직업의 하나로 전락하고, 의료보험이 없으면 잘린 손가락 두 개 가운데 하나만 봉합하는 메마른 사회, 오로지 돈벌이가 전부인 사회에 히포크라테스가 강조하던 인술을 기대하기 어려운 현실을 통렬히 비판하는 영화가 있죠. 「식코Sicko」인데요. 다큐멘터리 영화 감독 마이클 무어의 날카로운 고발정신은 아집에 가려 폭넓은 가치관과 참된 인간사회를 보지 못하고 눈앞의 달콤한 신기루만 허망하게 붙들려는 신자유주의적 의료 가치관의 맹점을 파고들어요. 히포크라테스의 2500년 전 가르침을 전파하는 훌륭한 제자로 손색없답니다. '환자의 건강과 생명을 첫째로 생각하겠노라'며 히포크라테스 선서를 한 뒤 과연 얼마나 실천하고 있을까요. 이건 의사 개인의 문제가 아니라 제도의 문제가 아닐까요. 돈 없이도 환자를 치료할 수 있는 서구 복지국가나 홍콩 같은 나라의 의료 시스템을 생각하면요.

코스에는 아스클레피오스를 섬기던 종합병원 유적지 아스클레피온뿐만 아니라 히포크라테스가 교육기관을 세워 의학을 강론했다는 정자와 느티나무가 아네모네 꽃 사이에 남아 있는데요. 느티나무나 정자는 한참 후대에 심고 만든 것이지만 감회는 무척 새롭답니다. 역사와 전설을 흥미의 샘물로 적절히 바꿔 목마른 탐방객에게 시원스레 목을 축이라 베풀어 주는 정자에 꼭 들러보세요. 조선 시대 중반 임진왜란 시기를 살며 명저 『동의보감』을 저술한 명의 허준이나, 관우의 어깨뼈를 수술하는 등 당대 최고의 명의로 이름을 날리다 조조에게 죽임을 당한 후한 시대 화타를 히포크라테스에 비유할 수 있을까요.

여기서 잠깐 아스클레피오스의 탄생과정을 들여다보죠. 좀 끔찍한데요. 아폴론은 인간인 절세의 미인 코로니스를 사랑했지요. 인간과 함께 살 수는 없었으므로 흰 까마귀를 보내 감시하게 합니다. 어느 날 흰 까마귀가 날아와 아폴론에게 코로니스가 이스키스라는 자와 간통을 한다고 고했어요. 분노한 아폴론은 활을 쏘아 코로니스를 죽이고, 코로니스를 제대로 감시하지 못했다는 죄를 물어 까마귀에게는 흰털을 새카맣게 만드는 벌을 줍니다. 뒤늦게 코로니스가 자신의 아기를 가졌다는 사실을 안 아폴론은 간신히 아이만을 살려내는데, 이 아기가 의술의 신이라고 부르는 아스클레피오스입니다.

아폴론은 어린 아들을 켄타우로스 케이론에게 맡겨 키웠는데요. 켄타우로스 족속은 과격함과 난폭함의 대명사지만, 케이론만은 의술에 통달한 불사의 현자였죠. 아스클레피오스는 케이론에게 의술을 전수받아 최고의 명의가 됩니다. 어찌나 용하던지 죽은 사람도 살려냈어요. 동양으로 치면 중국 전국 시대의 편작에 견줄 수 있어요. 편작이 죽은 '괵' 나라 태자를 살려냈다고 하니 말입니다. 죽은 자가 살아나면 어떻게 될까요? 우주질서가 깨지죠. 이를 두려워한 할아버지 제우스가 벼락을 내려 아스클레피오스를 죽입니다. 하지만 곧 마음을 바꿔 손자를 소생시킨 뒤 의술의 신 반열에 올려줬답니다.

아스클레피오스는 뱀이 휘감은 지팡이를 들고 다니는데요. 헤르메스의 것과는 다릅니다. 헤르메스는 교미하는 두 마리, 아스클레피오스는 한 마리죠. 간혹 의료단체에서 뱀 두 마리 지팡이를 상징으로 사용하는데요. 아스클레피오스나 의술과 무관하게 헤르메스의 지팡이에서 따온 것입니다.

그리스에 간다면 자연도 아름답고 모자이크도 아름다운 코스에 꼭 들러보길 권합니다. 들러야 할 이유는 하나 더 있어요. 코스의 환상적인 매력 가운데 하나는 바다 건너로 터키 땅이 아련히 바라다보이는 점이랍니다. 섬의 한가운데 있는 산 정수리에 자리한 아스클레피온 유적지에 오르면 소나무 사이 푸른 잔디밭 위로 대리석 잔해가 햇빛에 하얗게 빛납니다. 적당한 돌붙이에 걸터앉아 바다로 눈길을 돌리면 희뿌연 바다안개 건너로 아련히 터키 땅이 눈에 들어와요. 그리스에 앉아 터키를 바라보는 감흥은 남다르죠. 유난히 맑은 햇살이 더없이 아름다웠던 그날 얼굴 검게

• 아스클레피온 유적_코스. 아스클레피오스는 의술의 신으로 그를 기리는 신전 겸 병원을 아스클레피온이라 한다. 코스를 비롯해 에피다브로스, 페르가몬 등 지중해 연안 곳곳에 남아 있다.

•• 히포크라테스 정자와 나무_코스. 히포크라테스가 의술을 가르치던 정자에 심어진 나무. 나무도 굵지만, 가까이 가보면 속이 텅 비어 더 신비스럽다.

••• 아스클레피온 유적지에 오르면 바다 건너 터키 항구 보드룸이 바라보인다. 그리스 섬에서 터키 땅이 보인다는 게 믿어지지 않는다.

그을리는 줄 모르고 한없이 바다를 응시했답니다. 뭔지 모를 그리움에 끌리던 사춘기 소년처럼요. 이때 장 클로드 보렐리가 1976년 만든 운치 있는 트럼펫 연주 「바다의 협주곡」이 울려퍼지면 비단 위에 수놓은 꽃, 금상첨화錦上添花겠죠.

델로스

역사의 뒤안길로 사라진 델로스 동맹의 영화

중고등학생 시절 세계사 시간에 줄쳐가며 외우던 '델로스 동맹'을 기억하고 있을 겁니다. 배달倍達의 강역疆域 학생들도 입에 달고 살던 델로스 섬에 가려고 아테네에서 새벽에 미코노스 행 비행기에 몸을 실었습니다. 델로스 섬은 너무 작은 데다 무인도여서 공항이 없거든요. 근처 미코노스에서 소형 여객선으로 갈아타는 게 일반적인 여행방법이에요. 힘들여 이곳을 찾을 때는 다 이유가 있죠. 유적도 훌륭하지만, 델로스가 로마의 영토로 편입되기 전 번영을 누리던 헬레니즘 말기 BC 2세기 말부터 BC 1세기 초까지의 모자이크 작품이 여럿 남아 있거든요.

미코노스에 내려보니 푸른 하늘과 쪽빛 바다, 하얀 집으로 상징되는 에게 해의 청정 순백 도시 그대로예요. 1968년 이탈리아 산레모 가요제에서 2위를 차지한 노래죠. 마리사 산니아의 애절한 음색과 애조 띤 가락이 여린 가슴 깊이 파고들던 이탈리아 노래 「언덕 위의 하얀 집Casa bianca,

• 미코노스 섬. 코발트빛 바다, 하얀 집, 하늘을 담은 듯한 쪽빛 창문, 아늑한 포구가 어우러져 그지없이 아름답다.
•• 델로스 섬. 돌섬인 데다 그리스·로마 시대의 돌 유적으로 가득해 무엇이 산이고 무엇이 유적인지 멀리서는 구분하기 어렵다.

카사비앙카」이 절로 생각나는 정경이랍니다. 큰 유적지는 없지만 색 대비가 빼어난 포구 풍경은 볼 만해요. '트로이 목마'를 새긴 고대 그리스 도자기도 박물관에서 볼 수 있으니 꼭 들러볼 코스로 추천합니다.

델로스 섬은 돌섬石島입니다. 나무가 드문 그리스 특유의 돌산 위에 돌로 만든 유적이 올라앉아 있기 때문에 멀리서는 암석과 유적이 뒤엉킨 모습인데요. 항구에 다다를수록 프랑스 고고학 팀이 발굴해놓은 거대한 유적들이 바닷가의 돌산 경사면을 따라 옛 영화의 한 장면을 신비스럽게 펼쳐 보여줍니다. 에게 해 도시국가들이 BC 478년에 벌어진 2차 페르시아 전쟁에서 승리한 뒤 델로스 동맹을 결성하고 기금창고를 델로스 섬에 둔 것만 봐도 델로스 섬이 교역 중심지로서 얼마나 주목을 받았는지를 알 만하죠. 델로스 섬은 헬레니즘 시대를 거쳐 로도스의 쇠퇴를 틈 타 무역항으로 발전합니다. 그런데 델로스 섬에 번영을 안겨준 업종이 영 마음에 걸려요. 노예 중개무역. 인간성을 말살한 업보인가요. 알렉산더 대왕이 갑자기 죽자 그 휘하의 장군들이 권력을 놓고 벌이는 내전에 휘말려 서서히 쇠퇴하더니 6세기 이후 델로스 섬은 무인도로 버려집니다. 화려했던 대리석 건축물들은 천년 넘게 지속적으로 파괴 약탈됐고요. 값비싼 대리석이 침략자들에게 짭짤한 돈벌이가 됐거든요.

삼지창과 돌고래로 상징되는 해양도시

유적으로 들어가 화려한 모자이크의 세계로 안내할 시간이네요. 1873년부터 시작된 프랑스 고고학 팀의 발굴로 극장과 신전, 아고라 같은 공공시설은 물론 호화주택이 제 모습을 드러냈습니다. 유적지는 크게

• 소용돌이 무늬와 돌고래_ BC 2세기 말~BC 1세기 초_델로스 섬. 소용돌이 무늬가 직사각형 엠블레마로 제작된 모자이크 위로 델로스의 상징인 돌고래가 닻 주위를 맴도는 장면이 표현되어 있다.

•• 돌고래의 집_BC 2세기 말~BC 1세기 초_델로스 섬. 실내정원인 아트리움을 장식하는 모자이크

여섯 구역으로 나뉘는데요. 선착장에 내려 오른쪽으로 돌면 바로 만나는 게 아폴론 성소 구역, 그 옆이 극장 구역이에요. 이곳에 헬레니즘 풍의 모자이크가 주로 몰려 있어요. 맨 먼저 이름은 없지만 가장 델로스적인 분위기를 간직한 주택이 나타납니다. 델로스는 바다를 삶의 터전으로 삼은 해양국가였죠. 바다의 상징 '돌고래'가 닻 주위를 헤엄치는 모자이크가 눈에 들어오네요.

이 집에서 나와 조금 위쪽으로 방향을 틀면 대리석 기둥이 높게 둘러서 위엄을 뽐내는 '디오니소스의 집'이 떡 버티고 서 있죠. 헬레니즘 시대의 화려한 기풍을 간직한 《디오니소스와 호랑이》가 으르렁거립니다. 날개 달린 디오니소스가 호랑이를 타고 가는 장면을 묘사했는데, 너무 먼지가 끼어 작품을 제대로 볼 수가 없었어요. 소개 책자의 사진을 보니 살아 숨쉬듯 생생하고 섬세한 표현이 돋보이는 작품인데 말입니다. 근처 '삼지창

의 집'에도 아트리움 바닥에 《돌고래》가 헤엄치고 있어요. 붉은색 닻을 감싸고 도는 모습이 앙증맞기까지 하네요. 삼지창은 바다의 신 포세이돈의 상징이죠. 포세이돈이 등장하면 어김없이 소품으로 따라와요. 바다를 터전으로 삼았던 델로스 인의 정신세계를 엿보기 좋습니다. 포세이돈을 숭배하고, 돌고래를 친구 삼는 정서요. 삼지창의 집 야외식당에는 예쁜 《꽃병》이 바닥을 수놓고 있습니다.

'마스크의 집'에서도 《디오니소스》가 기다립니다. 디오니소스가 이번에는 호랑이가 아닌 표범 등에 올라앉아 왼손엔 북을, 오른손엔 지팡이 티르소스를 들고 있어요. 역시 훼손된 데다 먼지가 끼고 보존상태까지 나빠 마음이 편치 않습니다. 좀 더 잘 보호할 수도 있을 텐데……. 마스크의 집에서는 디오니소스의 시종인 사티로스와 디오니소스를 길렀다고 전해지는 실레노스를 그린 《사티로스와 실레노스》도 탐방객을 기다립니다. '돌고래의 집' 모자이크에서는 돌고래와 함께 에로스가 등장해요. 사랑의 신 에로스가 장난기 어린 모습으로 돌고래와 노니는 모자이크가 아트리움을 둘러싼 기둥 잔해 밑으로 고개를 내미네요. 이 밖에도 여러 집에서 모자이크를 설치했던 흔적이 남아 델로스 섬이 모자이크의 보고였음을 증명해주죠. 이 모자이크들은 델로스 섬이 아직 로마의 영토가 되기 전 번영을 누리던 헬레니즘 시대 말기 BC 2세기 말부터 BC 1세기 초까지의 작품으로 추정됩니다.

외국신 성소 구역은 이집트나 동방에서 들어온 신들을 모시는 장소입니다. 로마의 종교관은 관용적이고 국제성을 띠었죠. 헌데 2008년 대한민국은 불교계의 주장대로라면 로마에 훨씬 못 미치는 나라가 됐어요. 특

• 육면체 모자이크_ BC 2세기 말~BC 1세기 초_델로스 섬. 이런 육면체 모자이크는 후기 헬레니즘 시대를 거쳐 로마 초기까지 널리 유행한 양식이며, 폼페이에도 같은 유형의 모자이크가 등장한다.
•• 세라피스 신전_ BC 2세기 말~BC 1세기 초_델로스 섬. 이집트에서 들어온 의술의 신 세라피스를 기리는 신전

정종교 비하 사건이 고의든 실수든 자주 터지니 말입니다. 외국신 성소 구역에서는 '기둥 하나의 집'을 맨 처음 보게 되는데, 화려하진 않지만 흑백의 《소용돌이 무늬》 바닥 모자이크가 외로운 기둥 주변을 아름답게 꾸며주네요. 이집트에서 온 의술의 신 세라피스를 기리는 신전 바닥에도 모자이크가 멀리 바다를 응시합니다. 지중해 건너 고향 이집트를 생각하듯이요.

전쟁과 지혜를 상징하는 모순된 여신 아테나 : 델로스 박물관

델로스 박물관에도 유적지에서 옮겨다놓은 여러 점의 모자이크가 전시되어 있습니다. 흔히 박물관 내부는 흰색 페인트로 칠해놓죠. 천편일률이란 말 동감하실 겁니다. 그런데 델로스 박물관은 그리 규모가 크지 않지만, 은은한 하늘색 색조여서 색다릅니다. 한층 고급스럽고 격조 있다고

할까요. 《리쿠르고스》를 눈여겨보죠. 트라키아 왕 리쿠르고스가 디오니소스의 추종자 마에나드를 죽이려 하자, 디오니소스가 재빨리 마에나드를 포도나무로 변신시켜주고 있는 장면인데요. 포도넝쿨이 어지러운 가운데 마에나드가 겁에 질린 표정으로 위기를 모면하려는 모습이 애처롭습니다. 리쿠르고스는 디오니소스 숭배를 거부한 인물로 유명하죠. 리쿠르고스와 관련한 다양한 전설은 이탈리아 나폴리 박물관에서 더 살펴봅니다.

《아테나와 헤르메스》는 무척 심하게 훼손됐어요. 오른쪽 남자는 헤르메스예요. 전령이라면 빨리 달려야 하는데 만년 미남 청년 헤르메스의 차림새를 보면 이해할 수 있습니다. 날개 달린 모자페타소스를 쓰고 날개 달린 신발탈라리아을 신으니 오죽이나 빨리 움직였겠어요. 손에는 케리케이온이라는 날개 달린 지팡이까지 들었습니다. 지팡이에는 교미 중인 뱀 두 마리가 꼬여 조각돼 있고요. 지금도 헤르메스를 상징할 때 뱀 달린 지팡이를 쓰는 이유예요. 라틴어로는 카두케우스라고 합니다. 가운데 앉아 있는

● 리쿠르고스_BC 2세기 말~BC 1세기 초_델로스 섬. 리쿠르고스의 광기어린 눈과 마에나드의 겁에 질린 표정이 사실적이다.

●● 아테나와 헤르메스_BC 2세기 말~BC 1세기 초_델로스 섬. 사각의 틀 속에 세 명의 인물을 배치했는데 가운데 인물의 훼손이 심하다.

인물은 훼손돼 누구인지 알기 어렵습니다. 왼쪽에 아테나 여신이 완전 무장하고 서 있죠. 아테나가 등장할 때 반드시 따라다니는 소품인 방패는 밑에 내려져 있고요. 앞으로 자주 등장하니까 여신 아테나에 대해 좀 자세히 살펴보고 가죠.

전쟁의 신이어서 그런가 태어나는 과정이 끔찍하고 괴기스럽습니다. 제우스가 대양의 신 오케아노스의 딸 메티스를 사랑해 임신시키자 대지의 여신 가이아가 기분 나쁜 예언을 합니다. "아들이 태어나면 제우스의 지위를 빼앗으리라." 아버지 크로노스를 물리치고 권력을 빼앗은 제우스는 덜컥 겁이 나서 그 자리에서 메티스를 삼켜버립니다. 졸지에 태아 상태에서 아버지 뱃속으로 들어간 아테나는 제우스의 뇌 속으로 가 계속 자라죠. 두통을 견디다 못한 제우스가 자신의 머리를 쪼개달라고 프로메테우스에게 부탁하고, 프로메테우스는 양날이 달린 미노아 도끼 라브리스로 제우스 머리를 내리칩니다. 이 끔찍한 상황에서 완전 무장한 아테나가 싸우러 나가듯 버럭 소리를 지르며 튀어나왔다는군요.

전쟁의 여신인 만큼 고르곤의 머리가 한가운데 박힌 방패 혹은 가죽 갑옷, 즉 아이기스를 들거나 입은 모습으로 그려집니다. 승리를 상징하는 니케 여신을 손 위에 올려놓는 것은 전쟁에서 승리를 기약하기 위해서죠. 아테나는 니케와 함께 부엉이도 곁에 두는데요. 부엉이는 지혜를 상징하죠. 아테나 미네르바

돌고래와 에로스_BC 2세기 말~BC 1세기 초_델로스 섬. 두 마리 돌고래의 머리에 끈을 묶고 올라탄 에로스는 아이 모습이다.

그리스 57

가 지혜의 여신으로도 불리는 이유랍니다. 전쟁은 미친 짓인데 지혜랑 어떻게 조화를 이루는지……. 19세기 독일 철학자 헤겔이 『법철학』 서문에서 "미네르바의 부엉이는 해질녘에야 날기 시작한다."는 말로 표현했어요. 미네르바의 부엉이가 낮이 지나고 밤에 그 날개를 펴는 것처럼, 철학은 충분한 인과과정을 거친 뒤에야 뜻을 분명히 알 수 있다는 의미입니다. 요즘처럼 날림으로 모든 것을 처리하는 세태에서 되새겨볼 대목이에요. 광기를 멈추고 지혜를 회복하는 차원에서요.

참, 2008년 가을 한국사회 최대의 화두는 '미네르바'였죠. 미국 부동산 서브프라임 모기지 부실 사태와 이것이 리먼 브라더스로 연결되고 결국 한국 금융계에 악영향을 줄 것이라고 예측해 국민들에게 충격을 줬던 사람이요. 이 사람을 정부가 구속시켰어요. 정치 선진국의 '세상에 이런 일이' 코너에나 등장할 일입니다. 자유민주주의 시대의 우리 헌법은 언론, 출판, 집회, 결사의 자유를 보장합니다. 세계 어느 민주주의 국가에서 언론활동으로 구속되는 경우가 있는지. 반도체 팔고, 자동차 좀 수출한다고 민주국가나 선진국이 되는 게 아닙니다. 오랜 기간 수많은 사람들의 피땀으로 성취해온 내면적 민주주의 성과가 인정되지 않는다면 부끄럽지만 민주공화국이란 이름을 바꿔야죠. 북한이 인민민주주의 공화국이라고 말하지만, 누가 동의하나요. 대한민국 위상을 한순간에 물거품으로 만들어버린 현실 앞에 할 말을 잃고 맙니다. 이 인터넷 논객이 꼭 그렇다는 것은 아니지만, 풍부한 경험과 자료를 근거로 미래를 꿰뚫는 지혜로운 사람을 '미네르바의 부엉이', '미네르바의 지혜'라고 말하죠.

아폴론의 야자수와 델로스 동맹의 교훈

박물관에서 나와 호수 지구도 둘러봐야 합니다. 아폴론의 전설이 서려 있거든요. 바람둥이 제우스가 수작을 걸어 아름다운 레토가 아기를 가졌습니다. 제우스의 아내 헤라는 질투를 하죠. 게다가 레토가 낳은 자식이 자기가 낳은 자식보다 더 위대할 거라는 예언에 화가 치밉니다. 헤라는 온 나라에 레토에게 아기 낳을 곳을 제공하지 말라는 끔찍한 명령을 내려요. 만삭이 된 레토는 해산장소를 찾지 못해 안절부절하고, 제우스는 북풍의 신 보레아스

야자나무_델로스 섬. 레토가 이 야자나무 아래서 아폴론을 낳았다고 한다.

를 시켜 레토를 형 포세이돈에게 보내요. 포세이돈이 계수 季嫂를 위해 바다 속에 가라앉아 있던 섬 델로스를 끌어올려 출산하도록 돕죠. 그리고 헤라가 보지 못하도록 높은 파도를 일으켜 가려줍니다. 신들의 전령 아이리스가 우리네 삼신할미 같은 출산의 신 에일레이티아를 헤라 몰래 데려오니 준비 끝! 마침내 태양의 신 아폴론과 달의 신 아르테미스 남매가 태어납니다. 호수 지구에 당시 레토가 기대어 아폴론을 낳았다는 야자나무가 하늘을 향해 뻗어 있답니다. 나중에 누군가 심어놓은 것이지만 신화 내용에 걸맞은 분위기를 자아내요.

"승선하라." 어둠이 깔리기 전 출발하려는 선장의 성화 속에 배에 오르며 델로스 동맹을 다시 한 번 떠올려봅니다. 검푸른 바닷물에 어린 델로스 동맹의 성쇠는 고대 그리스에 머물지 않고 오늘날의 국제사회에도

● 4월의 델로스 섬. 울긋불긋한 꽃들이 마치 모자이크 무늬처럼 돌섬에 생명력과 아름다움을 불어넣는다.
●● 델로스 섬의 상징인 동물상

타산지석이 되기 때문입니다.

국제동맹은 BC 490년 다리우스 1세의 침략, BC 480년 크세르크세스의 침략을 물리친 뒤 그리스에서 결성된 델로스 동맹 이후 인류 역사에서 현재까지도 계속 체결됩니다. 하지만 패권국가의 권한 남용으로 끝이 좋질 않아요. 맹주는 초기의 민주적인 규칙을 버리고 자신의 이익을 위해 점차 독재를 휘두릅니다. 하지만 처음 자신에게 유리한 것 같지만 결국 주변국의 신뢰를 잃게 되죠. 더욱이 전쟁을 일삼다 스스로 국력을 갉아먹습니다. 동맹은 물론 자신의 세력도 시나브로 약화되고 다른 강대국에게 패권의 자리를 내주게 되죠. 막강 아테네와 스파르타가 이렇게 약화됐고, 그 틈을 타 마케도니아가 등장한 겁니다. 알렉산더는 그렇게 나왔어요.

현대 국제사회를 보죠. 유엔, 국제통화기금 등의 국제기구를 많이 만들지만, 국제사회를 구성하는 다양한 국가들의 평등한 발언권으로 운영

되는지 돌아볼 일이에요. 하늘을 찌를 것 같은 미국의 위세는 21세기 들어 환경, 국방, 경제운용에서 국제공조를 무시하고 나 홀로 정책만 추구하다 유엔을 앞세워 이라크 전쟁까지 일으킵니다. 석유 이권을 차지해 이득을 본 것 같지만, 결국 2008년 달러 위기로 곤두박질치잖아요. 건전한 생산자본과 탄탄한 중산층의 소비능력 향상을 뒤로 한 채 투기 금융자본에 의존하며 강대국 일방주의로 내달린 결과물이 아닐까요. 미국의 힘으로 전쟁을 물리쳤던 '팍스 아메리카나' 이미지는 한국전쟁을 고비로 무너지고, 이후 지구촌 각지의 전쟁이 미국 주도로 발생하는 '벨룸 아메리카나' 이미지가 굳어집니다. 미국이 자꾸 아테네와 겹쳐 보이는 것은 기우일지, 역사의 거울이 비춰주는 교훈일지.

미국이 자기 자신을 진정으로 몰랐던 것은 아닌지요. 오래된 그리스의 가르침 "너 자신을 알라 γνωθι σεαυτόν 그노티 세아우톤, Know Thyself."를 되새겨봅니다. 그리스에서 중대 사안이 생길 때마다 신탁을 청하던 명소 델피의 아폴론 신전 마당에 새겨진 문구였죠. 스파르타의 킬론을 비롯해 가장 유명한 소크라테스까지 적어도 여섯 명의 그리스 현자들이 이 말을 언급했는데요. 어떤 결론을 내리든 자기 자신을 잘 몰랐던 미국 달러 경제의 하락과 유럽 유로화, 중국 위안화의 득세, 그리고 발언권 강화는 움직일 수 없는 흐름이 됐습니다. 로마의 서사시인 베르길리우스가 언급한 '세기의 새 질서 Novus Ordo Seclorum 노부스 오르도 세클로룸'도 그렇게 열려간답니다.

로도스

애처가 헬리오스가 남긴 유산

그리스 본토보다 터키 땅에 더 가까운 에게 해의 섬 로도스. 고대 헬레니즘 시기 세계 7대 불가사의 중 하나로 알려진 '헬리오스 거상'이 설치됐던 로도스는 지금도 유네스코 세계문화유산으로 지정되어 관광의 중심지로 이름 높습니다. 에게 해의 뜨거운 태양과 바다를 즐기러 유럽인들이 즐겨 찾는 휴양지인데요. 크레타, 에비아, 레스보스 섬에 이어 에게 해에서 네번째로 큰 섬 로도스의 이름이 어떻게 생겼는지 그리스 신화의 뿌리를 찾아 떠나볼까요.

거인족을 물리치고 세상을 평정한 제우스가, 참전용사들에게 논공행상으로 영토를 나눠줄 때, 태양신 헬리오스란 친구가 올림포스 산에서 너무 멀리 떨어져 살다보니 그만 영토 수여식에 늦고 말았네요. 졸지에 지각이라. 땅을 받지 못한 헬리오스가 이러쿵저러쿵 불평을 늘어놓으니 고민하던 제우스가 제안을 합니다. "저 멀리 에게 해 동쪽 깊은 바다에 가라앉은 섬을 끌어올려 줄 테니 받으시게나." "좀 멀긴 하나 상전의 뜻에 따르오리다." 이렇게 새 땅을 차지한 헬리오스

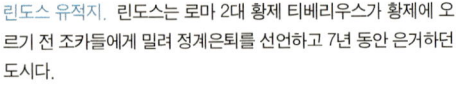

린도스 유적지. 린도스는 로마 2대 황제 티베리우스가 황제에 오르기 전 조카들에게 밀려 정계은퇴를 선언하고 7년 동안 은거하던 도시다.

는 모든 잡념을 잊고 매일 아침 동쪽 하늘로 떠올라 황금 태양 마차를 몰며 서쪽으로 날아갑니다. 어느 봄날 아리따운 봄 처녀의 고운 자태를 보고 한눈에 상사병이 걸리니, 처자는 포세이돈의 딸이었다. 애달픈 사랑타령 한 곡조 뽑아 아내로 삼는 데 성공했으니, 재물 얻고 아내 얻은 헬리오스는 자신의 섬

로도스 요새. 로도스는 지중해 연안 최대의 해양 요새도시다.

에 사랑스런 아내의 이름을 떡하니 붙였다. 그게 바로 로도스다.

카스텔로에 남은 중세 십자군의 흔적

모자이크를 볼 수 있는 곳은 로도스 항 구도심에 있는 고고학박물관과 카스텔로입니다. 고고학박물관에는 도자기와 아름다운 조각 사이로 《기하학 무늬》 바닥 모자이크가 전시되어 있고요. 카스텔로에는 바다요정 《네레이드》와 《탈》, 바다의 《기하학 무늬》가 탐방객을 맞습니다. 모두 헬레니즘 시대인 BC 2~BC 1세기에 만들어진 것으로 추정돼요. 카스텔로에 있는 작품은 아쉽게 촬영하지 못했지만 고고학박물관에 있는 바다 《기하학 무늬》는 사진에 담을 수 있었습니다.

여기서 《네레이드》가 지키는 카스텔로에 대해 살펴보고 가죠. 카스텔로는 '병원 기사단 요한 기사단' 이 사용하던 건물이랍니다. 병원 기사단이라면 프랑스인이 세운 '신전 기사단 템플 기사단', 독일인이 세운 '독일 기사단 튜튼 기사단' 과 함께 중세 십자군 시대 3대 기사단으로 이름 높죠. 십자군전

그리스 63

기하학 무늬_BC 2~BC 1세기_로도스. 고고학박물관 바닥 모자이크로, 기하학 무늬 속에 각종 동물을 표현했다.

쟁 때 만들어진 다른 두 기사단과 달리 병원 기사단은 훨씬 오래 전 예루살렘의 병원에 뿌리를 둡니다. 비잔틴 제국이 예루살렘을 장악하고 있던 600년, 성지 순례객을 위한 치료와 휴식, 조난 구제시설로 설립됐거든요. 638년 예루살렘이 이슬람 세력에 함락된 뒤에도 기독교 관용정책에 따라 유지됐고요. 프랑크 왕국의 샤를마뉴 대제는 800년 도서관까지 추가하며 병원을 확대했습니다.

하지만 1005년 이집트에 기반을 둔 이슬람 파티마 왕조의 6대 칼리프 알 하킴이 기독교 적대정책을 펼치며 위기를 맞습니다. 하킴이 병원을 비롯해 주요한 고대 건물들을 파괴한 거예요. 다행히 1021년 하킴이 의문의 실종을 당하면서 새로 등장한 칼리프가 관용정책을 펴자 나폴리 근처 아말피 해안 출신 상인들이 1023년 병원을 새로 지을 수 있었답니다. 이어 1096년 십자군운동을 시작한 지 3년 만인 1099년 예루살렘이 기독교 수중에 들어오자, 이탈리아 출신 제라드가 교황의 승인을 얻어 1113년

- 카스텔로_로도스. 웅장하고 육중한 건물이 치열했던 공격과 수성의 전장이었음을 말해준다.
- 시가지 전체가 해양요새인 로도스는 석조건축의 보고로 웅장하면서도 고풍스런 분위기를 자아낸다.

병원 수호 기사단을 창설합니다. 병원을 지킨다 해서 병원 기사단, 또는 병원 자리가 '기도와 노동'을 모토로 삼던 베네딕트 수도회 소속 세례 요한의 수도원 터라 해서 요한 기사단이라 불리기도 하죠. 병원 기사단이 종교 신념을 지키기 위해 쓰던 보금자리가 모자이크를 소장한 박물관으로 바뀐 겁니다.

1096년 프랑스 클레르몽페랑에서 교황 우르바노 2세가 처음 깃발을 든 십자군운동은 1291년 예루살렘 왕국_{십자군이 세운 나라}이 "알라는 위대하다"를 기치로 등장한 이슬람 아이유브 왕조에게 패하면서 종말을 고하는데요. 이때 마지막 짐정리를 한 십자군이 바로 1222년부터 아코를 장악하고 예루살렘 왕국을 통제하던 '병원 기사단'이에요. 지중해 전역에서 가장 완벽한 형태의 해양요새인 로도스를 만든 주역이죠.

이슬람과 기독교를 아주 다른 종교처럼 여기기 쉬운데요. 뿌리는 같아요. 가장 쉬우면서도 근본적인 차이점을 살펴보고 넘어가죠. 이슬람에서는 예수를 '이사Isa'라고 불러요. '이사 이븐 마리암Isa ibn Maryam'하면 '마리아의 아들 예수'를 뜻해요. 예수를 왜 마리아의 아들이라고 부를까요. 기독교는 예수가 생물학적 남녀의 결합으로 수태된 게 아니라고 설명하죠. 마리아가 비록 현실 남편 요셉과 살았지만, 성령으로 하느님의 아들을 잉태했다는 거예요. 이슬람은 이 대목을 어떻게 생각할까요. 이슬람도 기독교처럼 유일신 하나님을 섬깁니다. 그런데 이슬람 사람들은 하느님에게 아들이 있을 수 없다고 생각해요. 그래서 예수를 하느님의 아들, 즉 알라의 아들로 인정하지 않고 대신 생물학적 아버지 없이 태어났다는 부분만 인정해 마리아의 아들로 부르는 거죠. 이 점이 기독교와 이슬람이 갈라지는 첫 출발이고요.

그러면 이슬람은 예수를 단순히 마리아의 아들로 여기는가. 그렇지 않아요. 예수를 구약성경에서 말하는 하느님의 '나비Nabi, 예언자'로 인정해요. 특히 여러 나비 가운데 하느님의 메시지를 전달하는 '라술Rasul, 메신저'로 존중합니다. 이슬람이 인정하는 라술에는 모세, 다윗, 예수 그리고 무하마드도 있어요. 여기서 가장 뛰어난 라술이 예수가 아니라 예수보다 600여 년 뒤 7세기에 나타난 무하마드라는 거죠. 기독교와 갈라지는 두 번째 대목이랍니다. 그래서 무하마드를 거론할 때면 유일신 알라에게 다음과 같이 빌어요. "알라가 그를 축복하고 평화를 주소서."

태양신 헬리오스 거상: 고대 7대 불가사의

얘기를 십자군에서 다시 고대 그리스로 옮겨가죠. 이집트 기자의 피라미드, 알렉산드리아의 파로스 등대와 함께 BC 3세기 그리스인이 7대

불가사의' 중 하나로 꼽던 '로도스 거상巨像, 헬리오스 거상'에 대해 살펴봅니다. BC 323년 희대의 정복왕 알렉산더가 후계자를 지명하지 않고 서른세 살의 나이로 갑자기 죽음을 맞이하자, 그 휘하의 장군들은 각기 자기가 후계자라고 나서며 서로 싸우기 시작합니다. 이후 50여 년 동안 제국 전체를 놓고 피비린내 나는 내전이 벌어지죠. '디아도코이 전쟁'이라고 부르는데요. BC 305년 시리아에서 데미트리오스가 로도스로 쳐들어왔어요. 로도스가 굳게 버티고, 때맞춰 이집트의 프톨레마이오스 응원군이 도착하면서 데미트리오스 군은 철수하고 맙니다.

이때 포획한 군사장비를 녹여 수호신 헬리오스의 동상을 만든 뒤 항구 입구에 세워놨답니다. 전쟁을 평화로 녹여낸 '로도스 거상'이죠. 그런데 그 설계가 독특합니다. 로도스 항구로 들어오는 모든 배가 헬리오스의 가랑이 사이를 지나가도록 했거든요. 누구든지 힘으로 로도스를 넘보는 자는 헬리오스가 막아낸다는 의도였죠. 아쉽게도 지금은 이 동상을 볼 수 없어요. 만든 지 100년도 안 돼 BC 224년 지진으로 쓰러지고 말았거든요. 그러니 요즘 로도스를 여행하며 '혹시나' 하고 헬리오스 사타구니를 올려다볼 생각은 접어야 한답니다.

원래 헬리오스 거상의 양 다리가 있던 자리에 자그마한 사슴상이 2개 들어섰다.

그리스

그 자리엔 아주 한참 후대에 만들어진 사슴 청동상이 왜소함을 우아함으로 바꾸려 애쓰고 있어요. 비록 헬리오스 거상은 자취를 감췄지만, 헬리오스의 평화 정신은 살아 있나봅니다. 로도스 원주민을 제압한 기독교 병원 기사단은 이슬람 오스만투르크에 패했고, 오스만투르크는 제1차 세계대전에서 영국 중심의 연합군에 패하니 말입니다. 참, 로도스에는 2008년 7월에도 진도 6.3의 강진이 발생해 한 명이 숨지고, 건물이 피해를 입었어요. 아직 큰 지진의 피해가 없는 우리나라는 복 받은 나라죠.

펠라

알렉산더의 스승 아리스토텔레스

펠라Pella는 고대 그리스의 수백 개 도시국가 가운데 하나인 마케도니아의 수도죠. 마케도니아는 그리스 문명권 최북단이라 가는 길도 만만치 않답니다. 자동차 일주가 아니면 일단 북부지방의 중심도시로 바다와 푸른 하늘이 그림처럼 아름다운 테살로니케까지 가야 합니다. 열차나 비행기로 가는데 저는 비행기로 다녀왔어요. 테살로니케에서는 택시를 대절해 펠라와 디온, 베르기나의 고대 마케도니아 유적지 세 곳을 하루에 돌아봤어요. 강행군에 돈은 들었지만, 시간이 금일 때이니 어쩔 수 없었답니다. 대절한 택시의 기사는 인상도 험악하고, 어찌나 체격이 크던지. 영 기분이 내키지 않았지만, 말을 붙여보니 의외로 순하고 어머니가 포르투칼 포르투 출신이라고 해서 포르투갈에 다녀온 얘기를 들려줬더니 좋아하면서 친절하게 대해주더군요.

마케도니아는 사실 콧대 높은 아테네와 남부 그리스 인이 야만인 정도로 취급하던 나라였어요. 그러다 BC 4세기 필리포스 2세가 그리스 도시국가들을 굴복시키고 맹주가 된 이후 전면에 떠오릅니다. 그의 아들 알렉산더는 페르시아를 무너뜨린 뒤 세계 최고의 제국을 일궜고요. 하지만 BC 168년 신흥강자 로마에 패하고 수도 펠라는 쇠퇴합니다. 로마 시대 잠시 부흥하지만 지진으로 망가진 뒤 폐허가 됐죠. 직접 탐방했을 때 느낌은 좀 썰렁했어요. 1914년부터 발굴이 계속 진행되고 있음에도 불구하고 황량한 분위기였죠. 이럴 땐 억지 좀 써야 됩니다. 의미를 부여해 분위기를 띄우는 거죠.

동궁東宮마마 알렉산더가 아테네에서 초빙된 초특급 과외선생 아리스토텔레스에게 지도받던 도시라는 사실을 떠올리며 짐짓 감회에 젖어봅니다. 역사적 사건 자체에 의미를 두며 상상하는 건 유적지를 여행할 때 종종 필요한 일이죠. 사실 알렉산더가 훗날 아테네를 정복하고 통나무 속 현자 디오게네스를 찾아 예를 다한 것도 아리스토텔레스에게서 영향 받은 학문존중 태도로 볼 수 있지요. 알렉산더가 연 헬레니즘의 핵심은 어디까지나 학문과 문화, 예술의 존중이니까요. 어린 시절 아리스토텔레스가 심어준 문화 역사관이 그 뿌리가 됐을 겁니다. 물론 알렉산더는 아리스토텔레스가 준 트로이 전쟁 서사시 「일리아드」를 갖고 다니며 자신을 마치 아킬레스로 생각할 만큼 무예에만 관심이 깊었다는 지적도 있지만요.

아리스토텔레스는 뭐랄까, 조선의 세자 교육기관인 세자시강원世子侍講院의 최고위직이라 칭할 만한데요. 세자시강원 책임자는 정1품 영의정이 사師라는 이름으로 겸직했습니다. 시강원에만 전념하는 최고위직은 정1품의 부傅고요. 영의정과 합치면 자연스럽게 사부師傅가 되죠. 그 밑으로 다수의 관리를 배치했어요. 세자 한 명 교육에 웬만한 대학 교수진을 능가하는 고급 인력을 둔 셈인데요. 학문과 도를 기반으로 한 조선 정치체제의 한 단면을 들여다볼 수 있는 대목이죠. 세종이나 성종, 영조, 정조 같은 학구적 임금은 우연히 나오지 않았던 거예요. 아리스토텔레스라는 당대 최고 학자를 통해 알렉산더가 길러져 헬레니즘이 잉태되었듯이 말입니다.

펠라 유적지를 차분히 돌다보면 페블 모자이크가 흙먼지 사이로 눈에

- 사슴 사냥_BC 4세기_펠라. 페블 모자이크로 정교하고 세련된 아름다움을 보여준다.
- • 기하학 무늬_BC 4세기_펠라. 페블 모자이크로《사슴 사냥》바로 옆에 자리한다.

들어옵니다. 흑색과 백색의 자갈을 바닥에 깔아 포장 효과와 함께 예술적 아름다움을 더해주던 모자이크예요. 테세라 모자이크 이전에 유행했는데, 자갈을 잘 갈아 사용했어요. 마케도니아 예술의 진수를 보여주는 이 작품은 BC 4세기 제작된《사슴 사냥》이에요. 사실적 정경묘사가 뛰어난데요. 사슴을 때려잡는 장면에 힘과 용기가 넘쳐흐릅니다. 유적지 곁에 붙은 펠라 박물관에도 '디오니소스의 집'에서 출토한《디오니소스의 사자 사냥》모자이크가 마케도니아 남성들의 기개와 용기를 전해준답니다. 투구도 안 쓰고 맨 앞에서 페르시아 군을 공격하던 알렉산더의 용감성이 연상되는 작품들이에요. 페블 모자이크는 당시 그리스 문명권 최대강국으로 떠오른 마케도니아의 위세에 힘입어 알렉산더가 원정한 오리엔트 전역으로 퍼집니다.

아프가니스탄에서 찾은 헬레니즘 문명의 흔적

헬레니즘 문명권에서 널리 애용된 페블 모자이크가 어디까지 전파되었는지를 알려주는 흥미로운 사례가 눈길을 끕니다. 소련과 미국의 포탄 아래 큰 피해 입은 아프가니스탄이라면 약간 놀랄 일이죠. 사실 이라크, 이란, 아프가니스탄, 파키스탄, 투르크메니스탄 등 중앙아시아 각국은 오늘날 그리스와 전혀 다른 세계처럼 느껴집니다. 하지만 알렉산더가 원정하고 결혼한 곳이자 휘하 장군들도 동서 결혼정책에 따라 현지에 정착하면서 헬레니즘 문명을 꽃피우던 곳이에요. 부처를 그리스의 신처럼 조각으로 표현한 간다라 미술은 헬레니즘이 남긴 대표적인 영향이죠. 그 덕분에 우리나라 절에서도 불상을 보게 된 거고요. 간다라 미술 이전에는 불상이 없었거든요. 부처를 그냥 탑으로 표현하는 데 그쳤습니다. 그러니 석굴암도 어찌 보면 알렉산더와 관련이 있죠.

아이하눔은 타지키스탄과 국경을 이루는 아무다리아 강변의 아프가니스탄 동북부지방에 있는데요. 미국이 탈레반을 몰아낸 뒤 형식적인 국왕으로 복귀한 자히르 샤가 아프가니스탄 왕국의 실권 국왕으로 있던 1961년에 아이하눔 근처로 사슴 사냥을 나갔다가 강변 모래사장에서 우연히 그리스 시대 기둥 조각을 발견합니다. 이를 단초로 1964년부터 프랑스의 폴 베르나르 박사 팀이 발굴을 시작했죠. 아이하눔이

간다라 미술품_라호르 박물관_파키스탄. 그리스의 조각예술이 전파되면서 부처를 상으로 만들기 시작했다.

혹시 알렉산더가 오리엔트와 중앙아시아에 만든 70개 알렉산드리아 가운데 하나일 가능성을 배제할 수 없어 학계의 지대한 관심을 끌었습니다. 발굴 결과 알렉산더 사후인 BC 3세기 초 중앙아시아에 수립됐던 그리스계 박트리아 왕국의 수도로 밝혀졌어요. 동서 1.5킬로미터, 남북 1.5킬로미터. 이를 12미터 높이의 성벽이 둘러싼 규모로 6천여 명이 거주했던 것으로 보여요. 여기서 찾아낸 숱한 유물 가운데 페블 모자이크도 있었답니다.

2004년 KBS가 제작한 「유라시아 로드」 다큐멘터리를 보던 중 눈이 번쩍 뜨였는데요. 폴 베르나르 박사 팀이 채증한 사진자료 가운데 페블 모자이크가 있는 거예요. 알렉산더가 정복한 지역의 그리스 계 도시에 본국의 페블 모자이크가 이식되어 널리 활용됐음을 보여주는 증거입니다. 그러나 계속해서 전파를 타고 흐른 내용은 탄식이 절로 나올 만큼 안타까웠어요. 1979년 소련의 아프가니스탄 침공으로 유적발굴이 중단되었고, 이후 종파간, 민족간에 벌어진 지긋지긋한 내전에 이어 2001년 미국의 공격까지 겹쳐 유적지가 폐허로 변해버렸다는 겁니다. 카불 박물관에 보관하고 있던 관련 유물도 혼란통에 어디론가 사라졌고요. KBS 취재팀이 현장을 찾아 확보할 수 있었던 화면은 황량한 모래벌판과 박물관의 텅 빈 전시관뿐이었어요. 인류의 소중한 문화유산은 그렇게 우리 곁을 떠나고 있습니다.

"카베 카넴CAVE CANEM, 개조심"

이탈리아

로마 Rome

바티칸 Vatican

오스티아 Ostia

나폴리 Napoli

폼페이 Pompeii

에르콜라노 Ercolano

팔레르모 Palermo

피아짜 아르메리나 Piazza Armerina

그리스를 거쳐 이제 이탈리아로 넘어갑니다. 후배가 가히 두렵고, 존경할 만하다는 후생가외侯生可畏라는 공자의 가르침은 서양에서도 적용되었나 봅니다. 그리스 문명이 절정에 이를 때 미미한 촌동네 라티움 지역을 차지하고 있던 로마가 요원의 불길처럼 일어나 문명의 모국 그리스 권 국가를 모두 삼켰으니 말입니다. 로마에 대항해 끝까지 버텼던 그리스는 뜻밖에도 여왕 클레오파트라가 지키던 이집트의 프톨레마이오스 왕조였죠. 여자가 남자보다 낫다는 얘기는 허튼말이 아니니 잘 새겨두면 복이 옵니다. 선배를 집어삼킨 두려운 후배 로마는 그리스 문명을 더욱 발전시키며 계승하죠. 훗날 로마를 이어받은 게르만 국가와는 달랐어요. 신전도 더 높이 짓고, 실용적인 측면에서 수도교와 대형 목욕탕을 건축하고, 도로도 더 완벽하게 만듭니다. 그리스 인보다 호전적이어서 극장 문화 대신, 검투를 위한 원형경기장과 전차경기를 위한 히포드롬혹은 키르쿠스을 지었고요. 로마 문명의 금자탑으로 아직도 곳곳에 빼어난 유적이 남아 세계의 관광객을 불러모읍니다.

다행히 아름다운 모자이크 문화도 물려받았어요. 로마 제국의 심장부 이탈리아에 당시 작품들이 오롯이 남아 예술세계의 진수를 보여주고 있답니다. 유적지나 박물관에서 시공을 초월해 놀랄 정도로 생생한 아름다움을 선보이는 매력 덩어리예요. 겨울에도 햇빛이 많고 여름이면 이글거리는 태양의 나라죠. 2007년 일흔세 살로 세상을 뜬 오페라의 전설 루치아노 파바로티가 "Che bella cosa께 벨라 꼬사……"로 감동을 자아내는 민요 「오 솔레 미오O Sole Mio, 오 나의 태양」의 나라가 선사하는 뜨거운 모자이크에 살갗 좀 살짝 데어볼까요.

파에스톰. 니폴리와 폼페이 남부에 자리한 파에스톰 신전

이탈리아

비키니의 유혹에 비친
플라톤의 학문

로마

선명한 오푸스 섹틸레 모자이크: 카피톨리니 박물관

　몸과 마음을 후끈 달구는 모자이크는 나폴리나 시칠리아로 가야 하지만, 제국의 심장부 로마부터 시작하는 게 순서겠죠. 고대 로마 유적의 최고봉, 로마에 대한 구구한 설명은 지루해지니 박물관부터 바로 찾아갑니다. 대부분의 명소를 걸어서 다닐 수 있는 로마 여행에서 꼭 들러야 할 곳은 포룸의 서쪽 끝 카피톨리니 언덕에 있는 카피톨리니 박물관이에요. 훌륭한 조각품이 많은 이곳에서는 세련된 헬레니즘 풍 모자이크 두 점이 눈에 띕니다. 하드리아누스 황제 빌라에서 걸어온 《비둘기와 물그릇》과 《탈》이죠. 섬세한 테세라 모자이크의 백미로 손색없어요.

　《비둘기와 물그릇》은 2세기 초 로마 근교의 티볼리에 있는 하드리아누스 황제 빌라의 폐허에서 나온 작품인데요. BC 2세기 헬레니즘 모자이크의 전형을 보여줍니다. 사각형 테두리를 액자처럼 만들고 그 안에 대상물을 그려넣는 엠블레마 기법으로 만들어졌습니다. 비둘기가 물을 쪼아 먹고 있는데요. 헬레니즘 시대 모자이크 작가로 이름 높던 페르가몬의 소수스가 도안한 작품을 훗날 복제한 겁니다. 《탈》도 섬세한 모자이크 예술의 고갱이로 평가되죠. 놀라는 표정의 '여인 탈'과 익살스런 '노인 탈'을 사각 테두리 안에 같이 넣었는데요. 색상이 선명하고 묘사가 뛰어나 마치 연극을 보고 있는 듯 생생함이 전해집니다.

《호랑이의 소 사냥》은 로마의 에스퀼리네 언덕에서 발굴됐습니다. 331년 집정관을 지낸 유니우스 아니우스 바수스를 기려 에스퀼리네 언덕에 만든 바실리카에 설치했던 작품인데요. 약육강식의 세계가 생생히 펼쳐집니다. 《호랑이의 양 사냥》도 역시 같은 장소에서 발굴됐어요. 가만히 보면 지금까지 보던 테세라작은 조각 모자이크와 다르죠. 오푸스 섹틸레이거든요. 잘게 자른 조각을 사용하는 게 아니라 대리석을 넓고

• 비둘기와 물그릇_2세기_카피톨리니 박물관. 구슬과 실패 모양을 붙여 표현한 테두리와 검은색 배경은 헬레니즘 권에서 자주 쓰던 표현양식으로 엠블레마 기법의 전형으로 꼽힌다.

•• 탈_2세기_카피톨리니 박물관. 엠블레마 기법의 헬레니즘 풍이다.

••• 호랑이의 소 사냥_4세기_카피톨리니 박물관

•••• 호랑이의 양 사냥_4세기_카피톨리니 박물관

큼직하게 잘라 붙이는 기법입니다. 끊어지는 단절이 적은 만큼 색상이 선명해서 마치 아름다운 그림을 보는 느낌이죠.

꽃미남 힐라스와 요정들의 욕망: 팔라쪼 마시모 박물관 1

카피톨리니 박물관에서 로마 국립박물관으로 갑니다. 로마 국립박물관은 다섯 개의 건물로 이루어져 있답니다. 그 중 팔라쪼 마시모 박물관이 단연 돋보이죠. 팔라쪼 마시모는 1883년 건축된 고풍스런 건물인데, 1981~1997년에 대대적으로 수리해 신新로마박물관으로 개조했답니다. 출입과 관람이 엄격히 통제되는 팔라쪼 마시모에는 대형 모자이크 작품들이 삼엄한 경비를 받으며 모셔져 있어요. 꼭꼭 숨어 있다는 표현이 적절할 정도로 아무 때나 입장시키는 게 아니라 시간을 정해놓고, 단체로 관람시키더군요.

1층 1번 갤러리에 전시된 《힐라스 납치》가 가장 먼저 눈에 들어옵니다. 토르 델라 모나카 구역의 로마 빌라 식당 바닥에 설치됐던 1세기 작품인데요. 탐방객에게 납치 사건의 전모를 고발하고 있습니다. 헤라클레스는 다툼 끝에 티오다무스 왕을 죽이고 힐라스를 데려옵니다. 헤라클레스 밑에서 전투교육을 받으며 자란 힐라스는 용모 수려한 청년으로 성장하죠. 아뿔싸! 헤라클레스는 그만 힐라스에게 연정을 느낍니다. 고대 그리스 사회에서 경험 많은 병사老兵가 어린 소년新兵을 데려다 훈련시키고 교육하면서 애인으로 삼던 전통을 반영하는 대목이죠.

이 무렵 이아손이 아르고라는 큰 배를 만들어 그리스의 내로라하는 장수들을 태우고 황금 양털을 찾으러 흑해 연안 콜키스로 떠납니다. 이때

- 힐라스 납치_1세기_팔라쪼 마시모 박물관_테세라 모자이크. 물을 뜨는 행위 자체나 인물들의 표정은 작은 돌조각을 사용한 테세라 모자이크 쪽이 더 섬세하다.
- 힐라스 납치_4세기_팔라쪼 마시모 박물관_오푸스 섹틸레. 대리석을 크게 잘라 사용해 더욱 선명하고 생생한 색상을 전한다. 잘린 대리석의 결이 인체의 아름다움을 돋보이게 한다.

나선 아르고 원정대원 가운데 헤라클레스와 힐라스도 끼었죠. 항해를 하는 도중에 헤라클레스는 이아손과 노 젓기 시합을 하는데, 그만 노를 부러뜨리고 말아요. 일행은 아나톨리아 미시아 근처에 잠시 정박하고 노를 만들 나무를 구하러 갔답니다. 힐라스도 배에서 내려 청동 물병을 들고 페가이라는 샘에 물을 뜨러 갔는데, 여기서 문제가 터집니다. 물병을 샘물 속에 담그는 순간 꽃미남 힐라스에 반한 샘의 요정들이 힐라스의 목을 감아 물 속으로 끌고 들어간 거예요. 순식간이었죠. 사라진 힐라스를 헤라클레스가 애타게 찾아 헤매는데, 아르고 호는 둘이 안 탄 줄도 모른 채 떠나버립니다. 힐라스의 모습은 이후 다시는 찾지 못했다네요. 고대사회 여성이 좀 드셌나봐요.

박물관 3층 11번 방으로 들어가면 똑같은 내용을 담은 작품이 하나 더 있어요. 에스퀼리네 언덕에 있던 집정관 바수스의 바실리카에서 발굴된 오푸스 섹틸레 작품이죠. 색상의 선명도에서 많은 차이가 나요. 오푸스 섹틸레가 큼직한 원석을 쓰는 만큼 더 선명하답니다. 여기서 한 가지 중요한 사실을 짚고 넘어가죠. 작품 제작연도를 보면 331년인데, 콘스탄티누스 황제가 313년에 기독교를 공인하고 나서 20년 가까이 지난 뒤입니다. 그런데 유니우스 바수스 바실리카에 《힐라스 납치》 오푸스 섹틸레 장면이 설치됐어요. 그리스 신화인데도 말입니다. 비록 기독교가 공인된 뒤고 유니우스 바수스도 기독교 신자였지만, 여전히 전래의 그리스·로마 전통과 신화를 계승하고 있었음을 보여줍니다.

전차기수 유니폼과 집정관의 전차 질주: 팔라쪼 마시모 박물관 2

2층 9번 방에 전시돼 있는 《전차기수》는 비아 카시아의 로마 빌라에서 발굴된 3세기 작품인데 색다른 역사 소재를 전합니다. 전차경기 기수는 전문적으로 훈련받은 최고의 선수들이었죠. 로마에는 전차경기 팀이 넷 있었는데, 각 팀마다 고유의 유니폼 색이 있었어요. 흰색 알바타, 붉은색 루사타, 푸른색 베네타, 녹색 프라시나 팀이었어요. 요즘도 한국 축구팀은 붉은색, 이탈리아는 하늘색이죠. 유니폼 색상 전통은 이렇게 유구하답니다. 각 팀은 때론 정치색을 띠었어요. 녹색 프라시나 팀은 아프로디테에게 바쳐졌으며 황제와 대중의 지지를 받았고요. 서민 팀입니다. 푸른색 베네타 팀은 포세이돈에게 바쳐졌는데 원로원과 귀족을 대표했어요. 부자 팀이죠. 흰색 알바타 팀은 최고의 신 제우스에게 헌정됐습니다. 정치적 반대세력을 대변했고요. 전쟁의 신 아레스에게 바쳐진 붉은색 루사타 팀도 집권 반대파의 지지를 받았습니다.

3층 11번 방의 《전차질주》는 오푸스 섹틸레입니다. 앞서 카피톨리니 박물관에서 본 오푸스 섹틸레처럼 유니우스 바수스 바실리카에서 출토됐지요. 전차에 탄

전차질주_4세기_팔라쪼 마시모 박물관. 집정관 유니우스 바수스로 추정되는 인물이 두 마리의 말이 끄는 전차를 몰고 있다.

주인공은 집정관 유니우스 바수스겠죠. 집안에 자신의 골프 샷 장면을 걸어놓는 요즘 정경과 다르지 않아요. 숱한 명작을 만들어낸 윌리엄 와일러 감독이 1962년 제작한 영화 「벤허」에서 전차를 몰던 찰턴 헤스턴의 모습과 겹쳐지네요.

2층 3번 방에는 고양이와 새를 소재로 한 작품이 얌전한 모습으로 탐방객을 기다립니다. 두 장면을 하나의 화면에 담았는데요. 화면 위는 고양이가 메추리를 잡는 장면이고, 그 아래는 청둥오리 두 마리가 다소곳한 자세로 앉아 있는 모습입니다. 암수 한 쌍이 금슬 좋게 앉아 있는 모습에서 사랑과 평화가 느껴지죠. BC 2세기 헬레니즘 세계에서 많이 유행하던 소재와 구도랍니다.

다음은 《나일 강 풍경》입니다. 나일 강은 참 자주 사용되는 소재죠. BC 4세기 말 이후 알렉산드리아에 기반을 두고 헬레니즘을 대표하던 프톨레마이오스 왕조와, 200년 뒤 옥타비아누스가 안토니우스와 클레오파

- 메추리 잡는 고양이와 청동오리_BC 1세기_팔라쪼 마시모 박물관
- 나일 강 풍경_2세기_팔라쪼 마시모 박물관. 강변 수풀 속에서 악어와 하마가 노닐고, 키 작은 피그미들이 고기잡이를 하고 있다.

트라 연합군을 악티움 해전에서 격파한 뒤 들어선 로마 제국의 두 나라에게 나일 강은 풍요를 상징해요. 열대폭우가 나일 강을 타고 범람해 생긴 비옥한 농지에서 밀과 파피루스를 재배해 이를 주요 식량원이자 번영의 교역상품으로 삼았기 때문이지요. 나일 강의 이국적인 풍경도 그리스·로마 인의 호기심을 한껏 자극했답니다. 악어와 하마, 코브라가 우글거리고 기이한 새가 날며 독특한 수생식물이 자라는 나일 강은 이질적인 생태계를 전하는 창구였죠.

팔라쪼 마시모와 큰길을 사이에 두고 마주하는 곳에 원조 로마 국립 박물관인 디오클레티아누스 황제 목욕탕 박물관이 있습니다. 조잡한 수준의 소품 몇 점이 박물관 입구에 전시돼 있는데요. 모자이크의 수준과 달리 디오클레티아누스 황제는 로마 역사에서 스쳐 지나기 어려운 인물이죠. 가장 강력한 황제통치 체제를 굳혔거든요. BC 753년 시작되어 476년 멸망한 로마 제국서로마 1200여 년 역사는 크게 네 단계의 정치체제로 나뉘어요.

- 레구눔 로마눔Regnum Romanum, BC 753~BC 509 : 왕정을 뜻합니다. 개국 시조 로물루스에서 시작됩니다. 왕이 통치하지만 자식 세습이 인정되지 않았습니다.
- 레스푸블리카Res Publica, BC 509~BC 27 : 민주공화국입니다. 오늘날 우리가 생각하는 공직 선출제도를 그대로 갖춘 민주국가입니다.
- 프린키파투스Principatus, BC 27~284 : 가장 뛰어난 1등 시민이란 뜻의 프린켑스가 다스리는 체제로 독재정치입니다. 형식적으로 원로원 같은 공화정 제도를 유지했습니다.
- 도미나투스Dominatus, 284~476 : 디오클레티아누스 황제 때 시작된 독재정치입니다. 거추장스런 민주장치들을 없애고 황제가 입법, 사법, 행정 전반에 걸쳐 독재를 행사합니다.

신이 빚은 예술에 가려진 인간의 혈투 : 보르게제 박물관

미국의 미남 배우 그레고리 펙과 오드리 헵번이 열연한 영화 「로마의 휴일」을 기억하나요. 영화 속 데이트 장소 가운데 하나가 스페인 광장의 스페인 계단인데요. 여기서 북쪽으로 넓게 펼쳐진 보르게제 공원 깊숙이 보르게제 박물관이 자리합니다. 유럽의 다른 유명 박물관처럼 건물 자체가 예술인데요. 푸른 하늘을 배경으로 녹색 잔디밭에 우뚝 솟은 하얀 궁전은 동화 속 아름다운 성을 닮았답니다. 1615년 벨기에 플랑드르 출신의 건축가 얀 반 산텐이 설계했어요. 집주인 스키피오네 보르게제 추기경의 구상을 실현시킨 건축이라고 합니다.

조각가 베르니니의 후원자요, 카라바찌오 작품 수집가였던 추기경이 자기 집안보르게제 가문의 궁전으로 지은 겁니다. 그런데 박물관에 들어가는 것부터 예사롭지 않아요. 세계 각국에서 온 많은 관람객들이 박물관 입구에서 늘 장사진을 치는 탓인데요. 아예 카메라를 갖고 들어갈 수 없답니다. 소지품을 모두 다 맡겨야 입장이 가능하죠. 어떤 작품이 소장되어 있길래 이렇게 까다롭단 말인가요. 힌트! 보르게제 추기경이 근대 조각의 아버지 베르니니의 열렬한 후원자라는 사실을 떠올리면 쉽습니다.

바로 베르니니의 조각 때문인데요. 대리석을 밀가루 반죽 주무르듯 마음대로 요리하며 사실적이면서도 환상적인 일견 모순되는 아름다움을 창조해낸 베르니니의 조각이 한껏 발산하는 매력에 탐방객 모두가 탄성을 자아냅니다. 보르게제 추기경을 위해 만든 네 개의 작품 가운데 《아폴론과 다프네》는 최고 걸작으로 꼽히죠. 다프네의 육체가 뿜어내는 완벽한 아름다움과 현란하고 관능미 넘치는 조각세계는 백문이 불여일견百聞而不如一見입니다. 미론의 고대 그리스 조각 예술을 되살려냈다는 위대한 찬사가 결코 헛되지 않아요. 베르니니는 1598년 태어나 1680년에 죽었으니 팔순을 넘겨 장수한 셈이에요. 피렌체의 다비드 상을 조각한 미켈란젤로1475~1564도 경이적으로 구순까지 살았어요. 조각가가 장수하는 것인지, 장수하려면 조각을 해야 하는 것인지 각자 판단하시고요.

보르게제 박물관은 모자이크 순례에 나선 탐방객을 실망시키지 않아요. 기특하죠. 하나만 좋아도 되는데 둘이나 멋지니 말예요. 베르니니의 작품에 매료되어 발길을 옮기는데, 발 아래로 무엇인가 예사롭지 않은 묵직한 느낌이 전해온답니다. 로마 시대 모자이크 진객眞客이 얼굴을 내밀며 손짓하기 때문인데요. 살기가 파동처럼 전율해온다고 할까요. 보르게제 박물관이 아니면 찾기 힘든 보배는 바로 검투 장면 모자이크입니다. 앞서 그리스에서도 봤고 북아프리카 튀니지와 스페인, 영국, 독일 등에서도 몇 점씩 볼 수 있었지만, 보르게제 박물관은 그런 소품과는 궤를 달리합니다.

양적으로 다양한 검투 장면이 풍부하게 보존되어 있고, 질적으로도 장면묘사가 너무 사실적이에요. 검투사끼리 혹은 짐승과 검투사가 목숨을 걸고 혈투를 벌이며, 부상에 고통 받고, 승리에 환호하고, 잔인하게 죽이고, 끔찍하게 죽고……. 정말 참혹하게 죽은 모습들이 나오는데요. 이 대목에서 망자의 극락왕생을 바라며 명복부터 빌게 됩니다. 피에 굶주렸던 로마의 오락문화, 특히 자극적이고 폭력적인 검투문화를 더하고 뺄 것 없이 그대로 드러내 보여주는 역사 고증자료의 결정판이라고나 할까요.

보르게제 박물관 1층 입구의 바닥 전체를 뒤덮는 《검투》는 로마 교외의 보르게제 가문 영지에서 1834년 발굴됐어요. 320~330년에 제작된 것으로 밝혀졌는데요. 검투경기에 광적으로 집착한 부유층이거나 검투경기 흥행으로 돈을 번 업자의 집이 아니었을까요. 요즘으로 치면 열광적인 스포츠 팬이나 스포츠 산업 종사자가 관련 사진으로 집안을 온통 꾸며놓은 셈이죠.

검투사의 얼굴이 미남이죠. 로마 시대에 검투사는 유한마담의 사랑을 받곤 했답니다. 호사가의 입방아에 오르기 제격이죠. 보르게제 박물관에서는 검투 모자이크 외에 보존상태가 좋은 다른 모자이크도 덤으로 탐방객을 즐겁게 해줍니다.

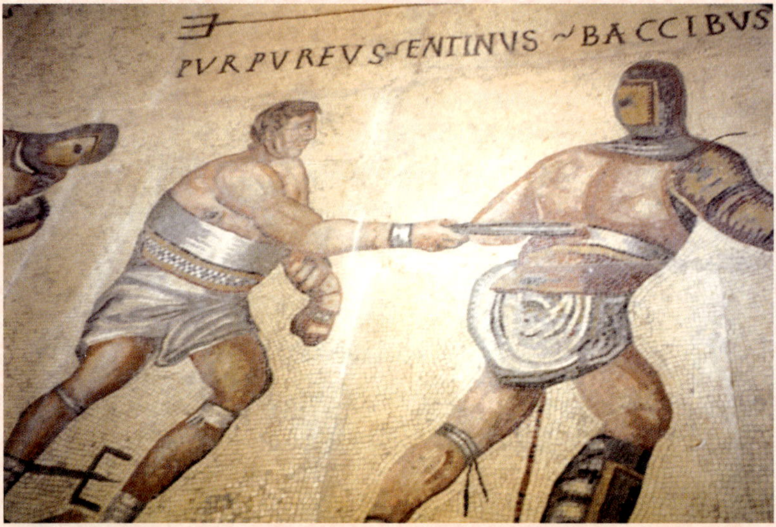

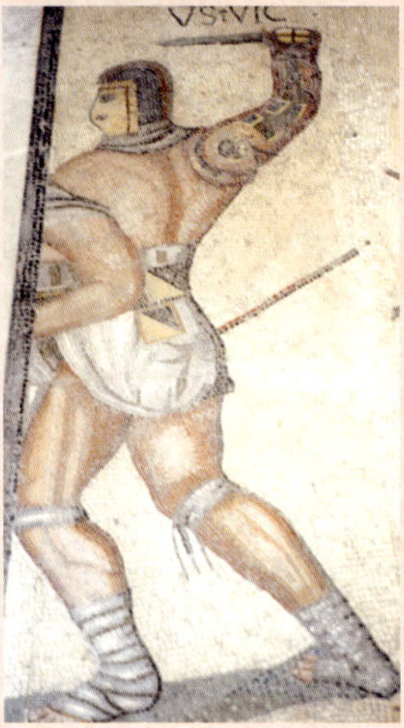

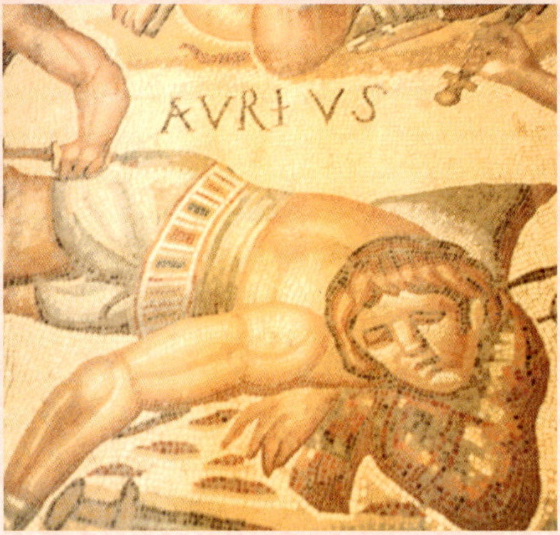

1
2 3

1. 검투 중에서 공격 장면_320~330년_보르게제 박물관. 검투사의 이름이 라틴어로 적혀 있다.

2. 검투 중에서 공격 장면. 단검을 들고 투구와 팔 보호대를 찬 검투사가 상대를 향해 달려들고 있다.

3. 검투 중에서 패자. 비참하게 죽은 모습

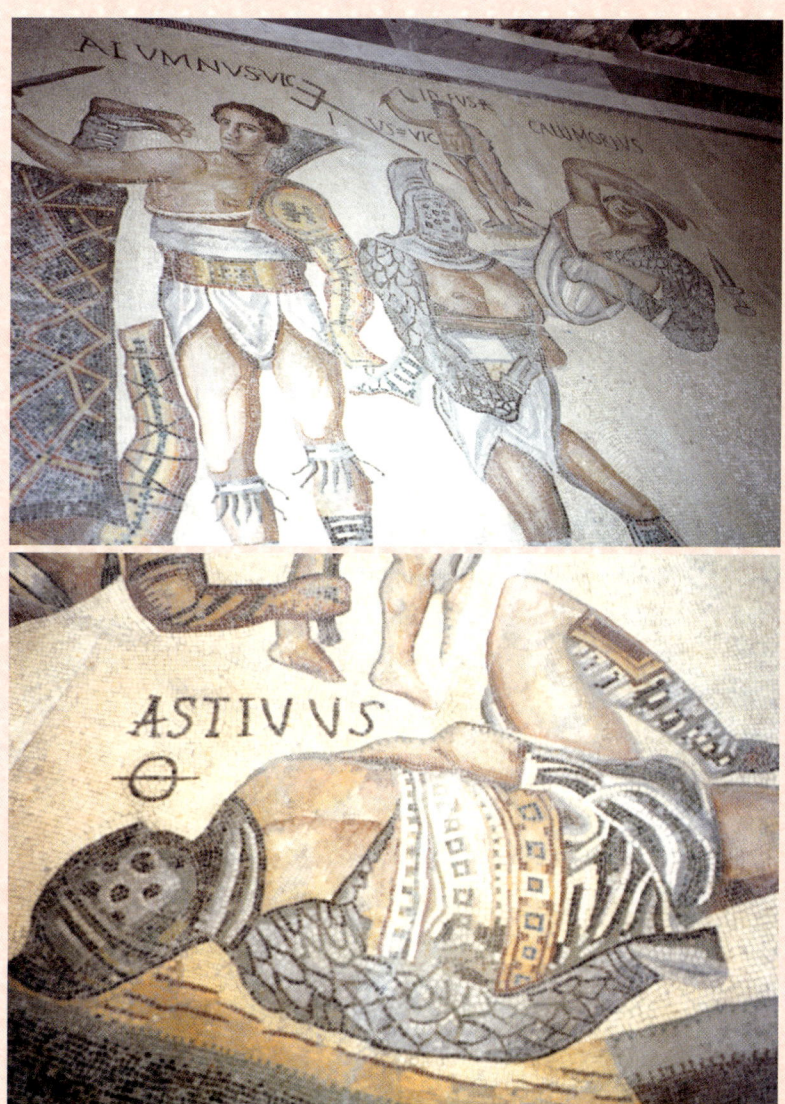

● 검투 중에서 승자. 잘생긴 검투사가 피 묻은 검을 치켜들고 승리를 만끽하고 있다.
●● 검투 중에서 쓰러진 검투사. 검투사의 복장이 중세 기사를 연상시킨다.

1600명을 수용하는 거대 목욕탕 : 카라칼라 목욕탕

이제 실내를 벗어나 야외로 나갑니다. 태양의 나라에 와서 박물관에만 있을 수는 없죠. 쏟아지는 햇살을 안고 카라칼라 목욕탕을 찾아나섭니다. 콜로세움에서 팔라티노 언덕길을 따라 전차경기장키르쿠스 막시무스에서 방향을 남쪽으로 틀어 유엔 식량농업기구를 지나면 바로 나와요. 먼발치에서도 누구나 한눈에 알아볼 수 있을 만큼 웅장한 규모에 압도당한답니다.

목욕탕이라고 하면 어느 동네나 하나쯤 있던 중앙탕, 수정탕 같은 간판을 내건 아담한 건물이 연상되죠. 요즘에 몇 층짜리 대형 사우나와 찜질방이 생겨나긴 했지만, 대개 한 건물에 불과해요. 그런데 로마 시대의 목욕탕은 차원이 달라요. 특히 카라칼라 황제 시절인 216년에 완공된 목욕탕은 무려 13헥타르13만 제곱미터나 됩니다. 아직까지 우리에게 익숙한 도량형 단위로 4만여 평, 그러니까 논 200마지기예요. 목욕탕 건물은 길이 228미터, 너비 116미터, 천장 높이 38.5미터랍니다. 그 안에 거대한 돔 지붕을 가진 냉탕 프리지다리움은 길이 59미터에 너비 24미터이고, 지붕 없는 수영장 나타티오는 길이 54미터에 너비 24미터나 되죠. 국제 규격의 수영장이 길이 50미터, 너비 최저 21미터이니 올림픽 수영장보다 더 크다고 할까요.

건물만 큰 것이 아니라 온탕과 냉탕 외에 체육시설인 팔레스트라, 도서관, 음식점, 술집, 강의실, 산책로, 정원 등 없는 게 없는 복합 휴식시설입니다. 한 번에 1600명이 다양한 시설을 즐길 수 있었다니, 그 크기가 짐작되지 않나요. 카라칼라 목욕탕은 로마 제국이 멸망한 뒤인 6세기까지 사용됐어요. 그것도 무료로. 그런데 지금은 입장하는 데만 우리 돈 1만 원

- 건물 잔해와 모자이크_3세기_로마. 체력단련장 팔레스트라 바닥을 장식했던 모자이크
- • 에로스와 돌고래_3세기_로마. 카라칼라 목욕탕 유적에 전시되어 있는 작품으로, 오른쪽 아래로 에로스가 보인다.

이상을 냅니다. 로마 인심이 야박해진 것인가요. 이용할 수 있는 시설이 하나도 없는데 한국 초대형 찜질방보다 비싸게 받으니 말입니다.

괴기스럽게까지 보이는 거대한 건물 잔해 사이를 헤집고 다니다보면 아름다운 기하학 무늬 모자이크와 만납니다. 드넓게 펼쳐진 기하학 무늬의 화려한 색상과 규칙적인 배열에 아름다움이 한껏 묻어나네요. 마치 비단으로 짠 융단을 깔아놓은 것 같아요. 폐허로 변하기 전에는 그 규모와 정경이 어땠을지 짐작해볼 수 있죠. '화려한 바닥 모자이크 위로 선남선녀가 담소를 나누고 목욕을 즐기며 하루해를 농락했겠지.' 라는 생각에 여행객 입가에 미소가 절로 돈답니다.

'카라칼라'는 '두건이 달린 갈리아 풍의 긴 옷'이라는 뜻입니다. 갈리아는 오늘날 프랑스예요. 이처럼 출신지명을 따 황제 이름을 짓는 경우가 또 있었죠. 칼리굴라 황제예요. '칼리굴라'는 그의 고향 게르마니아독일에서 신던 작은 신을 가리킵니다. 카라칼라는 아버지 셉티무스 세베루스가 브리타니아 원정 도중 숨지자 211년 스물네 살의 나이로 황제 자리에 올랐는데요. 공동 황제였던 동생 게타를 죽이는 잔인함을 보였지만 결국 파르티아로 원정을 떠났다가 부하장군들에게 암살됩니다.

바티칸

이단의 유물이 전하는 고해성사 : 흐드러진 정물화

 이제 로마를 벗어나 바티칸으로 향합니다. 하지만 이름만 벗어났을 뿐 영토로 따지면 로마 내부예요. 1929년 이탈리아-바티칸 조약으로 이탈리아의 수도인 로마 한복판에 위치한 바티칸이 독립국가가 됐거든요. 면적 44헥타르13만여 평에 900명이 좀 넘게 살고 있는 바티칸은 세계 가톨릭의 총본부이자 최고 책임자 교황의 거주지란 사실은 다들 아실 텐데요. 모자이크와는 무슨 관련 있을까요. 바티칸의 역사를 조금만 들여다보면 궁금증이 풀릴 겁니다.

 바티칸은 초대 로마 주교이자 교황으로 추앙되는 베드로가 64년 로마 대화재 이후 순교한 뒤 묻힌 자리랍니다. 326년 콘스탄티누스 황제는 베드로를 기려 교회를 지었죠. 하지만 교황이 살기 시작한 것은 14세기부터입니다. 원래 교황은 로마의 라테라노 궁전에서 살았어요. 그러다 정쟁에

• 바티칸 전경

•• 바티칸 박물관 내부

이탈리아 93

휘말려 1309년 프랑스의 아비뇽으로 옮겨 1377년까지 지냅니다. 이를 교황이 강제로 끌려간 것이라는 의미로 유대인들이 BC 586년 신바빌로니아 왕국의 수도 바빌론에 포로로 잡혀간 '바빌론 유수幽囚'에 빗대 '아비뇽 유수'라고 불러요. 요즘은 '아비뇽 유수' 대신 가치중립적 표현인 '아비뇽 교황 시기'라고 합니다. 어찌 됐든 아비뇽 거주를 마치고 다시 로마로 오면서 바티칸에 터를 잡습니다.

1506년에 브라만테가 설계하면서 건축되기 시작한 성 베드로 대성당은 그 뒤 라파엘, 미켈란젤로 등 여러 예술가의 손을 거쳐 오늘날의 위용을 갖추게 됩니다. 주변에 거대한 성곽을 쌓고, 용감하기로 소문난 헬베티아스위스 근위병을 들여온 것은 불안 속에 떠돌던 중세 교황의 절박한 상황을 보여주는 유산이죠. 근위병은 1506년 미켈란젤로가 디자인한 옷을 아직도 입어요. 고집스런 전통이지만 미워 보이지 않습니다.

역사 얘기는 그만 접고 교황의 거처 바티칸 궁전으로 들어가볼까요. 궁전의 일부는 박물관으로 전환돼 지중해 각지에서 모아온 희귀 예술품과 유물의 안식처가 됐답니다. 세계 어느 박물관에 견줘도 뒤지지 않을 독보적인 경지를 구축했어요. 역대 교황이 공들여 각지에서 모아들인 유물 덕분이랍니다. 특히 이집트, 에트루리아, 로마의 조각과 유물이 돋보이는데요. 이 전시품들이 사실은 기독교 초기에는 '유일신만 믿는다'는 원칙에 따라 이단의 흔적으로 파괴의 대상이었는데, 지금은 신주 모시듯 떠받들어지고 있으니 참 아이러니죠. 사람 사는 게 다 그런 것이다 싶기도 하고요. 그냥 이단의 잔재가 토해내는 고해성사라 해두고 넘어가죠. 영원한 적도 영원한 친구도 없이 모두가 소중한 존재라는 이해와 공존의 철학이 그리운 시절입니다.

사이렌의 유혹을 떨치는 오디세우스: 브라치오 누오보

우리의 관심사 모자이크도 군계일학이에요. 독특한 소재의 다양한 모자이크가 박물관 바닥에 눕거나 벽에 걸려 탐방객을 향해 손짓하는데요. 표를 사서 한 층 올라가면 매표소 위 벽에 걸린 모자이크 세 점이 눈에 확 들어옵니다. 너무 높이 있어 작품제작 연대나 출토시기를 알긴 어렵지만, 바티칸 모자이크 대장정의 출발 신호랍니다. 매표소를 통과해 먼저 시스티나 예배당을 찾아보죠. 1473년 착공되어 8년 만에 완공된 이 예배당은 천장에 그려진 미켈란젤로의 「천지창조」로 유명해요. 세기의 작품인 「천지창조」 프레스코는 가로 41.2미터, 세로 13.2미터의 대작이랍니다. 미켈란젤로는 1508년에 시작해 1512년까지 교황 율리우스 2세의 명을 받아 혼신을 다해 「천지창조」, 「아담의 창조」, 「이브의 창조」, 「아담과 이브의 추방」 등의 걸작을 그려냅니다. 수백 년 세월에 많이 낡았지만, 1982년 일본의 한 방송사 후원으로 9년에 걸쳐 복원해 지금은 500년 전 색상을 되찾았답니다. '죄와 벌'의 두려움과 '신의 구원'이란 기쁨이 황홀한 예술세계로 승화된 작품 앞에 서면 유심有心한 순례객이든 무심無心한 탐방객이든 고개 좀 아파야 해요. 왜 그럴까요. 계속 천장을 올려다봐야 하니까요.

시스티나 예배당 입구에서 방향을

꽃 정물화_바티칸 박물관. 정물수채화를 보는 느낌이다.

이탈리아

오디세우스의 항해_바티칸 박물관

틀지 않고 직진하면 야외 광장이 나와요. 바티칸 궁전 안마당인데, 이 뜰을 가로지르면 다시 건물 입구죠. 안으로 들어서 오른쪽 키아라몬티 전시관 회랑으로 방향을 틀면 눈부신 조각 세상과 마주합니다. 그리스·로마의 신과 일상생활을 묘사한 조각품을 눈으로 훑으며 나아가면 오른쪽 끝으로 원형의 브라치오 누오보가 나옵니다. 여기 바닥에 거대한 흑백 모자이크가 누워 있어요. 보존상태도 좋고 작품성도 뛰어나죠. 오디세우스가 사이렌 자매의 매혹적인 노래를 피해 항해하는 《오디세우스의 항해》예요. 꿈틀거리듯 어찌나 생생하게 표현되어 있는지, 듣는 사람 누구라도 유혹할 수 있다는 사이렌의 노래와 연주 소리가 들려오는 듯합니다. 유혹에 빠지지 않으려 애쓰는 오디세우스의 안간힘이 전해져요.

굴곡의 종교성지에 숨어든 요염한 춤사위: 브라만테 관 입구

발길을 돌려 키아라몬티 전시관 회랑을 거쳐 입구까지 되돌아나온 뒤

1	
2	3
4	

1. **공연 중에서 악사와 무희**_바티칸 박물관. 남자 악사가 피리를 불고 남자 무용수가 춤추는 사이로 여인이 춤을 춘다.
2. **공연 중에서 무희.** 캐스터네츠를 쥔 매력적인 춤사위가 눈길을 끈다.
3. **공연 중에서 난장이.** 오른쪽 구석의 난장이도 한몫 거든다. 포도주 단지를 옆에 두고 손에는 포도주 병을 들었다.
4. **공연 중에서 코끼리와 소의 혈투.** 코끼리에 올라탄 남자가 코끼리와 소의 싸움을 부추긴다.

바로 계단을 오릅니다. 여기서 아주 주의해야 합니다. 계단에서 왼쪽 팔각형 안뜰로 빠지기 전 오른쪽 브라만테 전시관으로 연결되는 입구 벽을 놓치면 안 되거든요. 눈길을 떼지 마세요. 아주 독특하고 인상적인 주제를 담은 모자이크 《공연》이 윙크하듯 살짝 손짓하니까요. 보일 듯 말 듯 야시시한 유혹에 넘어가지 않을 목석은 없을 겁니다.

특이할 게 없어 보이지만, 작품 속에 등장하는 무희의 선정적인 춤동작에 시선이 붙들립니다. 연주에 맞춰 춤추는 무희의 뒤태가 너무 뇌쇄적이거든요. 속살이 훤히 비치는 흰 망사 옷을 입고서 벽면을 진홍빛으로 달구는 뜨거운 춤사위는 보는 이의 이성을 마비시킵니다. 문득 1940년 일제 치하에서 스무 살의 조지훈이 경기도 화성 용주사에 들러 승무를 보고 써내린 「승무」의 한 구절이 떠오릅니다. "얇은 사 하이얀 고깔은 고이 접어 나빌레라." 동東과 서西의 서정이 이렇게 다른가요.

무희의 춤사위뿐 아니라 난장이와 코끼리가 등장하는 장면도 눈길을 끈답니다. 요즘도 미모의 무희와 함께 서커스에서 꼭 빠지지 않고 등장하는 단골손님들이죠. 대형 스펙터클 서커스가 소재나 공연 내용까지 2000년 넘게 변하지 않는 걸 보면 새삼 동서고금을 넘어 인간사의 동질성이 느껴집니다. 제작연대와 발굴장소에 대한 언급이 없어 아쉽습니다.

뱀에 휘감긴 라오콘 가족과 사냥: 팔각형 뜰

춤 《공연》에 매료됐다가 아쉬움을 뒤로 한 채 왼쪽으로 방향을 틀어 팔각형 뜰로 들어가면 주옥 같은 조각이 달뜬 여행객의 시선을 잡아챕니다. 바로 「라오콘 가족」이죠. 포세이돈의 노여움으로 바다뱀에 휘감겨 죽

사냥_바티칸 박물관

는 트로이 신관 라오콘과 두 아들의 비극적인 최후를 너무나 사실적으로 묘사한 걸작입니다. 로도스 섬의 린도스 출신 조각가 세 명, 아게산드로스, 아테네도로스, 폴리도로스가 BC 42~BC 20년에 만든 것으로 추정됩니다. 비극적 최후에 잠시 숙연해지다 자리를 뜨면 페르세우스가 메두사를 죽이는 조각과 마주쳐요. 애처롭게 잘린 메두사 목 위로 《사냥》 소품 두 점이 천장에서 아래쪽 탐방객을 응시합니다. 끔찍한 소재가 이어지네요.

포세이돈이 왜 화를 내고 라오콘을 죽이려 했을까요. 포세이돈은 트로이 전쟁에서 그리스 연합군을 지원하죠. 10년이 흘러도 전쟁이 끝나지 않자 그리스 연합군은 트로이 목마를 만들어 마치 선물인 양 트로이 성 앞에 가져다두고 철수를 가장해 몰래 숨습니다. 트로이 목마 안에는 그리스 용사들이 숨어 있었죠. 트로이 인들이 목마를 받아들이려 하자 신관 라오콘이 반대합니다. 베르길리우스의 로마 민족 서사시 「아에네이드」를 보면 그리스 인의 계략을 눈치 챈 그가 이렇게 말하죠. "티메오 다나오스 에트 도나 페렌테스 timeo Danaos et dona ferentes, 나는 비록 선물을 가져와도 그리스 인이 두렵소." 심지어 라오콘은 창

라오콘 가족_BC 1세기_바티칸 박물관

으로 목마의 배를 찔러보기도 해 하마터면 그리스 용사들이 목마 안에서 개죽음 당할 뻔했지요. 이에 포세이돈이 안 되겠다 싶어 바다뱀을 보내 라오콘을 죽인 겁니다.

네레이드와 트리톤이 펼치는 향연: 피오 클레멘티노 원형의 방

팔각형 뜰에서 전시실로 바로 들어가면 피오 클레멘티노 관으로 연결됩니다. 여기에는 인물 조각들이 가득한데요. 조각들을 눈에만 담고 한걸음 더 나아가면 부속건물인 '원형의 방'이랍니다. 방에 들어서는 순간, 그만 숨이 멎는 듯합니다. 바티칸에서 제일 크고 보존상태 또한 완벽에 가까운 모자이크 《네레이드와 트리톤》이 눈앞에 화려하게 치맛자락을 펼치고 있거든요.

포세이돈의 아들 트리톤과 바다의 요정 네레이드의 다정한 모습을 배경으로 바다괴물과 각종 정물이 표현된 대작입니다. 로마에서 북쪽으로 70킬로미터 떨어진 곳의 움부리아 오트리콜리 목욕탕에서 출토되었는데요. 물씬 풍기는 새물내를 타고 트리톤과 네레이드의 정감어린 포즈가 달밤의 무드 음악 선율이 되어 감미롭게 흐릅니다. 근육질의 트리톤 어깨에 다정스런 표정으로 손을 얹은 네레이드의 빼어난 미모는 매력 만점이네요.

모자이크의 한가운데 로마 시대 그대로 복원해놓은 분수가 자리하고요. 분수를 중심으로 모자이크가 방사형放射形으로 퍼져요. 가장자리에 트리톤과 네레이드를 표현하고, 그 안쪽에 반인반마半人半馬 켄타우로스의 싸움 장면을 원형으로 빙 둘러 배치했습니다. 두 그림 사이에는 현란한 색상의 식물넝쿨과 꽃이 경계를 짓고요. 바깥쪽으로 오디세우스의 모험을 그린 흑백 모자이크도 자리합니다. 어느 방향에서 접근해도 같은 모습을 볼 수 있어요. 바닥 모자이크의 특징이죠. 모자이크 주변에는 황금색 헤라클레스 동상을 비롯해 조각들이 호위병처럼 들러리 서며 모자이크의 가치를 높여준답니다. 빼어난 작품이다보니 터지듯 몰려드는 인파 탓에 작품을 제대로 감상하기 힘든 점이 옥에 티입니다. 작품은 언제 만들어졌을까. 여러 책자를 뒤져봐도 발굴장소만 나올 뿐 작품연대를 찾지 못하다가 오트리콜리 홍보 사이트에서 제작연대2세기를 알아낼 수 있었답니다.

이 모자이크에는 라피타이 족과 켄타우로스 족 사이의 싸움 장면도 들어 있는데요. 싸움이 왜 일어났는지부터 알아보죠. 테살리아 지방에 라피타이 족이 살았답니다. 산악 부족인 이들의 왕 익시온에게는 아들이 있었는데요. 익시온의 아들 피리토우스가 히포다메이아와 결혼식을 올렸습니

네레이드와 트리톤_2세기_바티칸 박물관. 분수 아래로 모자이크가 넓은 바닥 전체를 메우고 있다.

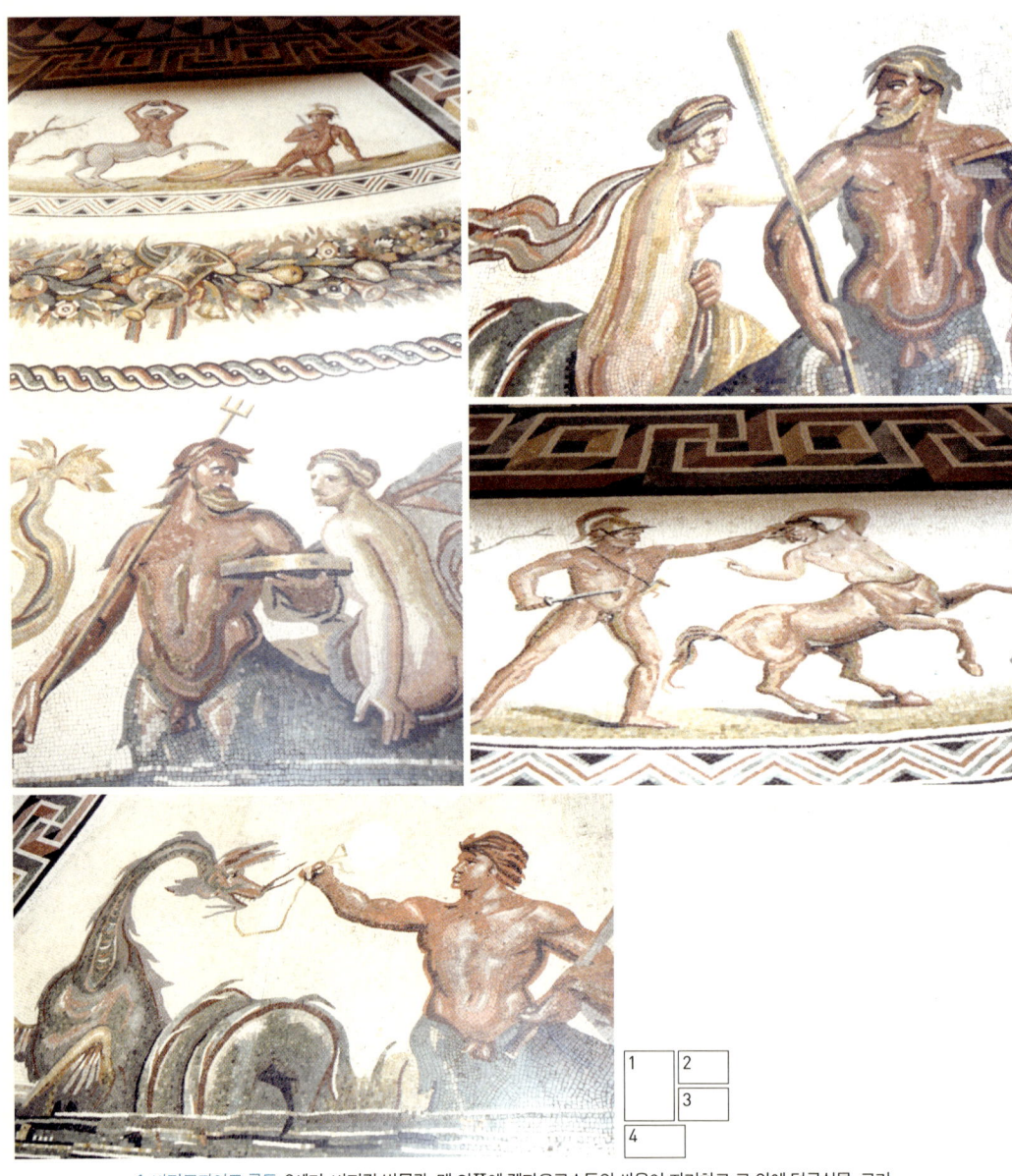

1. 바닥모자이크 구도_2세기_바티칸 박물관. 맨 안쪽에 켄타우로스들의 싸움이 자리하고 그 앞에 덩굴식물, 그리고 가장자리에 트리톤과 네레이드가 방사형으로 위치한다.

2. 네레이드와 트리톤. 반인반수 트리톤이 몽둥이를 들었고 바다요정 네레이드가 트리톤 위에 올라탄 모습

3. 네레이드와 트리톤 중에서 켄타우로스와의 싸움. 머리채를 잡혀 기선을 제압당한 켄타우로스

4. 네레이드와 트리톤 중에서 바다괴물

다. 성대한 결혼식에 많은 하객들이 참석했죠. 라피타이 족과 형제지간인 켄타우로스 족도 초대됐어요. 그런데 술에 취한 켄타우로스 족이 신부 히포다메이아와 라피타이 족 여자와 어린이들을 겁탈하려 덤벼들었어요. 당연히 싸움이 벌어집니다. 이때 승패를 가르는 결정적인 지원군이 있었으니, 아네테에서 온 피리토우스의 친구 테세우스였어요. 라피타이 족이 테세우스의 도움을 받아 격전 끝에 켄타우로스 족을 물리칩니다.

내기에서 이겨 아테네의 수호신이 된 아테나
: 피오 클레멘티노 십자가의 방

'원형의 방' 남쪽으로 '십자가의 방'이 나옵니다. 여기에는 로마 황실을 상징하는 자주색 석관石棺 두 개가 번쩍여요. 예사롭지 않은 인물이 영면하고 있음을 말해주는데요. 왼쪽은 313년 기독교를 공인한 콘스탄티누스 황제의 어머니인 세인트 헬레나의 관이고, 오른쪽은 황제의 딸 콘스탄티나의 관입니다. 두 석관 사이에 자리한 모자이크의 주인공은 전쟁과 지혜의 여신이자 처녀 수호신 '아테나'예요. 별과 달, 꽃, 기하학 무늬가 잔잔하게 여신을 감싸는데, 정교하고 완성도 높은 솜씨가 물감으로 그린 아름다운 회화를 보는 느낌을 선사합니다.

아테나 여신이 그리스 수도 아테네의 수호신이 되는 과정을 들여다보죠. 아테나가 큰아버지 포세이돈과 아티카아테네 일대 땅을 놓고

전쟁의 여신 아테나의 투구 쓴 얼굴_바티칸박물관

- 음식_바티칸 박물관. 로마의 상류층은 고기부터 싱싱한 생선, 다양한 과일을 즐길 수 있을 만큼 풍요로웠다.
- 승리한 운동선수_바티칸 박물관. 승리한 선수가 월계관을 쓰고 향유를 뿌린다.

다퉜답니다. 둘은 내기를 합니다. 주민들 앞에 선물을 하나씩 꺼내 보인 뒤, 주민들이 선택한 선물의 주인이 아티카를 차지하기로요. 포세이돈이 먼저 커다란 물길을 만들었습니다. 항해할 수 있는 바다죠. 이 바다를 통해 아테네는 해양 강국이 될 참입니다. 문제는 소금기가 많아 마실 수 없는 거예요. 주민들이 받을지 말지를 고민할 때 아테나가 올리브 나무를 아크로폴리스 기슭에 심습니다. 올리브는 식용뿐만 아니라 등잔용 기름, 반찬, 땔감 등 쓸모가 많아요. 결국 주민들이 올리브를 선물로 받아서 아테나가 승리한 거죠.

아테네 사람들은 아테네의 맨 꼭대기 아크로폴리스에 신전을 짓고 아테나를 기렸는데요. BC 480년 페르시아 침공 때 파괴됩니다. 페르시아 전쟁을 승리로 이끈 직후인 BC 447년 재건공사에 들어가 15년 뒤 BC 432년 완공시켰어요. 새 이름은 파르테논 신전. 아테나의 공식호칭 '아테나 파르테노스Athena

Parthenos, 처녀 아테나'에서 따온 말이니 파르테논은 처녀 신전이란 뜻이죠. 고대 그리스 문명의 상징처럼 알고 있는 파르테노스가 처녀성을 의미한다니, 좀 의외라고 여겨지지 않나요. 그리스 시대에 신전은 금고였죠. 그것도 공금을 보관하던 국고요. 파르테논 신전은 나중에 델로스 동맹의 기금을 아테네로 옮겨왔을 때 보관하던 장소였어요. 로마 시대 이후 파르테논 신전이 어떻게 쓰였는지 알면 놀랄 거예요. 예수를 모시는 기독교 교회, 이어 투르크에 정복된 뒤에는 알라를 찬양하는 이슬람 모스크로 쓰였죠. 삶은 이런가봅니다.

피오 클레멘티노 전시관에서 빠져나와 계단을 내려온 뒤 다시 한 층 올라가면 《음식》이 로마 사회의 풍요로움을 실감케 합니다. 모자이크 오른쪽 위에는 꿀처럼 달기로 이름난 마른 대추야자 열매가 걸려 있어요. 지중해 연안을 여행하며 먹어본 대추야자는 생김새나 달콤함이 어릴 적 시골서 먹던 잘 익은 고욤을 생각나게 만듭니다. '고욤 일흔이 감 하나를 못 당한다'는 속담이 있습니다만, 고욤도 참 달죠. 어느새 자취를 감춰 찾기 어려운 과일이 되었네요. 영어로 대추야자 열매는 데이트Date입니다. 남녀간의 데이트가 대추야자만큼이나 달콤해서 붙인 이름일까요.

월계관을 쓴 《승리한 운동선수》는 머리가 벗겨져서 그런가 좀 나이 들어 보입니다. 하긴 4년마다 한 번씩 열리던 그리스·로마 시대 올림픽 경기에서도 예외적으로 한 종목에서 서너 번씩 우승하는 선수들도 있었습니다. 이런 선수들은 나이가 중씰했겠죠.

오스티아

흑백 모자이크의 보고: 로마의 관문

이제 흑黑과 백白 두 가지 테세라만 사용하는 흑백 모자이크를 찾아 로마를 벗어납니다. 로마의 관문으로 테베레 강 어귀에 번창하던 항구 유적 오스티아 안티카랍니다. '구 오스티아'라는 뜻으로 사람이 살지 않는 유적지고요, 근처에 있는 '신 오스티아'는 사람이 거주하는 신도시로 '오스티아 리도'라고 하죠. 오스티아 안티카는 로마 시대 최대의 국제무역 항구였는데, 당시의 건축물 원형이 고스란히 간직되어 있어 살아 있는 로마 유적 교과서로 삼을 만합니다. 전승傳承에 따르면 로마의 4대 왕 안쿠스 마르키우스가 BC 7세기 군사 요충지로 설립했다고 하네요. 무역항구로서의 비중이 커지면서 1세기 티베리우스 황제를 거쳐 4대 클라우디우스 황제 때 많은 건물을 지었어요. 이후 2~3세기에는 7만 5000여 명의 인구가 북적이는 번영을 이루지만, 4세기 콘스탄티누스 황제 이후 쇠퇴하기 시작해 잇따른 외적의 침입으로 폐허가 돼요.

특히 9세기에 벌어진 아랍 이슬람 세력의 공격은 결정타였습니다. 이탈리아 본토까지 아랍 세력이 침략해 들어왔다는 사실이 좀 놀랍죠. 과거 역사가 그랬답니다. 요즘 이라크나 아프가니스탄, 팔레스타인에서 이슬람 세력이 매일 터지니까 늘 그렇게 매 맞으며 산 것으로 여길 수 있지만, 그렇지 않아요. 앞서 십자군 전쟁에서도 살펴봤듯이, 전쟁에서 일진일퇴하거나 승리했던 경우도 많답니다. 군사력뿐만 아니라 사상이나 문화 측면에서 우월했던 때도 있었고요. 아무튼 아랍인이 험하게 짓밟고 간 뒤

- 극장과 항구의 상인조합_오스티아. 붉은색 벽돌에 푸른 잔디가 빚어내는 색 조화가 일품이다.
- 인술라_오스티아. 다층 연립주택인 인술라 유적

오스티아는 주변 도시에서 건물을 지을 때마다 자재를 공급하는 창고가 됐어요. 기울어진 탑으로 유명한 '피사의 사탑'도 1173년부터 1372년까지 200년 가까이 공사를 벌이면서 오스티아의 벽돌을 가져다 썼다네요. 19세기 말부터 발굴이 시작된 오스티아는 푸른 숲과 흰 모래 사이로 붉은색 벽돌 건물이 어우러져 산뜻한 색 조화를 빚어냅니다. 화산재를 털어내도 칙칙한 분위기인 폼페이와 사뭇 다르죠. 유적 바닥에는 로마 시대에 만든 흑백 모자이크가 매력을 한껏 발산하는데요. 엄청난 규모에 입이 다물어지지 않습니다. 천연 대리석을 사용한 그리스계 헬레니즘 풍 모자이크와 달리 흑백 모자이크를 주로 설치한 이탈리아 반도의 특성이 잘 드러납니다. 흑백 모자이크는 재료 구하기도 쉽고 비용도 저렴했거든요. 컬러 모자이크는 최고의 장식을 필요로 하는 경우에만 사용했고요.

노새 마차로 붐비던 포세이돈의 무역항: 키지아리 목욕탕

먼저 《키지아리 목욕탕》부터 들르죠. 키지아Cisia는 라틴어로 노새, 키지아리Cisiarri는 노새 몰이꾼Cartdriver을 가리킵니다. 그러니까 '노새 몰이꾼 목욕탕'이란 뜻이에요. 그렇다면 로마 시대에 노새 몰이꾼들이 목욕을 즐겼단 말인가요. 물론 아니죠. 목욕탕을 장식하는 바닥 모자이크에 노새 몰이꾼이 많이 등장해 그렇게 부른답니다. 로마 시대에는 포장도로가 상당히 발달했고, 그런 만큼 노새나 말이 끄는 마차가 오늘날의 화물자동차 역할을 대신했어요. 국제 수출입 항구도시시니만큼 짐을 나르는 노새 마차가 얼마나 많이 오갔겠어요. 길이 꽉 막히는 마차 체증도 있었을 테고. 이런 풍경을 연상하면서 모자이크를 감상하면 좋습니다.

1	2
3	4
5	6

1. 키지아리 목욕탕_2세기_오스티아. 4명의 텔라모네가 네 귀퉁이를 받치고 선 성벽도시가 가운데 자리해 있다.
2. 키지아리 목욕탕 중에서 노새 마차
3. 키지아리 목욕탕 중에서 노새에게 풀을 먹이는 마부
4. 키지아리 목욕탕 중에서 합승 마차
5. 키지아리 목욕탕 중에서 텔라몬
6. 키지아리 목욕탕 중에서 포세이돈

1	2
	3

1. 포세이돈 목욕탕_2세기_오스티아. 거대한 기둥과 벽이 그대로 남아 있고, 바닥은 흑백 모자이크로 뒤덮였다.

2. 포세이돈 목욕탕 중에서 칼다리움 전경. 뜨거운 증기로 땀을 빼는 칼다리움에 신화 속 바다 동물로 가득하다.

3. 포세이돈 목욕탕 중에서 수영

흰색 바탕에 검은색 테세라로 대상물을 표현하는 로마의 흑백 모자이크가 바닥을 가득 메우는데요. 우람한 체격을 가진 남자 형상의 돌기둥 텔라몬이 양손을 들어 받치고 선 성벽도시 사이사이로 노새, 마부, 마차가 표현돼 있어요. 그뿐인가요. 바다를 관장하는 포세이돈, 트리톤, 네레이드, 수영하는 남자도 얼굴을 내밀어요. 아쉬운 것은 역시나 형편없는 모자이크 보존실태! 나뭇잎과 흙, 돌조각으로 뒤덮여 스러져갑니다. 지중해 주변의 유적지 곳곳에서 마주치는 일이지만 번번이 화가 나는 건…….

지금까지 발굴된 오스티아는 면적이 그렇게 넓지 않아요. 그런데도 대형 목욕탕이 두 개나 발굴되었죠.《키지아리 목욕탕》말고도《포세이돈 목욕탕)이 하나 더 있습니다. 로마 문명에서 목욕이 차지하는 비중을 가히 짐작할 수 있겠죠. 대형 공공목욕탕은 신전 같은 신앙시설만큼이나 중히 여겨져 국가차원의 대역사大役事 대상이었습니다. 키지아리 목욕탕처럼 포세이돈 목욕탕도 바다를 연상시키는 소재가 바닥을 뒤덮고 있어요. 폭풍우나 파도, 해일을 관장하는 바다의 신이 포세이돈이죠. 해상활동으로 도시의 생명력을 얻은 오스티아에서 포세이돈을 주요한 신으로 모시고, 목욕탕 바닥에 가득 메워넣는 건 당연한 일이지 않겠어요.

모자이크를 보면 그리스·로마 인과 기독교 이후 서구의 신앙에 대한 인식차이가 드러나요. 그리스·로마 인은 경배하는 신을 바다에 모자이크로 만들어놓고 밟고 다녔잖아요. 스승의 그림자도 밟으면 안 된다는 금수강산의 백성들 인식과는 차이가 나죠. 기독교 시대 기독교인 역시 우리와 비슷해요. 예수 모자이크를 바닥에 설치할 수 없어, 벽이나 천장으로 올렸으니 말입니다.

붐비던 국제 무역항 사무실: 항구 상인조합구역

목욕을 마치고 나와 항구의 사무실 밀집가로 가보죠. 요즘 버스 터미널이나 공항을 생각하면 쉽습니다. 버스회사나 항공사가 '○○항공', '○○고속' 등의 이름을 걸고 사무실을 운영하며, 표도 팔고 고객에 대한 서비스도 제공하는. 로마 시대에도 그랬습니다. 지중해 각지에서 온 선주나 선박회사는 오스티아 항구 '상인조합구역'에 사무실을 뒀는데요. 출신지역을 상징하는 특산물이나 상징물을 넣은 모자이크를 바닥에 설치해 자신들을 알렸답니다. 이 모자이크가 지금까지 남아 수천 년 전의 경제활동

조합구역_2세기_오스티아. 기둥과 벽으로 구획된 한 칸이 각각 별도의 사무실이다.

방식을 알려주고 있다니 새삼 놀랍네요.

하지만 오스티아에서 일반 탐방객이 모자이크만 보고 어느 지역 사무실인지 알아내기는 쉽지 않습니다. 각 도시의 상징을 모르기 때문이죠. 겉돌다 오기 마련인데요. 그러면 재미없죠. 아는 만큼 보이는 것이니 조금 알고 보면 좋은데, 현지에 안내판이 없답니다. 모자이크와 사무실을 연결, 정리해놨으니 '여기가 카르타고 사무실' 이렇게 느껴보길 바랍니다. 상인조합구역은 양쪽에 23개씩 46개 선주 사무실이 있는데요. 모자이크는 극장에서 내려다볼 때 오른쪽에 많습니다.

우리 조상은 활발한 뱃길 무역을 펼쳤습니다. 백제는 일본과 중국을 넘어 베트남까지 다녀왔다고 해요. 신라도 뱃길로 중국과 일본을 오갔으며, 고구려나 발해 역시 뱃길로 일본과 거래를 했어요. 신라 말 청해진을 중심으로 활동했던 장보고는 이를 말해주죠. 고려 수도 개성은 예성강 포구 벽란도와 연결됐어요. 벽란도는 국제 무역항으로 아랍 상인까지 다녀갔지요. 당시 항구 상업활동이 얼마나 활발했고 또 번성했는지 증언해주는 대목입니다. 벽란도에서 개경에 이르는 삼십 리 길을 비 맞지 않고 기와집 처마 밑으로 걸을 수 있었다네요. 그렇다면 개경-벽란도는 로마-오스티아와 닮은꼴입니다.

하지만 조선시대로 접어들면서 점차로 해상활동은 자취를 감춥니다.

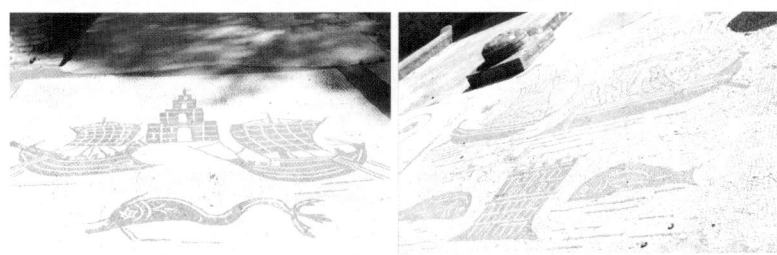

• 조합구역 중에서 파로스 등대. 알렉산드리아에 있던 파로스 등대를 그린 것으로 추정된다.
•• 조합구역 중에서 미수아 선주 사무실. 미수아는 북아프리카 카르타고 근처에 있던 도시다.

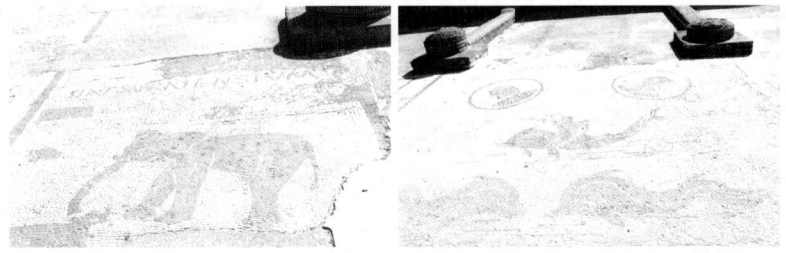

• 조합구역 중에서 사브라타 선주 사무실. 코끼리 그림이 그려진 이곳은 북아프리카 리비아의 사브라타 항에서 온 선주 사무실이다.
•• 조합구역 중에서 마우레타니아 선주 사무실. 북아프리카 지중해 서쪽끝 마우레타니아에서 온 선주 사무실이다.

• 조합구역 중에서 사르디니아 선주 사무실. 사르디니아는 밀을 수입해 오는 주요 곡창이었다.
•• 조합구역 중에서 카르타고 선주 사무실. 상인조합 구역 북쪽 맨 끝에 위치한 사무실이다.

조선 초기에는 멀리 유구국琉球國, 오끼나와. 일본에 1609년 합병까지 오갔지만, 이후 일본 가는 사절이 수십 년마다 한 번씩 뱃길을 이용하는 게 전부일 정도로 해양문화는 쇠퇴하죠. 그러다보니 알게 모르게 우리의 역사인식에서 해상활동이 빠져 있어요. 고대 우리 조상은 물론 다른 나라가 바다를 동네 연못처럼 누비고 다닌 사실에 어두울 수밖에 없습니다. 아주 움츠러들어 중국의 속국 차원에서만 존재를 인정받았던 15세기 이후 조선의 시각을 벗어날 때가 되지 않았나요. 지중해가 고대 그리스·로마 인의 '마레 노스트룸mare nostrum, 우리 바다' 였듯이, 동해와 황해, 동중국해를 '마레 노스트룸'으로 삼고 살던 시절로 시각을 교정해야죠.

늑대의 젖을 먹는 로물루스와 페르시아 신 미트라: 주택가

주택가로 한번 들어가보죠. 로마 건국의 시조로 일컬어지는 《로물루스와 레무스》가 늑대 젖을 빨며 저택의 침실 바닥을 지킵니다. 로물루스와 레무스 얘기 좀 꺼내볼까요. 미남자가 많기로 소문난 이다 산 골짜기 출신으로 아프로디테의 아들이자 트로이 왕실의 사위였던 아에네아스가 트로이 공주 크레우사에게서 아들을 얻었는데, 이름이 아스카니오스예요. 이들 부자는 트로이 전쟁에서 패한 뒤 이탈리아 반도의 라티움으로 탈출해 옵니다. 그 후손 가

로물루스와 레무스_2세기_오스티아

운데 레아 실비아일리아라는 여인이 있었는데, 전쟁의 신 아레스가 레아의 미모에 홀려 숲에서 잠자는 레아를 범했답니다. 레아의 배가 점점 불러오고 마침내 아기를 낳으니 쌍둥이 로물루스와 레무스죠. 이 쌍둥이는 강에 버려져 떠내려가다 구사일생으로 살아났는데, 그 다음이 더 극적입니다. 늑대 젖을 먹고 자란 '파테르 파트리아이Pater Patriae, 조국의 아버지' 로물루스가 로마를 건국했다는군요. 로마 인은 전쟁의 신 아레스가 자식을 살리기 위해 늑대를 보냈다고 믿었어요. 아프로디테의 아름다움에 아레스의 용맹을 끼워넣어 로마의 자존심을 높일 수 있었죠.

페르시아에서 들어온 빛과 진리의 신, 미트라Mithra. 《미트라 의식儀式》도 돋보입니다. 미트라 의식을 알리는 상징물이 작은 사각형 안에 표현되어 있어요. 각 사각형은 수성, 금성, 화성, 목성, 달, 해, 토성을 나타내요. 메소포타미아의 다신교 전통을 따른 페르시아에서는 '태양신' 미트라도 섬겼죠. 빛을 상징하는 미트라는 어둠과 무지를 몰아내고 광명과 지혜, 승리를 가져다줘요. 미트라 숭배 전통은 BC 6세기 초 페르시아에 아케메네스 왕조가 들어서면서 세를 잃습니다. 예언가 짜라투스투라조로아스터가 아후라 마즈다를 섬기는 조로아스터교를 열었기

미트라 의식_2세기_오스티아

• 권투_2세기_오스티아 　　•• 컬러 테세라 모자이크_2세기_오스티아

때문인데요. 하지만 아르메니아와 아나톨리아 지역에서 미트라 신앙이 살아남았어요. 페르시아를 혐오하던 그리스에는 전파되지 않았지만, 2세기 이후 로마에 들어왔어요. 로마에서 이방 종교 미트라교가 어떻게 뿌리를 내릴 수 있었을까요. 들어온 시점을 보면 이해가 쉽습니다. 2세기는 로마가 공화정을 끝내고, 황제정으로 독재를 강화하던 때예요. 미트라 숭배를 황제 숭배와 교묘히 연결시킨 거죠. 2~3세기 독재자 코모두스, 카라칼라 황제가 미트라교를 권장한 것에서도 감잡을 수 있죠. 기독교가 확산된 뒤 미트라교는 쇠퇴합니다.

　생생한 묘사가 돋보이는 《권투》를 비롯해 주택에 잔해로 남은 모자이크를 여러 곳에서 확인할 수 있습니다. 특히 흑백천지 오스티아에서 유일하게 컬러 테세라 모자이크를 설치했던 흔적도 남아 있답니다.

나폴리

베수비오의 빛과 그림자

신세대 음식의 대명사처럼 돼버린 피짜. 이탈리아 남부 서민의 간편식으로 출발한 피짜의 본고장이 바로 세계 3대 미항美港의 하나라고 칭송되는 나폴리죠. 나폴리는 요즘으로 치면 미국의 뉴욕과 닮았어요. BC 7세기에 만들어진 그리스 도시 가운데 '새로운 도시' 라는 뜻의 네아 폴리스 Nea Polis가 나폴리죠. '네아Nea'는 '뉴New', '폴리스Polis'는 '시티City' 거든요. 네아 폴리스는 그리스 인이 이탈리아 반도 남부에 세운 도시국가 연합 '마그나 그라이키아' 의 중심도시로 성장합니다. 그러니 뉴욕과 비슷하죠. 근대 문명강국 영국의 요크York가 미지의 아메리카로 와서 미합중국의 중심도시 '새로운 요크', 즉 '뉴욕New York'으로 발전했으니 말입니다.

나폴리와 그 주변 해안지역 소렌토, 아말피로 이어지는 해안은 정녕 신의 축복이랍니다. 나폴리 민요 「돌아오라 소렌토로」로 널리 알려진 아말피 해안은 푸른 물과 기암절벽이 장관을 이뤄요.

"아름다운 저 바다와 그리운 그 빛나는 햇빛…….

나 홀로 사모하여 잊지 못할 이곳에서 기다리고……."

배경이 좋으면 그림도 잘 그려지는 법. 빼어난 자연에 인간의 손길이 명품을 빚어놨어요. 나폴리 바닷가 메가리데스 섬의 달걀 성이 그렇답니다. 육중한 몸채에 왠지 비장한 분위기가 감도는데요. 이유가 있죠. 15세기 구舊 스페인의 아라곤 왕조가 이 성을 새로 짓기 전 서로마의 마지막 황제 로물루스 아우구스툴루스가 게르만 용병대장 오도아케르에게 폐위

아름다운 아말피 해안

당해 귀양 온 곳이랍니다. 천 년 로마의 한이 응어리진 곳이죠. 불멸의 로마라는 '로마 인빅타Roma invicta' 신화가 깨지고 유배당한 황제의 심정이 어땠을까요.

스페인 부르봉 왕조가 1750년대 기병대 병영으로 지었다가 훗날 나폴리 대학으로 사용했던 나폴리 국립박물관은 1층 조각, 2층 모자이크, 3층 프레스코 전시장으로 나뉩니다. 2층은 중앙 계단을 경계로 두 개의 공간으로 구분되는데, 오른쪽이 모자이크 전시실이죠. 이곳을 화려하게 수놓는 모자이크의 세계는 황홀경 그 자체랍니다. 헬레니즘 풍의 섬세한 테세라 모자이크가 빚어내는 아름다운 예술세계는 모자이크 탐방객에게 최고의 즐거움을 선사해요. 그리스·로마 역사문화 탐방의 결정판이라 감히 얘기할 수 있어요. 2층 모자이크 전시관 깊숙한 구석에 '비밀의 방'이 있는데요. 예전에는 왕의 허가증이 있어야 관람할 수 있을 만큼 놀랄 만한 작품으로 가득한데 모자이크가 아니니 다른 기회에 소개하겠습니다.

BC 2세기부터 1세기까지의 모자이크 작품에 담긴 신화와 역사, 학문,

일상사를 통해 예술의 진정한 역할이 무엇인지 돌아보는 계기가 될 겁니다. 자, 그럼 설레는 마음으로 여행을 떠나는 마차에 올라볼까요. 오스티아 키지아리 목욕탕에서 쉬고 있는 노새 마차 불러서요. 키지아리마부는 제가 맡겠습니다.

아들을 베는 리쿠르고스와 개조심 : 에르콜라노 모자이크

첫 도착역은 1번 모자이크 전시실. 마차에서 내려 베수비오 화산이 분화하면서 묻혔던 도시 에르콜라노에서 걸어온 모자이크부터 만납니다. 막대한 양의 진흙과 화산재에 뒤덮였던 모자이크라는 사실이 믿어지지 않을 만큼 선명한 색상에 놀라지 않을 수 없어요. 먼저 《리쿠르고스》입니다. 리쿠르고스를 소재로 한 모자이크는 그리스 델로스 섬에서도 살펴봤는데요. 여기에 전시된 것이 완성도에서 앞섭니다. 리쿠르고스가 성난 표정으로 몽둥이를 휘두르는 순간을 담았어요. 가녀린 몸매의 여인 마에나드가 몽둥이 세례를 받을 참입니다. 위기일발의 순간, 해결사 디오니소스가 나타나 마에나드를 포도나무로 변신시켜 목숨을 구합니다. 리쿠르고스에게는 포도주를 인사불성으로 먹여 미치게 만들고요. 제정신을 잃은 리쿠

리쿠르고스_나폴리 박물관_에르콜라노 출토. 왼쪽이 리쿠르고스, 오른쪽이 마에나드, 뒤쪽이 디오니소스

- 개조심_나폴리 박물관_에르콜라노 출토. 개 모자이크는 집 입구에 설치해 '개조심(CAVE CANEM)' 경고를 한다.
- • 닭에게 풀 주기_나폴리 박물관_에르콜라노 출토
- • • 권투선수_나폴리 박물관. 손에 붕대를 감고 머리에 월계관을 쓴 걸 보아 경기에서 승리한 선수로 보인다. 밑의 수탉도 아름답다.

르고스는 아들을 포도나무로 착각해 베어버리네요. 어머니를 범하려 덤벼들기도 하고요. 백성들이 참다못해 신탁을 구하니 능지처참이라. 이곳에는 디오니소스가 포도주로 축복하는 평화로운 작품도 덤으로 자리합니다.

전시실 입구 벽에 걸린 개 한 마리가 낯설지 않네요. 이 개는 관상용 동물화가 아닙니다. 집 지키는 실용적인 목적을 가진 《개조심 CAVE CANEM》 경고 모자이크예요. 이를 가져다 박물관을 지키라고 벽에 보초 세우는 중이죠. 로마 인의 유머 감각이 느껴지지 않나요. 개가 있으니 조심하라고 점잖게 그림을 그려놓는 여유도 부럽고요. 폼페이에 가면 로마 주택 입구에서 컹컹 짖는 개를 보여드릴게요. 노새 마차에 오르기 전 전시실 입구에서 《싸움닭》, 《표범》, 《닭에게 풀 주기》, 《권투선수》, 《디오니소스》, 《트리톤》 등의 작품과 오푸스 섹틸레, 분수 모자이크를 보고 다음 전시실로 넘어갑니다.

'점보는 풍경'과 '연극' : 해학이 묻어나는 희곡 모자이크

    2번 전시실. 사방에서 웃음소리가 들려와요. 따라가보면 재치와 유머가 스며 있는 모자이크에서 울려퍼지고 있죠. 가장 먼저 눈에 띄는 작품은 1763년 폼페이 키케로네 별장에서 발굴된 연극관련 작품일 겁니다. BC 4세기 빼어난 극작가로 널리 알려졌던 메난드로스의 희곡에서 모티브를 얻었는데요. 먼저 《악사들 연기》입니다. 북과 아울로스, 캐스터네츠의 연주와 율동을 곁들인 모습이 리드미컬하죠. 어깨를 들썩이고 싶을 만큼 흥겨움이 전해옵니다. 생생한 이미지는 모자이크 설치 예술가의 빼어난 미적 감각과 제작수준을 잘 보여줘요. 사물놀이 삼매경에 빠진 김덕수 놀이패의 얼굴과 판박이라고 할까요. 생김새야 동서양이 다르지만, 열정적으로 연주하는 예술혼의 이미지는 하나로 겹쳐집니다. 자신이 빚어내는 예술세계에 가장 먼저 도취된 연주자이자 관객으로서 극을 리드하는 혼이 배어 있습니다. 아울로스를 부는 연주자는 여성의 탈을 쓰고 있네

악사들 연기_BC 2세기_나폴리 박물관_폼페이 키케로네 빌라 출토

사티로스 극단 분장실_BC 2세기_나폴리 박물관_폼페이 키케로네 빌라 출토. 사티로스 극을 공연하기 직전의 풍경

요. 사각 테두리 안에 그림을 표현하는 엠블레마 형태로 헬레니즘 작품의 진수로 평가받습니다.

이 작품은 BC 2세기에 에게해 사모스의 모자이크 예술가 디오스쿠리데스가 제작해 수출한 것이랍니다. 어떻게 아느냐고요. 모자이크에 그리스어로 그의 이름이 새겨져 있거든요. 모자이크에는 다 그런 것은 아니지만, 요즘 그림을 보면 한구석에 낙관을 찍듯이 이름을 남기는 경우가 있었어요.

《사티로스 극단 분장실》도 돋보입니다. 역시 디오스쿠리데스가 제작한 작품으로 폼페이 키케로네 별장에서 발굴됐죠. 배우들 사이에 다양한 탈이 놓여 있고, 엉덩이를 말처럼 분장한 배우들이 보입니다. 배우들이 옷을 갈아입고, 아울로스를 불고, 극의 내용에 대해 이야기 나누고, 춤을 연습하고, 분장하고, 오른쪽에 앉은 노인은 손에 대본을 들었네요. 왁자지껄한 웃음과 수다, 장난기가 넘치는 연습실 풍경을 잘 담아냈어요.

사티로스 극Satyrs Play은 그리스 희극과 비극처럼 하나의 장르죠. 주로 장편의 비극 뒤에 공연하는데요. 비극의 슬픈 분위기를 반전시키기 위해 짧게 편성합니다. 우스꽝스럽고 조금은 야한 내용을 담기도 해요. 그러니 내용적으로는 일종의 희극이죠. 노래와 연주를 배경삼아 춤으로 줄거리를 전달하는데요. 배우들은 말꼬리와 말의 귀로 분장했어요. 이런 모습이 디오니소스를 추종하던 숲의 정령 사티로스를 닮아 사티로스 극이라 부릅니다.

메난드로스는 아테네의 전성기가 지난 BC 342년 태어났는데, 사모스 출신이에요. 아테네에서 학교를 열었던 건전한 쾌락주의자 에피쿠로스와는 동년배로 절친한 사이였고요. 그러나 이들이 살았던 시기는 좀 불운했어요. 100년 전 화려했던 아테네의 위용이 많이 시들었거든요. 북방의 오랑캐쯤으로 여기던 마케도니아가 강력한 세를 구축해 그리스를 집어삼킨 직후랍니다. BC 356년 태어난 알렉산더가 정복왕의 자질을 보이며 막 청년기로 접어들던 때죠. 국력이 기울면 문화도 영향을 받는 법이라, 예술 전반에 걸쳐 변화가 일어나죠. 국가의 통이 작아지니 예술도 왜소해져요. 아리스토파네스가 완성한 고전기 희곡을 이어 새로운 작품을 썼지만 차이가 납니다. 사회에 대한 통렬한 풍자나 자유로운 상상이 사라지고, 시민의 평범한 일상사나 연애담 중심으로 범위가 좁혀진 거예요.

1763년 폼페이 키케로네 별장에서 발굴된 메난드로스 연극과 관련한 모자이크는 하나 더 있습니다. 점쟁이에게 운세를 상담하며 액운을 내쫓는 《점집 풍경》인데요. 역시 디오스쿠리데스가 제작한 작품이에요. 네 명의 인물이 등장하는데, 오른쪽 두번째의 잔을 들고 앉은 노파

점집 풍경_BC 2세기_나폴리 박물관_폼페이 키케로네 빌라 출토

가 점쟁이입니다. 로마나 우리나라 점쟁이는 노파에 좀 흉측스러운 인상이어야 대접받나봅니다. 오른쪽 끝에 하인이 서 있네요. 왼쪽에 앉은 고객 두 명은 놀란 표정으로 점쟁이의 주문과 동작을 따릅니다. 주술 장면이죠. 로마 시대에도 사람들은 자신의 운세와 미래에 벌어질 일에 관해 궁금해했을 거예요. 주먹을 불끈 쥐고 액을 막으며 행운을 부르는 모습에서 시대를 초월한 민중 기복신앙起伏信仰의 공통점이 엿보입니다. 흥미롭죠. 그리스·로마의 점치는 풍경, 예술이 전하는 재미있는 생활사예요.

카리테스와 마에나드의 육체 향연 : 신화를 들려주는 모자이크

분위기를 달구는 신화 소재로 가보죠. 환희에 가득 찬 표정으로 춤에 심취한 마에나드와 사티로스의 모습을 담은 《디오니소스 제전》입니다. 마에나드를 눈여겨봐야 해요. 훤칠한 키의 마에나드가 긴 드레스를 입었는데, 글쎄 한쪽 젖가슴과 긴 다리 한쪽을 허옇게 드러내놓고 있어요. 풍만하답니다. 마에나드 앞에는 큼직한 남성의 상징을 곧추세운 사티로스가 서 있고요. 로마 시대에는 디오니소스 제전이 풍속을 문란하게 만든다고 탄압받았답니다. 제전이 펼쳐지면 젊은 남녀가 집단으로 들판이나 숲에서 춤판을 벌이며 쾌락의 시간을 가졌으니 말예요. 이런 정경을 담은 두 점의 작품은 큼직한 돌을 사용해 색상이 더욱 선명하고 생생한 오푸스 섹틸레랍니다.

1970년대 후반에서 1980년대 초반을 풍미한 '섹시 뮤직'의 영국 자매그룹 놀란스가 불러 유행한 노래 「춤추고 싶은 기분이에요」에 나오는 가사 "I'm in the mood for dancing, romancin' oh, I'm givin' it all

- 디오니소스 제전 1_나폴리 박물관_폼페이 출토. 오른쪽이 춤추는 마에나드
- • 디오니소스 제전 2_나폴리 박물관_폼페이 출토. 신전을 사이에 두고 마에나드와 사티로스가 춤을 추고 있다.

tonight나 지금 로맨틱하게 춤추고 싶은 기분이에요. 오, 오늘 밤새도록이요."와 고혹적인 자태는 신들려 육감적인 몸을 흔들던 모자이크 속 정경과 판박이라 할 수 있지요.

달아오른 가슴에 《카리테스》가 기름을 붓네요. 제우스와 에우리노메 사이에서 태어난 세 명의 딸인 에우프로네시아아름다움, 아글라이아우아, 탈리아지혜를 가리키는데요. 탈리아는 아홉 명의 뮤즈 가운데 하나와 겹치기도 해요. 아무튼 이 세 명은 아프로디테와는 또 다른 차원에서 아름다움을 상징합니다. 아프로디테가 관능적이고 성애性愛를 상징하는 아름다움이라면, 카리테스는 인간이나 신에게 즐겁고 기쁜 마음을 선사하는 그런 내면적 인성의 아름다움을 대변하죠. 그렇다보니 정신적인 작업, 즉 예술활동을 후원하는 신으로 묘사됩니다. '자비Charity'의 어원이에요. 예술을 관장하는 최고신 아폴론을 도와주기도 하고요. 그렇지만 언제나 아름

이탈리아 125

카리테스_나폴리 박물관_폼페이 출토. 미의 세 여신은 그리스·로마 시대 조각이나 프레스코, 모자이크에 가장 많이 등장하는 소재다.

다운 몸매를 과시하는 나체로 그려지는 점 잊지 말아야 합니다. 남성 탐방객들이 오래도록 감상하기 무안하게 말예요.

그리스·로마 문명권을 돌다보면 조각이나 프레스코, 모자이크에서 카리테스를 묘사한 작품을 종종 목격합니다. 이 세 여신은 늘 벌거벗은 채 손을 서로의 어깨에 얹고 각자 다른 방향을 응시하는데요. 아름다운 용모와 멋진 몸매뿐 아니라 세련된 포즈에서도 의상 발표장에 선 모델을 닮았습니다. 실제로 비슷한 일이 벌어졌어요. 금발의 서양 여인들이 카리테스 앞에서 같은 포즈로 사진 찍으며 즐거워하는 모습이 눈에 들어오네요. 아무리 예술작품이 아름답다 한들 실제 살아 숨쉬는 사람만 하겠습니까. 빚어놓은 예술품에 취하고 살아 있는 모델에 넋을 잃게 됩니다.

육감적 분위기가 흘러넘치는 신화에서 슬픈 운명의 가련한 남매 얘기로 눈물 적시는 신화 《프릭소스와 헬레》로 갑니다. 지중해의 에게 해와 흑해를 연결하는 좁고 긴 바다 마르마라 해로 마차 기수를 돌려야 해요. 마르마라 해는 오늘날 터키 영토로 유럽 대륙과 아시아 대륙을 가르는 바다인데, 두 해협이 연결되어 있어요. 남서쪽 에게 해로 통하는 쪽을 헬레스폰트 해협, 흑해와 연결되며 이스탄불을 끼고 있는 북동쪽을 보스포러스 해협이라고 합니다.

먼저 모자이크를 볼까요. 화면 양쪽에 갈색으로 표시된 바위 절벽은 아시아와 유럽 대륙을 나타냅니다. 그 사이는 바다죠. 오빠 프릭소스가 상반신을 드러낸 채 양의 뿔을 잡고 등에 올라타 밑을 내려다보고, 안타까운 프릭소스의 시선을 좇아가보면 양에서 떨어져 바다에 빠진 여동생 헬레가 허우적대고 있어요. 엇갈리는 운명을 묘사한 모자이크에 탐방객은 가슴이 시려옵니다. 가련한 오누이의 생사를 넘나드는 슬픈 이별 앞에서 어찌 눈시울이 뜨거워지지 않을 수 있을까요.

무슨 사연인지 들여다보죠. 보이오티아의 왕 아타마스는 네펠레와 결혼해 아들 프릭소스와 딸 헬레를 두었습니다. 행복하던 가정에 불운이 닥쳐요. 불행은 늘 바람(?)을 타고 오기 마련! 아타마스가 새 여자 이노에게 반했답니다. 아타마스는 조강지처 네펠레를 내치고, 이노를 집안으로 들여 자식까지 새로 얻어요. 새엄마 이노는 전처 소생 프릭소스와 헬레를 미워할 수밖에요. 팥쥐 엄마인가요. 아닙니다. 한발 더 나아가 남매를 죽이려 합니다. 이노의 치밀한 작전을 들어보세요. 그녀는 마을 주민에게 밀의 씨를 볶아 파종하도록 했어요. 들판에 밀의 싹이 돋아날 리 없죠. 이상하게 여긴 왕 아타마스는 관행대로 델피 신탁에서 신의 가르침신탁, 神託을 구합니다. 이노는 이 예정된 코스를 노렸어요. 신탁을 받고 돌아오는 심부름꾼에게 뇌물을 써 프릭소스와 헬레를 죽여야 한다고 거짓보고를 하도록 꼬드겼죠. 이때 남매의 친모 네펠레가 위험을 직감하고 제우스에게 읍소해 하늘을 나는 숫양을 보내줍니다. 황금색 털이 빛나는 양, 크리소말로스예요. 위기의 순간에 남매는 양을 타고 하늘로 솟아올랐습니다. 그런데 북쪽으로 날아가는 도중 그만 힘이 빠진 헬레가 손을 놓쳐 떨어진

프릭소스와 헬레_나폴리 박물관

장면이 모자이크에 담겼어요. 안타까운 오빠 프릭소스는 절규하는 여동생을 차가운 바닷물에 남겨둔 채 흑해 동쪽 끝 콜키스 왕국으로 갑니다. 콜키스의 아에테스 왕은 태양신 헬리오스의 아들인데요. 프릭소스를 환대하고 자신의 딸 칼키오페와 결혼시켜 사위로 삼습니다. 양은 잡아 황금 털가죽을 아레스 신에게 바쳐요. 신성한 나뭇가지에 이 성물聖物을 매달고 용에게 지키도록 했어요. 이 황금 양털가죽을 가지러 이아손이 동료 대원들과 원정에 나선 것이죠. 힐라스가 참전했다 보쌈당하는 웃지 못할 사건도 일어나고요. 신화에 나오는 콜키스 왕국이 오늘날 흑해 맨 동쪽 그루지야공화국이라고 주장하는 학자들도 있어요. 고대에 이곳이 황금의 주산지였다고 하네요. 이아손의 모험은 황금을 손에 넣기 위한 탐험이었고요.

헬레가 빠져 목숨을 잃은 바다는 이후 헬레스폰트라 불려요. 헬레의 애달픈 연이 업보가 됐나요. 이후 이 해협에서는 많은 희생이 치러집니다. 두 대륙을 연결하다보니 여러 전쟁에서 인명이 많이 상하는 전장이 되거든요. 페르시아 제국의 크세르크세스 대제가 아테네를 비롯해 그리스 도시국가들을 정복하기 위해 침범했고, 이후 보복을 위해 마케도니아의 알렉산더가 건넌 곳이기도 하고요. 1차 세계대전 때는 연합국의 많은 희생자를 냈던 갈리폴리 전투현장으로도 전사戰史에 남습니다. 젊은 날 멜 깁슨의 연기가 돋보인 영화「갈리폴리」에서도 무모한 전쟁의 비극이 그려지죠. 실제로 1차 세계대전 기간이던 1915년 2월부터 1916년 1월까지 만 1년 동안 치러진 갈리폴리 전투에서 영국을 포함한 공격군 25만 명, 수비군인 터키군 15만 명이 희생됐습니다.

가여운 소녀 헬레는 감미로우며 애상 어린 샹송 한 곡이 떠오르게 하네요. 끌로드 제롬의「고아」죠. 이 노래를 듣고 있노라면 고독과 슬픔이라는 단어가 끝없이 짜져 나오는 물레를 보는 것 같아요. 제롬의 삶도 헬레의 사연과 닮았어요. 조부모 밑에서 자라고 병마와 싸우다 2000년 세상을 떠났답니다. 미소년의 고운 인상과 신의 목소리를 프랑스의 추억으로 남겨놓고요.

태양을 도는 지구 둘레를 재다 : 학문을 연구하는 모자이크

노새 마차를 타고 신화에서 이제 학문으로 주제를 옮겨보죠. 화선지도 펴고, 벼루에 먹도 갈아놓고요. 플라톤을 그린 것으로 추정되는《철학자들》도 놓칠 수 없는 최고의 헬레니즘 풍 모자이크입니다. 제작연대는 BC 2세기 말로 추정돼요. 학구적인 분위기를 물씬 풍기며 지적 호기심을 한껏 자극하는데요. 점잖고 나이 지긋해 보이는 일곱 명의 남자가 그리스풍 의상을 입고 앉거나 서 있습니다. 두 명은 상반신을 드러냈습니다. 머

철학자들_BC 2~BC 1세기_나폴리 박물관

리는 희끗하고 대머리도 한 명 있고 일부는 얼굴이 늙수그레하네요. 40~50대가 아닐까요. 세 명은 스크롤두루마리 책을 들고 있습니다. 당시까지 밝혀진 지식이나 정보를 담고 있겠죠. 두루마리 책은 지성을 상징했습니다. 일곱 명은 서로 대화를 나눕니다. 노란 옷을 입은 왼쪽의 두 명은 진지하게 대화를 주고받는 모습이죠. 두 사람 발치에는 스크롤을 담은 것으로 보이는 상자가 놓여 있고요. 나머지 다섯 명은 또 다른 주제를 갖고 토론이나 대화를 나누는 것으로 보입니다. 얼굴 표정으로 봐서는 가운데 앉아 있는 남자가 무엇인가를 설명하고 나머지 네 명이 경청하는 모습이네요. 두 눈을 동그랗게 뜨고 노철학자를 응시하는 모습이 천진하면서도 학문을 향한 배움이나 열정이 뜨겁게 전달돼요. 오른쪽에 흰옷을 입고 서 있는 남자는 마음에 들지 않는지 멀뚱한 표정이고요. 아마도 저녁나절 펼칠 질퍽한 연회 생각에 빠져 있는지도 모릅니다. 요즘도 그렇잖아요. 수업시간에 전날 나갔던 아니면 방과후 나갈 미팅 같은 딴 생각에 몰두하는 학생이요.

이 작품은 폼페이 서쪽 아눈시아타 탑에서 발굴됐는데 지적으로 호기심을 자극하는 대목이 눈을 번쩍 뜨이게 만듭니다. 노철학자가 지시봉으로 가리키는 네모난 나무 탁자 위의 둥그런 물체가 혹시 지구본은 아닐까요. 아니면 별의 움직임이나 각 항성의 위치를 나타내는 천체도일까요. 일부 학자들은 아래 왼쪽에서 세번째 지시봉으로 둥근 물체를 가리키며 앉아 있는 노철학자가 플라톤이고, 제자들에게 우주와 학문에 대해 설명하고 토론하는 장면이라고 하는데요. 여기서 궁금해집니다. 지구가 둥글다는 것은 갈릴레이가 망원경으로 배가 들어오는 것을 관찰하며 17세기 알아냈다거나, 지구가 태양이나 별을 도는 지동설도 16세기 코페르니쿠스의 연구로 처음 등장했다는데요. 고대 그리스 시대 둥근 지구의 모습이나 천체 운항도를 그렸다는 것은 무슨 뜻일까요.

고대 서양과학을 논할 때 흔히 2세기 프톨레마이오스와 천동설을 들먹이며 마치 근대 서구과학이 발달하고 나서야 우주의 비밀을 풀게 된 것처럼 배웠죠. 하지만 프톨레마이오스는 천동설을 주장해서 그렇지 지구가 둥글다는 것을 알고 있었어요. 앞선 천문과학의 예는 많아요. 이오니아 밀레토스에 살던 탈레스는 BC 6세기 일식을 정확히 예측해냈죠. 에게해 사모스 출신의 아리스타르코스는 BC 280년 하지를 관측하면서 지구의 자전과 태양을 중심으로 지구와 달이 공전한다는 지동설을 알아냈고요. BC 3세기 학문의 중심지 알렉산드리아 도서관 제2대 관장으로 있던 에라토스테네스는 하짓날 알렉산드리아와 시에네 사이의 거리를 측정해 지구 둘레가 약 4만 5000킬로미터라고 측정했는데요. 오늘날 정확히 잰 지구둘레가 4만여 킬로미터이니 지구 위도와 경도 개념을 도입해 나온 이 놀라운 업적을 어떻게 평가해야 할까요.

'룩스 시트 lux sit, 빛이 있게 하라'의 창세기에서 우주역사가 시작되는 기독교 시대에 철석같이 믿어온 평평한 지구 대신 그리스·로마 시대에는 이미 둥근 지구가 널리 받아들여지고 있었어요. 이렇게 고대 그리스 학문이 살아남아 오늘날 우리에게 전달될 수 있었던 비결은 어디 있을까요. 중세 서양인이 학문에 문을 닫고 종교에 마음을 연 사이 이슬람 아랍인이 학문에 눈을 열고 아랍어로 번역해둔 덕분이랍니다.

《철학자들》에 등장하는 장소도 살펴볼까요. 나무 그늘 아래 야외죠. 도리아 양식의 기둥도 보입니다. 그렇다면 사람들이 많이 모이는 아고라 옆 스토아가 아닐까요. 아고라와 건물을 연결해주는 회랑이요. 뒤에 보이는 산을 아테네 아크로폴리스로 해석해 이곳이 아테네 아고라의 스토아라는 주장도 있어요. BC 3세기 제논이 여기서 학문을 연마했다고 해 스토아 학파라는 말까지 생긴 점을 기억해둘 필요가 있답니다.

신과 영웅의 사랑방정식 4제 : 사랑과 배반을 담은 모자이크

모자이크 하나로 참 많은 것을 살펴봤는데요. 노새 마차를 타고 모자이크가 풀어내는 얘기를 따라 신과 영웅이 벌이는 네 가지 유형의 사랑을 찾아 떠나보죠. 먼저 아킬레스의 사랑방정식을 찾으러 갑니다.

통 큰 아킬레스의 사랑방적식

'대의를 위해 사랑을 포기하고, 우정을 위해 소임을 다한다.'

전쟁 이야기에서 나온 《아킬레스와 아가멤논》입니다. 아카이아그리스 연합군 총사령관 아가멤논은 아폴론 신전의 신관 크리세스의 딸 크리세이스를 포로로 잡아 사랑하게 돼요. 크리세스는 딸을 돌려달라고 요구했고, 아가멤논이 예쁜 처자를 돌려줄 리가 없죠. 화가 난 사람은 크리세스가 아닙니다. 그가 받드는 신 아폴론이었어요. 크리세스를 무시하는 것은 곧 자신을 업신여기는 처사로 보고 벌을 내립니다. 아카이아 연합군 진중에 역병이 돌고, 전투에서도 연전연패! 이에 점쟁이 칼카스가 나섰어요. "크리세이스를 돌려줘야 합니다." 아가멤논은 맹인 점쟁이 칼카스를 꾸짖지만 대세는 이미 기울었어요. 어쩔 수 없이 크리세이스를 돌려주기로 하는데요. 내건 조건이 아카이아 연합군 최고의 용장 아킬레스의 속을 뒤집어놓습니다. 아킬레스가 사랑하던 브리세이스를 내놓으라는 거죠. "감히

아킬레스와 아가멤논_나폴리 박물관_폼페이 출토. 왼쪽이 아가멤논, 오른쪽이 아킬레스, 그 뒤가 아테나

내 여자를 빼앗아." 아가멤논을 죽이려고 칼을 뽑아든 찰나, 아카이아 연합군을 수호하는 아테나 여신이 나타나 유혈참극을 막습니다. 여자 문제로 분열되는 것을 원치 않은 거죠. 모자이크는 바로 이 순간을 표현했어요. 재미있는 작품이죠. 여인네를 놓고 펼치는 남자들의 사랑싸움.

아카이아 연합군 진중의 장군들은 아가멤논 총사령관을 비난했어요. 아무리 총사령관이라도 남의 여자를 함부로 하다니 말입니다. 그러나 전쟁에서 최고사령관의 말을 거역하기는 힘든 법이죠. 아킬레스는 아카이아 연합군의 단합과 승리를 위해 아가멤논의 요구에 따릅니다. 브리세이스 역시 아킬레스 곁을 떠나고 싶지 않았어요. 포로로 잡혀왔지만, 정이 들어버린 거죠. 사랑을 잃은 아킬레스는 모든 것을 포기하고 전쟁에서 손을 뗍니다. 아카이아 연합군의 연전연패는 당연한 결과죠. 아가멤논이 화해를 청하지만 아킬레스는 거부하고 귀국을 선언해버립니다. 바로 이 무렵 아킬레스의 절친한 친구이자 오촌 당숙 파트로클로스가 트로이 사령관 헥토르의 손에 죽습니다. 격분한 아킬레스가 다시 참전하고, 아카이아 연합군은 열세를 단숨에 만회하죠. 브리세이스가 다시 아킬레스 품으로 돌아왔음은 물론이고요.

처세에 빠른 테세우스의 사랑방정식
'목표를 위해 사랑을 이용하고 목표를 성취하고 나면 버린다.'

역시 2번 전시실에 있는 《디오니소스와 아리아드네 결혼식》이 풀어내는 신화 속에서는 처세에 빠른 테세우스의 사랑방정식을 찾아볼까요. 목표를 위해 사랑을 이용하고 목표를 성취하고 나면 버린다는 테세우스 식

명제를요. 폼페이 '켄타우로스의 집'에서 발굴한 작품인데요. 디오니소스를 소재로 하는 모자이크는 숱하게 남아 있지만, 아리아드네와의 결혼 장면은 지금까지 필자가 확인한 모자이크 가운데 유일한 것이니 눈여겨 보죠.

자, 아리아드네가 누구인가요. 결론부터 말하면 우리나라 삼국시대에 등장하는 낙랑공주와 닮았어요. 한나라가 BC 108년 고조선위만 조선을 멸하고 설치했다는 한사군 가운데 낙랑군 공주는 적국인 고구려 호동왕자를 사랑해 자명고를 찢으며 아버지와 조국을 배신한 비운의 여인이죠. 우리 역사의 낙랑공주에 해당하는 그리스 신화의 아리아드네는 크레타 섬 미노스 왕의 딸입니다. 어머니는 파시파에인데, 남편 미노스가 포세이돈에게 벌을 받는 바람에 파시파에가 대신 죄값을 치릅니다. 글쎄 벌 치고는……. 포세이돈이 좀 점잖지 못했어요. 파시파에가 황소를 사랑하게 만들었답니다. 인간이 짐승을 사랑해 욕정을 느끼게 하다니! 파시파에가 아무리 빼어난 미모를 자랑하지만 인간세상에서 일이지 황소가 파시파에를 보고 욕정을 느낄 리 없죠. 이때 해결사가 나타났어요. 최고의 목공작가 다이달로스인데요, 왕비 파시파에를 위해 나무를 깎아 멋진 암소를 만들었죠. 누가 봐도 살아 있는 듯 생명감이 흘러넘쳤어요. 고구려 솔거가 그린 소나무였다고 할까요. 새가 날아들었던 소나무 그림 말예요. 황소는 그만 나무로 만든 소인 줄도 모르고 암소를 보자 발정해서 달려듭니다. 그때 파시파에는 얼른 나무 암소 안으로 들어갔어요. 아, 파시파에의 배가 점점 불러옵니다. 그런데 태어난 생명체는 머리는 소요, 몸뚱이는 인간인 비운의 반인반우半人半牛 미노타우로스죠. 이종교배異種交配, Cross는 현대 유전공학도 해결하기 어려운 일인데. 황당해진 건 미노스 왕이었어요. 제 자식을 기다렸는데 엉뚱하게 괴물이 나왔으니 말예요. 그러니 다이달로스가 다시 나섭니다. 한번 들어가면 나올 수 없는 미로迷宮를 만들어 바쳤어요. 병 주고 약 주고, 결자해지結者解之입니다. 불쌍한 미노타우로스는 다이달로스가 만든 미궁 속에 갇혀 지내야 했어요. 미노타우로스의 먹이는 아테네에서 공물로 바쳐진 처녀 총각이고요.

아테네가 크레타에 공물을 바치게 된 사연도 보죠. 크레타 미노스 왕의 모험심 강한 아들이 아테네 근처에서 열린 마라톤 경기에 참가했다 죽었어요. 미노스 왕은 아테네의 음모라고 여겼죠. "내 아들을 죽이다니, 이놈들!" 미노스 왕은 군대를 이끌고 아테네를 흠씬 두들겨팼답니다. 그리고 벌로 아리따운 처녀 일곱 명과 미남자 일곱 명을 때마다 공물로 보내라는 엄명을 내렸어요. 아테네 왕자 테세우스는 조국의 비운을 종식시키기 위해 위험을 무릅쓰고 크레타로 갔고, 크레타 공주 아리아드네와 사랑에 빠진 거죠. 사랑에 눈먼 아리아드네는 아버지와 조국을 배신하고 테세우스에게 실과 칼을 건넸어요. 미궁의 문고리에 실을 붙들어매고 들어간 뒤 칼로 미노타우로스를 처치하고 실을 따라 나오라는 거였죠. 살아 나오는 테세우스와의 결혼을 꿈꾸는 아리아드네. 그런데 왜 아리아드네 결혼식 사진에는 테세우스가 안 보이냐요. 미노타우로스를 처치한 테세우스는 아리아드네를 데리고 아테네로 돌아갑니다. 도중에 낙소스 섬에 들르게 되죠. 그런데 테세우스를 보세요. 아리아드네가 잠시 잠든 틈을 타 저 혼자 배를 타고 아테네로 돌아갔네요.

아닌 밤중에 홍두깨도 유분수지. 자고 일어났더니 세상이 바뀌었다는 말을 절감하며 가슴 미어지는 아리아드네. 이탈리아 영화 「형사」의 주제곡이죠. 알리다 켈리가 열여섯 살 어린 나이에 성숙하게 부른 노래 「시노 메 모로sinno me moro, 죽도록 사랑해」의 "Voglio restare con te sinno me moro죽을 때까지 당신과 함께 있고 싶어요."를 부르고 싶었겠지만, 전영록이 만들어 김지애에게 넘겨준 노래 「얄미운 사람」의 "정 주고 마음 주고 사랑도 줬지만 이제는 남이 되어 떠나가느냐."가 현실이 되고 마네요.

훈(훈한)남(자) 디오니소스의 사랑방정식
'넓은 가슴으로 여자를 감싸주는 아가페적 사랑'

온다간다 말도 없이 내빼버린 테세우스, 황당하고 배은망덕한 연인에 망연한 아리아드네! 숲 속에 숨어서 처음부터 이를 지켜보던 포도주의 신 디오니소스는 회심의 미소를 짓습니다. 사랑은 여기서 다시 시작됩니다. 상처 받은 여자를 넓은 가슴으로 감싸주는 아가페적 사랑, 이것이 디오니소스가 내미는 사랑방정식입니다. 디오니소스는 살며시 다가가 아리아드네를 위로하며 그녀의 마음을 사로잡습니다. 여심을 끌어당기는 지름길은 마음을 다해 슬픔과 아픔을 함께 해주는 것이죠. 상처 받은 여인일수록 자신을 뒤로 한 채 무조건적으로 헌신적인 사랑을 쏟아 보듬어주는 아가페적 사랑의 이타적 남자에게 무너지게 되어 있습니다. 가버린 테세우스의 옛사랑에 눈물지을 겨를도 없이 아리아드네는 다가온 디오니소스의 사랑을 기쁘게 받아들여요.

이것이 아리아드네 결혼식 사진에 테세우스 대신 디오니소스가 등장하게 된 사연의 전말입니다. 천만 년 굳셀 것 같던 사랑이 깨지면 눈물 흘

• 디오니소스와 아리아드네 결혼식 중에서 디오니소스_BC 2~BC 1세기_나폴리 박물관_폼페이 출토.
•• 디오니소스와 아리아드네 결혼식 중에서 아리아드네. 포도나무 가지로 만든 관을 쓰고 있는데, 이는 디오니소스와 결혼했음을 의미한다.

리며 슬퍼하는 사람도 있지만, 웃음 지으며 기뻐하는 사람도 있는 법이죠. 그래서 세상일이 크게 뒤틀리지 않고 이리저리 얽혀 돌아가는 것 아닐까요.

집념 강한 포세이돈의 사랑방정식
'열 번 찍어 안 넘어 가는 여자 없다. 얻을 때까지 구하라.'

2번 전시실에서 함께 있는 《포세이돈과 암피트리테의 나들이》를 보면, 바람둥이로 소문난 포세이돈이 암피트리테의 사랑을 어떻게 얻었을

포세이돈과 암피트리테의 나들이_나폴리 박물관_폼페이 출토

까 궁금해집니다. 《포세이돈과 암피트리테의 나들이》에 담겨 있는 신화 속으로 들어가보죠.

 바람둥이로 소문난 포세이돈이 암피트리테에게 흔한 말로 필이 꽂혔어요. 헌데, 바람둥이 배우자를 좋아할 사람이 어디 있겠어요. 암피트리테가 포세이돈의 구애를 거절한 것은 당연한 일입니다. 여자들은 싫은 사람이 스토커처럼 귀찮게 따라붙으면 종적을 감추죠. 암피트리테도 포세이돈의 손아귀에서 벗어나기 위해 숨어버립니다. 포세이돈도 호락호락한 남자는 아니었어요. "흥, 네가 뛰어봤자 내 손바닥 안이지. 가봐라. 어디라도 찾아낸다." 포세이돈은 포기하지 않고 자신이 관장하는 바다의 생물들에게 암피트리테를 찾아내라는 특명을 내렸죠. 암피트리테는 바다의 요정이니 바다 밖으로 나갈 수는 없고, 바다 속 어딘가에 숨었겠죠. 돌격대장 돌고래가 물불 안 가리고 수소문한 끝에 바다 깊숙이 자리한 아틀라스의 집에 숨어 있는 암피트리테를 찾아냅니다.

돌고래의 안내로 포세이돈이 암피트리테를 찾아와 청혼하고 마침내 결혼을 합니다. 공을 세운 돌고래는 바다의 생물 가운데 늘 윗자리를 차지하며 바다를 상징하게 되죠. 훗날 하늘에 자신의 별자리도 마련하는 특전도 누립니다. 포세이돈은 비록 바람둥이지만, 은혜를 갚을 줄은 아네요. 돌고래를 보면 연산군을 위해 전국으로 미녀를 찾으러 다녔던 조선의 관리 채홍준사採紅駿使가 생각나요. 그 후예들도요. 사후에도 잘나간 돌고래와 달리 뒤끝이 좋지 않았던 유신독재정권 시절의 채홍사들의 비극적인 인생역정은 많은 것을 생각하게 합니다.

이국적인 나일 강의 정취: 일상을 그려내는 모자이크

노새 마차가 사랑 타령을 하다가 3번 전시실 앞에 멈추어 섰네요. 잠시 일상의 생활사를 간직한 역에 하차합니다. 베수비오 화산 폭발로 잿더미에 묻혔다가 18세기부터 발굴된 폼페이 유적 가운데 '파우노의 집'에서 발굴된 주옥 같은 모자이크가 3, 4번 전시실에 모셔져 있거든요. 초대형 저택이었던 파우노의 집 모자이크 가운데 주요 작품을 모두 걷어왔는데요. 부잣집 파우노의 집에 들러 하룻밤 유숙을 청하며 예술작품 좀 감상해야겠어요. 소재와 제작기법, 색상에서 개성이 넘치고 아름다움이 솟아납니다. 당시의 부와 호사스러움, 예술품에 대한 기호가 머리 속에 그려져요.

　파우노의 집 야외정원 페리스틸리움 기둥을 지나 엑세드라넓은 홀의 야외식당 문턱에 설치했던 《나일 강 풍경》이 눈에 들어옵니다. 여러 종류의 새와 하마, 악어는 물론 코브라가 똬리를 틀고 앉아 이국적인 나일 강의 생태를 보여주죠. 과연 그리스·로마 판 「동물의 왕국」입니다. 나일강 소재 모자이크들은 프톨레마이오스 왕조의 수도로 헬레니즘 문명의 상징적 중심도시인 알렉산드리아에서 모자이크를 만들던 장인들이 이탈리아 본토까지 보급한 것으로 추정돼요.

　나일 강은 이름만 들어도 설레는 신비와 매혹의 강이죠. 길이가 6690킬로미터로 지구에서 가장 길어요. 남쪽에서 북쪽으로 흐르는 보기 드문 강이고요. 한강의 길이가 480킬로미터니 나일 강의 여정을 짐작해볼 수 있죠. 길이보다 더 중요한 것은 이집트 문명을 잉태한 젖줄이란 점입니다. 영원한 수수께끼를 안고 뜨거운 대륙을 적시며 흐르는 나일 강은 가슴속에 무한한 상상력을 불러일으켜요. 둘레가 1만 리3400킬로미터에 달하는 아프리카 최대, 세계 제2의 담수호 빅토리아 호우간다, 탄자니아, 케냐에 걸쳐 있음에서 흘러드는 백나일과 이디오피아에서 흘러나오는 청나일의 거대한 두 물줄기가 수단의 수도 하르툼에서 합쳐져 비로소 나일 강으로 불리는데요. 양수리에서 북한강과 남한강이 합쳐져 한강이란 이름을 얻는 것과 비슷하네요.

　나일 강은 이집트 국경 안으로 들어오면 주변의 무성한 밀림은 타들어 가는 사막으로 바뀌고 오직 한 줄기의 강물이 주변 땅에 풍요의 축복을 내리며 지중해 근처 삼각주로 흐릅니다. 주인을 바꿔가며 존속했던 나일

1	2
3	4
5	6

1. 나일 강 풍경 중에서 하마와 코브라_BC 2~BC 1세기_나폴리 박물관_폼페이 파우노의 집 출토. 이국적인 나일 강의 풍경이 모자이크의 좋은 소재가 됐다.

2. 나일 강 풍경 중에서 새. 다양한 종류의 새들이 투명한 수채화를 보는 느낌이다.

3. 고양이와 메추리_BC 2~BC 1세기_나폴리 박물관_폼페이 파우노의 집 출토. 소재와 구도가 팔라쪼 마시모의 《고양이와 메추리》와 같다.

4. 바다 생선_BC 2~BC 1세기_나폴리 박물관_폼페이 파우노의 집 출토. 먹을 수 있는 각종 생선을 모아놓았다.

5-6. 탈_BC 2~BC 1세기_나폴리 박물관_폼페이 파우노의 집 출토. 테세라를 활용한 헬레니즘 풍 모자이크의 길작으로 손색없다. 가로 2.9m 세로 0.5m 크기로 좌우 두 개가 대칭을 이룬다.

문명의 중심축이 상 이집트의 내륙 사막에서 하 이집트의 지중해 권역으로 바뀐 것은 BC 4세기 말이에요. 알렉산더의 원정 이후 프톨레마이오스 장군이 알렉산드리아에 왕조를 열면서부터죠. 나일 강 삼각주에서 나오는 엄청난 양의 밀과 파피루스를 바탕으로 프톨레마이오스 왕조는 번영을 누렸고, 학문과 예술도 만개하니 요즘 빠리나 뉴욕을 합쳐놓은 도시라고나 할까요. 요즘 이집트를 생각하면 안 됩니다. 그리스·로마 인은 나일 강의 풍요와 이국적 향취를 예술소재로 즐겨 사용했어요. 요즘도 그렇잖아요. 장식용 사진이나 그림을 고를 때 가보기 어려운 먼 나라, 잘사는 나라의 풍경으로 남태평양 야자수, 알프스 설원, 초고층 도심지 등을 고르잖아요.

《고양이와 메추리》도 3번 전시실을 장식합니다. 파우노의 집 실내정원인 아트리움을 지나 첫번째 방을 장식하던 모자이크인데요. 로마의 국립박물관 팔라쪼 마시모 2층 3번 갤러리에 전시된 《고양이와 메추리》 작품과 소재와 구도가 같습니다. 두 장면을 하나의 화면에 담았는데요, 위는 고양이가 메추리를 무는 장면이고 그 아래는 청동오리 두 마리가 다정하게 앉아 있는 모습이죠. 하지만 이 작품이 색상도 선명하고 화려하며 사실적인 표현기법도 더 뛰어납니다. 생선까지 넣어 소재의 폭도 넓혔고요. 이 외에도 비극을 연기할 때 쓰던 《탈》,《바다 생선》,《호랑이를 탄 디오니소스》,《보석상자와 새》 등이 파우노의 집에서 발굴되어 이곳에서 손님을 맞고 있답니다.

특기할 만한 것은 비둘기가 물그릇에서 물을 쪼아 먹는 《비둘기와 물그릇》예요. 나폴리 근교의 산타마리아 카푸아 베테레에서 출토된 작품으

● 비둘기와 물그릇_BC 1세기_나폴리 박물관_산타마리아 카푸아 베테레 출토
●● 메두사_나폴리 박물관
●●● 해골_나폴리 박물관. 특이하게 해골을 호랑나비와 마차바퀴와 함께 배치했다.

로 BC 1세기에 제작됐어요. 헬레니즘 문명기 알렉산드리아와 함께 또 다른 번영의 한 축을 담당했던 문명 도시 페르가몬의 빼어난 모자이크 예술가 소수스가 도안한 모자이크 소재를 복제하거나 변형해 제작한 것으로 추정됩니다. 앞서 로마 카피톨리니 박물관에서 살펴본《비둘기와 물그릇》도 마찬가지예요.

헬레니즘 풍의 로마 시대 모자이크를 보면 이와 비슷한 정경이 많습니다. 서로 멀리 떨어져 있는 지역에서 발견된 모자이크인데도 구도와 분위기가 아주 닮은 이유는 무엇일까요. 모자이크 제작자들이 이른바 디자인을 미리 만들어놓은 책Pattern Book을 보고 시공했거나, 사각형 테두리 안에 들어갈 엠블레마를 만들어 수출했기 때문으로 풀이됩니다. 부유층의 평범한《여인》, 죽음을 상징하는《해골》과《메두사》도 자리를 지킵니다.《여인》의 귀부인은 우아한 분위기에 귀걸이를 해달고 머리도 세련되게 손질한 채 단정하게 앉아 있지만, 왠지 우울해

보이네요.

알렉산더의 승리와 다리우스의 패배: 역사를 기록하는 모자이크

 노새 마차가 종착역을 향해 속력을 냅니다. 나폴리 박물관 모자이크 전시실의 마지막 공간인 4번 전시실로 들어가는데요. 폼페이 파우노의 집에서 야외 엑세드라 바닥을 장식했던 거대한 모자이크가 벽면 가득 장엄하게 펼쳐져요. 모자이크의 대명사로 불릴 만큼 널리 알려진 작품이어서 그런가 전시실 가장 안쪽에 보존되어 있답니다. 다른 모자이크의 경우 코앞에서 바로 볼 수 있도록 걸어놓은 것과 달리 멀찌감치 10미터 앞에 투명유리로 차폐막을 쳐 탐방객의 근접을 막을 만큼 융숭한 대접을 해줍니다.

 마케도니아의 정복왕 알렉산더와 당시 세계 최대 제국 페르시아의 다리우스 3세가 BC 333년 벌였던 '이수스 전투'를 다룬 모자이크입니다. 이수스 전투가 아니라 2년 뒤에 벌어진 BC 331년 다리우스 3세와 페르시아를 결정적으로 궤멸시킨 '과가멜라 전투'라고 주장하는 이도 있습니다. 그 근거는 모자이크에 등장하는 고사목枯死木인데요. 이수스는 터키 남부 비옥한 땅에 자리합니다. 일 년 내내 들판이 푸르죠. 대신 과가멜라는 오늘날 이라크 북부 쿠르드 자치주인 아르빌과 모술 근처 사막지대예요. 고사목은 사막에 흔하니까 과가멜라라는 겁니다. 우리 자이툰 부대가 가 있는 곳인데요. 필자가 볼 때는 고사목이 있다고 과가멜라 전투라고 보는 것은 다소 무리일 것 같아요. 숲 속 정경을 그릴 때도 나무를 고사목으로 표현하는 경우가 있거든요. 코스 섬의 《파리스의 심판》이 그렇죠.

• 이수스 전투_BC 3세기 말~BC 2세기 초_나폴리 박물관_폼페이 파우노의 집 출토. 공격을 주도하는 알렉산더와 그리스 군의 용감한 모습, 이와 달리 겁먹은 다리우스와 페르시아 군의 모습이 대조적으로 묘사됐다.

　아무튼 어느 전쟁이든 페르시아의 멸망과 헬레니즘의 시작이라는 역동적인 역사를 다뤘다는 점에서 이목을 끄는데요. 역사적인 무게에 걸맞게 규모도 커서 보는 이를 압도합니다. 세로 3.13미터에, 가로가 5.82미터이고 무려 150만 개의 미세한 테세라를 사용한 대작이죠. 헬레니즘 시기 예술가들이 선호했던 흑, 백, 적, 황의 네 가지 색을 사용해 전체적으로 무게 있고 장중한 분위기를 자아냅니다. 전쟁이라는 주제, 나아가 세계사의 한 획을 긋는 묵직한 사건에 적합한 색상이죠. 치열한 전투장면과 등장인물의 동작과 표정을 섬세하고 생생하게 표현해냈어요. 말들의 역동적인 움직임과 표정도 사실성을 더해주고요. 이 모자이크는 알렉산더와 동시대에 살았던 화가 아펠레스나 BC 4세기 말의 화가 필록케노스의 그림을 모방해서 모자이크로 제작한 것으로 여겨집니다. 전쟁장면을 그대로 담아 전하는 역사기록화라 볼 수 있죠.

알렉산더의 모습을 볼까요. 가슴에 메두사를 그려넣었는데요, BC 4세기 그리스 문명권에서 애용하던 무늬입니다. 그가 타고 있는 말은 그 유명

이수스 전투 중에서 말. 말의 표정과 역동성이 생생하게 표현됐다.

한 부케팔로스예요. 그리스 신화에 나오는 명마 페가소스에 해당하겠지요. 전차를 타고 있는 다리우스는 겁먹은 표정이고, 전차병은 도망치려는 기색이 역력합니다. 승패가 갈린 전투의 인물 표정이 생생하게 전달되죠. 물론 승리한 측의 일방적인 왜곡일 수도 있고요. 용감하게 지는 경우도 많거든요. 수많은 창, 병사들, 쓰러진 말이 한데 엉켜 아비규환의 전쟁터를 적나라하게 그려냅니다.

당대의 최고 걸작이었을 이 모자이크가 폼페이 '파우노의 집'에서 발굴된 것은 1831년인데, 아직 나폴리가 이탈리아 영토가 아닐 때죠. 1843년 고고학자들은 작품을 현장에서 걷어 나폴리 박물관으로 옮겨왔는데요. 이 모자이크에서 몇 가지 결점을 찾아냈어요. 일부 인물이나 말이 신체구조의 비례가 맞지 않아서 표현이 어색하다는 겁니다. 이유는 두 가지예요. 첫째, 미리 전문 생산공장에서 만들어둔 엠블레마 판넬을 모자이크 설치장소로 옮겨 설치하는 과정에서 생긴 오류라는 주장이죠. 둘째, 독일 학자의 주장은 좀 색다릅니다. 헬레니즘 문화권의 지중해 동부 어딘가에

- 이수스 전투 중에서 알렉산더. 투구도 쓰지 않은 채 공격에 몰두하는 용맹스런 청년 알렉산더를 잘 표현했다.
- 이수스 전투 중에서 다리우스. 겁을 잔뜩 집어먹은 표정에서 위세와 오만함이 배어 있는 승자측 표현임을 알 수 있다.

설치했던 작품인데, 로마 인이 이 지역을 정복한 뒤 강탈해 폼페이 유력자의 집에 다시 설치하면서 생긴 결과라는 거죠. 후자가 더 설득력을 얻고 있습니다.

《이수스 전투》 모자이크와 관련해 2003년 새로운 프로젝트가 추진됐습니다. 원작과 똑같은 복제품을 제작하는 것이에요. 서로마제국의 마지막 수도이면서 5세기 기독교 모자이크의 중심지이던 라벤나의 국제 모자이크 연구교육 센터CISIM가 기존 모자이크와 판박이인 새 모자이크를 만들어냈어요. 원작에 44개의 점토판을 얹어 모양을 떠낸 복제품 제작에 22개월이 걸렸습니다. 이 복제품은 어디에 설치됐을까요. 쉽게 생각해볼 수 있습니다. 진품이 있던 그 자리, 2005년 폼페이에 있는 파우노의 집 엑세드라 바닥에 앉혔어요. 1843년 모자이크를 걷어내 나폴리 박물관으로 온 뒤 빈 공간으로 남아 있었죠.

알렉산더의 고국은 그리스 문명권의 변방인 마케도니아예요. BC 359년 부친 필리포스 2세가 왕이 됐을 때 그리스 도시국가들은 오랜 내전으로 피폐해져 있었죠. 필리포스 2세는 고분고분하지 않던 귀족들을 길들이고, 지역 호족들의 준동을 잠재운 뒤 마케도니아를 강력한 군사국가로 탈바꿈시켰습니다. 이후 노쇠해 힘 빠진 그리스 도시국가들을 하나씩 제압했어요. BC 338년에는 마침내 델로스 동맹의 후신인 2차 아테네 동맹을 해체시키고 그리스 도시국가들을 망라해 헬라스 동맹을 결성하고 맹주가 됩니다. 그리스 역사에서 처음 등장하는 단일 지도체제인데요, 마케도니아가 모든 도시국가들 위에 군림하는 패자로 등장한 것이죠. 아테네도 스파르타도 이루지 못했던 위업이에요. 필리포스 2세는 이어 페르시아 정벌 연합군을 조직하지만, BC 336년 암살되면서 원정에는 나서지 못합니다.

그리고 스무 살이던 아들 알렉산더가 왕위에 올라요. 그는 BC 323년 서른세 살의 나이로 죽을 때까지 13년 동안 빛나는 업적을 쌓는데요. 아버지 사후 잠시 혼란해진 도시국가들을 평정한 뒤, BC 334년 연합군을 이끌고 페르시아 정벌길에 오릅니다. 헬레스폰트를 건너 아나톨리아 북부를 손에 넣은 알렉산더는 BC 333년 이수스에서 다리우스 3세가 이끄는 대군을 격파하죠. 이 전투로 시리아, 레바논, 이스라엘의 오리엔트를 차례로 접수하게 됩니다. 이어 찬란한 문명의 보고 이집트를 차지한 뒤 페르시아 제국의 심장부인 메소포타미아 내부로 쳐들어갔어요. BC 331년 오늘날 이라크 북부 과가멜라 전투에서 다리우스에게 대승을 거두고 마침내 페르시아 제국을 멸망시킵니다. 이후에는 발길 닿는 대로 알렉산더의 세상이 되죠. 문명의 고도 바빌론, 페르시아의 수도 페르세폴리스를 거쳐 카스피 해까지 간 뒤, 북동진해서 서역西域이라고 불리는 중앙아시아를 정벌합니다. 하지만 여기까지였어요. 인도 원정을 위해 남하했지만, 고전 끝에 인더스 강에서 원정의 발길을 돌려야 했거든요. 알렉산더는 정복지역에 무려 70개의 알렉산드리아를 건설했는데요. 당시까지 전쟁사에서 가장 넓은 지역을 망라합니다.

결혼에 무심했던 그는 스물아홉 살이던 BC 327년 추운 겨울 페르시아의 박트리아아프가니스탄과 우즈베키스탄 지역을 공략하면서 조기 종전의 방편으로 결혼을 선택합니다. 현지 공주와의 정략결혼으로 평화를 얻은 거죠. 희대 영웅 알렉산더와 만난 박트리아 공주는 록사나빛나는 아름다움였어요. 그렇지만 그 넓은 페르시아 지역을 정복하면서 '빛나는 아름다움' 이 한 명일 수는 없겠죠. 인도원정을 중단하고 돌아온 알렉산더는 BC 324년 페르시아 제국의 겨울 궁전이던 수사에서 그 유명한 동서융합 정책의 현실적 방법론인 동서결혼 정책을 실현시킵니다. 록사나와 알렉산더의 결혼이 그랬듯이 성대한 결혼식은 전략의 산물이죠. 알렉산더가 추가로 차지한 '빛나는 아름다움' 은 누구였을까요. 다리우스 3세의 아내로 페르시아 최고 미녀라는 스타티라를 꼭 빼닮은 딸 스타티라죠. 그리스·로마 시대에는 딸과 엄마의 이름이 같은 경우가 많았답니다. 알렉산더가 졸지에 다리우스 3세의 사위가 된거죠. 적장의 사위, 이런 아이러니가 있나요. 알렉산더는 다른 왕녀 한 명을 추가로 얻어 결혼식을 치렀으니, 록사나를 합해 부인이 세 명이네요. 알렉산더는 형제 같던 동지 헤파이스티온에게는 딸 스타티라의 여동생 드리페티스를 맺어줘 동서가 됩니다.

알렉산더는 아라비아 사막 부족을 잠재우고 이미 정복한 이집트를 거쳐 리비아와 서지중해의 강자 카르타고를 정벌한 뒤 새롭게 세력을 키워가던 로마도 평정한다는 야심찬 계획을 세웠죠. 이 계획이 성공했다면 역사가 많이 달라졌을 거예요. 그러나 친구 헤파이스티온이 BC 324년 10월 메드터키와 이라크, 이란 국경지방 엑바탄에서 죽었어요. 전쟁영웅 아킬레스와 친구 파트로클로스에 비유되는 알렉산더와 헤파이스티온. 알렉산더는 크게 상심해 폭음을 일삼았어요. 아라비아 대장정 출발 예정일인 BC 323년 6월 20일을 보름여 앞두고 저녁 향연 석상에서 쓰러져 그 열흘 뒤에 숨을 거둡니다. 알렉산더의 정복활동은 이렇게 서른세 살로 종말을 고합니다.

다리우스 3세는 알렉산더가 최고의 정복왕에 오를 수 있도록 패배자의 역할을 맡았고, 처자까지 빼앗기는 수모를 겪으며 암살당한 비운의 제왕이었어요. 사실 알렉산더와 다리우스 3세는 같은 해 그러니까 BC 336년에 왕위에 올랐어요. 왕위에 오를 때 둘의 위상은 하늘땅만큼이나 차이가 컸습니다. 알렉산더는 비록 헬라스 동맹의 맹주라고 하나 그리스 민족이 세운 수백 개 국가 가운데 하나인 마케도니아의 왕에 불과했고요. 다리우스는 세계 최대 제국으로 중앙아시아, 서남아시아, 오리엔트, 북아프리카, 아나톨리아를 관장하는 제왕이었습니다. 둘의 운명을 건 일전은 왕위에 오른 지 3년 뒤 이수스에서 펼쳐졌어요. 그런데 예상을 뒤엎고 알렉산더가 대승을 거뒀죠. 다리우스는 아내와 딸들을 뒤로 한 채 도망가기에 바빴지만 순순히 물러서지는 않았습니다. 2년 뒤인 BC 331년 티그리스 강변 그러니까, 이라크 북부 과가멜라에서 다시 일전을 벌이지만 결과는 페르시아 군의 궤멸이었죠. 간신히 목숨을 건져 도망친 다리우스는 박트리아로 가 재기를 노렸지만, 이듬해 지역 사트라프총독이자 사촌인 베수스에게 암살되고 맙니다. 알렉산더와 결혼했던 그의 딸 스타티라와 드리페티스는 어떻게 됐을까요. 알렉산더가 죽은 뒤 제1부인 록사나에게 암살당해요.

뜨거운 남녀 상열지사 : 성문화를 엿보는 모자이크(4번 전시실)
《이수스 전투》에서 느낀 흥분이 채 가시지 않은 채 주변을 두리번거리는 순간 흥미로운 모자이크 한 점이 손짓을 합니다. 급히 발길을 돌려 다가간 작품은 《판과 하마드리아데스》입니다. 왼쪽은 판인데, 판의 상징은 털이 북실북실한 염소다리죠. 가운데 남성을 불끈 세우고, 마른 침을 꿀꺽 삼키는 음탕한 표정으로 한 여인에게 달려듭니다. 헤르메스의 아들로 숲속의 정령인 판은 그리스 신화에서 목축을 관장하는 신이자 호색한으로 그려지죠. 그리스와 로마에서 목동들은 가축이 번성하거나 반대로 병에 걸려 잘 자라지 않을 때 모두 판의 탓으로 돌렸어요. 그리스·로마 사회에서 목축은 우리의 벼농사만큼이나 중요했죠. 그러니 판은 비중 있는 신이자 두려운 존재였답니다. 공포라는 패닉Panic의 어원이 판Pan일 정도죠.

판이 잔뜩 달아올라서 유혹하려는 여인은 하마드리아데스랍니다. 하마드리아데스는 그리스 신화에서 참 독특한 캐릭터예요. 나무 요정의 일종인데요, 그렇다고 불사의 신은 아니고요. 나무와 함께 태어나 평생 나무와 한 덩어리가 되어 살다 죽는답니다. 나무가 보통 수백 년 수천 년 사는 경우도 있으니 거의 신의 반열로 보는 거예요. 나무를 함부로 베거나 자르면 나무 요정 하마드리아데스가 벌을 주죠. 하마드리아데스는 아버지 옥실로스와 어머니 하마드리아스 사이에 태어난 여덟 자매입니다. 카리아호두 혹은 헤이즐넛, 발라노스참나무, 크라네이아산딸나무, 모레아뽕나무, 아이게이로스검은 포플러, 프텔레아느릅나무, 암펠로스머루, 시케무화과예요.

판과 하마드리아데스_나폴리 박물관. 왼쪽이 염소 다리의 판, 오른쪽이 나무 요정 하마드리아데스

노새 마차 탑승객들은 나폴리 박물관의 모자이크 전시관 종착역 4번 전시실에서 《판과 하마드리아데스》 옆에 전시중인 한 점의 모자이크를 통해 그리스·로마 시대 성문화의 절정으로 들어가보는데요. 최고의 하이라이트죠. 이 작품을 놓치면 모자이크 탐방은 도로아미타불입니다. 그리스·로마 인의 사랑과 성에 대한 분방한 인식이 그대로 담겨 있는 《정사》는 정말 살짝 엿봐야 합니다. 눈앞에 펼쳐지는 원초적인 모습이 너무 적나라하거든요.

이탈리아 153

우선 색 대비가 강렬한 인상을 던지죠. 흑백의 조화가 빚어내는 묘한 감흥과 자극이 있습니다. 흔히 남자는 햇빛에 그을리고, 여자는 박속처럼 흰 피부를 아름다운 색으로 치죠. 구릿빛 단단한 근육에서 강한 남성의 체취와 야성미가 물씬 풍기고, 하얗게 살진 몸집에서 여체가 발산할 수 있는 최고의 미덕, 즉 부드러움과 섹시함이 넘쳐흐르죠. 둘이 한데 엉켜 빚어내는 육체의 향연. 두 사람의 표정과 동작이 너무 진지하면서도 해학적인데요. 둘은 전문 모델일까요, 아니면 집주인일까요. 이 둘은 숲속에 사는 디오니소스의 추종자 사티로스와 디오니소스 제례의식에서 광적인 춤을 추는 마에나드입니다. 그리스 신화에서 둘은 신성한 디오니소스를

정사_BC 2~BC 1세기_나폴리 박물관_폼페이 파우노의 집 출토. 사티로스와 마에나드가 벌이는 육체의 향연

모시는 입장이면서도 무척이나 색을 밝히는 인물로 묘사되죠. 우리식으로는 변강쇠와 옹녀의 만남에 견줄 수 있을 겁니다. 외설적인 애정표현이지만, 남녀상열지사라 낮춰 보기 어렵습니다. 고려가요와 문화상을 비방하던 조선 성리학자들의 젠체하는 헛기침이 들어설 공간은 좁아 보여요. 데카르트가 말한 "생각한다, 고로 존재한다."에서 한발 더 나아가죠. "생각하니까 존재하는 게 아니라, 사랑하니까 존재한다."는 가치관을 증명하듯 즐거움과 행복을 실천으로 만끽하는 필부필부匹夫匹婦의 모습이 더 자연스럽잖아요.

 이 《정사》 역시 《이수스 전투》가 발굴된 '파우노의 집'에서 출토됐어요. 알렉산더의 영웅적 업적도 숭배했지만, 뜨거운 사랑에도 관심이 많던 주인임에 틀림없죠. 이렇게 노골적인 묘사의 작품은 BC 2~BC 1세기에 제작된 것으로 추정됩니다. 로마가 그리스 문명의 후계자 헬레니즘 문화를 받아들이던 때예요. 알렉산더 모자이크는 야외 엑세드라에, 정사 모자이크는 침실에 설치했었죠.

 노새 마차를 타고 함께한 나폴리 박물관 모자이크 탐방이 흥미롭고 즐거웠나요. 이제 마차에서 내리기 전에 딱 한 작품만 더 감상하며 로마 인들의 분방한 성인식의 대미를 장식하고자 합니다. 《나일 강 선상 에로틱 파티》입니다. 이탈리아 반도에서 발달한 특유의 흑백 모자이크인데 갑자기 흑백으로 표현한 작품을 보자니 자꾸 어릿어릿하죠. 전체 구도를 보면 하마와 악어, 그리고 각종 물새가 노닐고 열대의 수풀이 우거진 가운데, 세 척의 배가 좌우, 아래쪽 이렇게 세 방향에 놓여 있습니다. 세 명의 피그미가 보이고요.

나일 강 선상 에로틱 파티_나폴리 박물관. 배 안에서 무슨 일이 벌어지고 있는지에 대한 답은 스스로 찾아야 한다.

자, 눈을 크게 뜨고 찬찬히 배를 살펴봅니다. 먼저 아래쪽인데, 배 위에 남녀가 알몸으로 마주 앉았죠. 왼쪽이 남자, 오른쪽이 여자예요. 다리와 다리가 서로 교차해 바짝 붙은 상태입니다. 그저 그런 평범한 사진 같죠. 그렇다면 이제 책을 돌려 왼쪽 배를 봐요. 뭐하는 자세인지 알 수 있답니다. 사진의 방향을 바꿔가며 보면 라틴어로 이런 말이 떠올라요. '코이투스 모레 페라룸coitus more ferarum, 후배위'. 요즘 초호화판 요트를 저 푸른 바다 위에 띄워놓고 서양의 유한 남녀들이 펼치는 행사도 아니고, 로마 시대 나일 강에서 펼치던 상류층의 놀이문화랍니다.

고대 그리스·로마 사회에서는 정사를 벌이면 남녀 누가 더 즐거울 거라고 생각했을까요. 숱하게 바람을 피우고 다닌 제우스가 아내 헤라와 이 문제를 놓고 다퉜어요. 남자가 더 즐겁다는 헤라. 이유는 남편이 늘 바람을 피우고 다니니까. 남자가 즐거우니까 자기는 가만히 있는데 남편 제우스는 바람피운다고 생각한 거죠. 반면 여자가 더 즐겁다는 제우스. 한참을 다툰 끝에 제3자의 의견을 묻는데요. 점쟁이 티레시아스가 불려왔어요. 그는 점잖지 못하게 교미하는 뱀을 회초리로 때렸다가 사랑놀이 방해 죄로 여자가 됐죠. 7년 뒤 뱀이 교미하는 장면을 보고 화풀이로 다시 후려쳤다가 본래의 남자로 돌아왔고요. 기이한 이력의 소유자죠. 남자와 여자를 두루 경험해봤으니 양쪽의 마음을 잘 알 수 있으리라는 판단이 그를 심판관의 자리에 앉혔어요.

제우스와 헤라가 묻습니다. "방중지사房中之事에서 즐거움이 열 개라면 이 가운데 아홉 개는 누구의 몫인지 말하라." 티레시아스가 대답합니다. "여자 몫입니다." 노한 헤라는 그 자리에서 티레시아스를 장님으로 만들었어요. 난처해진 제우스가 티레시아스에게 미래를 보는 능력과 일곱 세대에 걸쳐 장수를 누리는 행운을 보장했어요. 티레시아스에서 보듯 독재자 앞에서 진실을 말한다는 건 목숨을 맡기는 것이나 마찬가지죠. 우리는 이 대목에서 자유로울까요. 양심과 표현, 언론의 자유가 보장되는가요. 보수와 진보를 떠나 이 지구 어느 민주주의 국가에서 표현의 자유를 제한하는지. 더 큰 문제는 언론 스스로 진실에 눈감고 한쪽만 바라보는 현상이죠.

폼페이

비극이 남긴 신의 선물: 베수비오 분화

나폴리의 선정적이면서도 학구적인 모자이크 탐방을 마치고 야외유적지로 나옵니다. 폼페이는 지중해 연안에 위치한 로마 시대의 도시 가운데 가장 인상적인 모습으로 기억돼요. 활기찬 국제무역항 폼페이는 79년 베수비오 화산 대폭발 때 한순간에 화산재로 뒤덮인 비극의 도시죠. 인구 2만여 명 가운데 10퍼센트가 숨지고 땅 위의 모든 것이 용암과 화산재 아래 묻혔답니다. 이 대목은 소설『폼페이 최후의 날』에 자세히 묘사돼 있어요. 영국의 소설가 리턴이 쓴 장편 역사소설인데요. 아테네의 명문 출신 청년 글라우쿠스의 이야기를 통해 화산 분화의 모습과 당시 건축, 풍습, 종교 등을 소상하게 전해주는 작품입니다. 발간된 해가 1834년인데, 아직 폼페이의 실체가 다 드러나지 않은 시점에 이렇게 뛰어난 작품을 쓸 수 있었다는 게 놀라워요.

간헐적인 도굴에서 벗어나 폼페이에 대한 체계적인 발굴이 시작된 것은 1748년이랍니다. 이후 조금씩 검은 화산재를 털고 일어났어요. 전설로 전해지고 문헌기록에 숨어 있던 모습을 눈앞의 현실로 되살려놓았죠. 폼페이가 새 생명을 얻으면서 로마 제국의 문명상도 실체를 되찾습니다. 로마의 도시구조, 생활터전이 고스란히 발굴된 덕분이죠. 아직도 폼페이 성곽 내부의 25퍼센트 정도가 발굴되지 않고 남아 있으니, 발굴은 현재진행형이에요. BC 8세기에는 오스크 인, BC 6세기에는 그리스 인, BC 5세기에는 삼니움 족의 지배를 거쳐 BC 89년에는 로마에 편입되어 번영하다

잠들었던 폼페이는 이집트 기자의 피라미드와 함께 가장 찾고 싶은 유적지로 역사에 길이 남을 게 틀림없습니다. 오스티아가 훌륭한 로마의 교과서라면 폼페이는 정녕 살아 숨쉬는 로마의 백과사전이라 부를 수 있죠. 나폴리 중앙역에서 순환철도 키르쿰 베수비아나를 타고 베수비오 화산과 주변 전원 풍경을 음미하며 달리면 폼페이 스카비 역에 도착합니다. 역 바로 앞이 폼페이 유적지예요.

모자이크는 그리 많지 않아요. 폼페이에서 컬러 테세라 모자이크가 출토된 집은 단 세 군데에 불과하죠. 이를 통해 학자들은 당시 이탈리아 반도에 컬러 테세라 모자이크가 널리 보급된 것은 아니라는 견해도 내놓습니다. 또 발굴된 주요 컬러 모자이크는 박물관으로 실어내 현장에서 보기 어렵죠. 하지만 흑백 모자이크는 여럿 남아 있어요. 특히 교외 목욕탕의 분수 모자이크는 후한 점수를 줘도 아깝지 않아요. 잿빛 유적 아래 반짝이는 모자이크 숨결을 탐방 코스를 따라 하나씩 소개합니다. 폼페이에 있는 모자이크는 화산재에 매몰되던 79년 이전 그러니까 BC 2~1세기에 제작된 것으로 보면 됩니다.

아프로디테의 탄생 : 분수 모자이크

먼저 모자이크를 만나는 곳은 유적지 입구에 있는 유적번호 1번 교외 목욕탕입니다. 사실 폼페이 탐방객의 극소수만이 이곳을 찾는데요. 이유는 자세한 내용을 담은 안내서가 없기 때문이에요. 한글 서적은 말할 것도 없고, 영어나 기타 외국어 책에서도 교외 목욕탕을 간단히 언급하고 지날 뿐 내부의 자세한 면모에 대해서는 입을 다물거든요. 따로 돈을 내

교외 목욕탕 분수_폼페이. 신전 형식의 목욕탕 모자이크

는 것은 아니지만, 입장권 살 때 '교외 목욕탕'이라는 말을 해 별도로 표를 받아 기다렸다 정해진 시간에 들어가야 합니다. 이곳을 놓치면 폼페이 탐방의 반은 헛일이 되고 마니 개인 탐방하는 분은 꼭 챙겨보세요.

목욕탕으로 들어가면 정원을 거쳐 왼쪽으로 프레스코의 방을 지나 궁륭형 탈의실 아포디테리움이 나옵니다. 적나라한 야색夜色의 프레스코 세계가 펼쳐지는데, 아쉽지만 이번 주제가 아니니 다음 기회로 미루고요. 왼쪽 통로를 따라 꺾어지면 역시 궁륭형 천장의 미지근한 온탕 테피다리움 오른쪽으로 냉탕 프리지다리움 벽면과 마주칩니다. 정말 깜짝 놀라도 좋을 만큼 아름다운 분수 모자이크가 유혹의 손짓을 보내요.

분수 모자이크는 몇 군데서 더 접할 수 있는데요. 현관에서 임플루비움의 잔해를 지나 멀리 안쪽 페리스틸리움을 바라보면 도리아 양식의 신전을 본딴 화려한 분수 모자이크가 시야에 잡힙니다. '큰 분수의 집'이에요. 작은 돌을 촘촘하게 붙여 만든 컬러 모자이크는 몇 번을 봐도 아름답죠. 돔 천장의 아치가 곡선미를 강조하는 가운데 실레노스의 돌 조각 아가리에서 물이 쏟아지고요. 작은 연못에는 에로스 상이 돌고래를 등에 지고 있답니다. 망원경이 있으면 멀리 떨어진 분수 모자이크를 바라보면 좋아요. '곰의 집'에도 반짝이는 분수 모자이크가 기다립니다. 늘 관광객이 몰려 집을 찾기 쉬워요. 파스텔톤의 푸른색이 신비스런 분위기를 자아내는 곰의 집 분수 모자이크는 한가운데 자리한 대형 조개에서 아프로디테가 태어나는 모습이 절정인데요. 특히 해질녘 낙조에 비친 모자이크는 황홀경이랍니다.

폼페이와 에르콜라노에서만 접할 수 있는 모자이크의 백미는 분수인데요. 이 분수 모자이크는 어떻게 생겨났을까요. 고대인은 물의 요정 님프가 생명수를 제공한다고 믿었습니다. 산속 바위로 둘러싸인 동굴 샘을 요정의 영이 깃든 신성한 장소로 본 거죠. 이를 인공적으로 재현해낸 샘이 분수입니다. 교외의 대형 빌라나 도시의 저택 도무스를 지을 때는 반드시 샘이 흐르는 동굴처럼 분수를 집안 실내정원이나 야외정원에 만들었어요. 꼭대기는 그리스·로마 신전 지붕의 삼각형 페디먼트 스타일을 따랐고요. 중간부는 궁륭형으로 둥글게 팠습니다. 표면에는 대리석이나 유리를 아주 잘게 썬 테세라를 붙여 선명하고 밝은 색상의 모자이크를 완성했죠. 가장자리에는 조개껍질을 테두리처럼 둘렀고요.

이런 분수는 집을 아름답게 치장하는 미적 기능과 함께 물이 새거나 벽에 스며들지 못하도록 하는 건축적 기능을 동시에 지녔답니다. 분수 모자이크 주변 벽에는 프레스코화를 그려넣어 아름다움을 더했죠. 박물학자 대大플리니우스는 이렇게 만든 분수 모자이크를 '무사이아Musaea'라고 불렀어요. 님프의 하나인 무사이Musae, 뮤즈에서 온 말인데, 오늘날 사용하는 모자이크Mosaic란 말의 어원으로 추정됩니다. 자세한 내용은 부록 '모자이크의 역사와 장르'에 있어요.

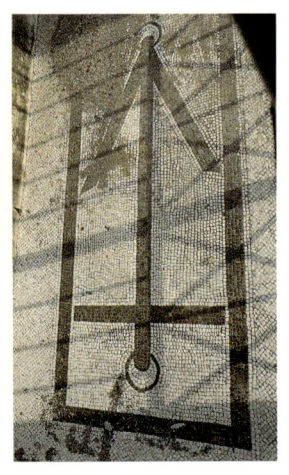

닻_폼페이

큰 분수의 집 맞은편으로 현관 입구에 《닻》을 그린 '닻의 집'이 보입니다. 폐쇄되어 있는 집 입구에 흙이 수북이 쌓여 있어 철망 사이로 손을 넣고 빗자루로 흙을 간신히 쓸어낸 뒤 사진을 찍을 수 있었어요. 닻은 그리스·로마 문명의 특징을 단적으로 보여주는 소재죠. 바다를 주 무대로 삼아 식민지 개척과 교역으로 국가경제를 떠받친 해양국가니까요. 당연히 항해가 중요한 사회적 관심사였습니다. 항해를 상징하는 돛이나 닻, 그리고 돌고래는 물론 바다 날씨와 풍랑을 관장하는 바다의 신 포세이돈이 주요 소재로 등장하죠. 포세이돈이 들고 다니는 삼지창을 그려넣기도 하고요. 포세이돈의 아들 트리톤과 바다요정 네레이드, 네레이드의 아버지인 대양의 신 오케아누스도 자주 등장해요. '백주년의 집79년 베수비오 화산이 폭발한 지 열여덟번째 백주년을 맞은 1879년 발굴돼 붙인 이름'에는 《바다 괴물》이 있고, 빵 공장 근처에 자리한 '카에지 블란디의 집'에는 《돌고래와 삼지창》이 바다를 상징합니다.

162 비키니 입은 그리스·로마

하늘색 프레스코와 레슬링 선수 : 쿠리아 이시아카

폼페이 탐방의 상징으로 여겨지는 장소가 폼페이 포룸이죠. 공간이 넓어 많은 사람이 모이기 좋은데다, 오늘날의 폼페이를 낳은 주인공인 베수비오 화산이 가장 잘 보이기 때문입니다. 포룸에서 남쪽으로 골목을 따라 내려가면 '기하학 모자이크의 집'이 나오는데, 그리스 신화를 잘 간직하고 있어요. 집 입구에서 실내정원 아트리움과 야외 회랑정원 페리스틸리움이 한눈에 들어오는 구조인데요. 회랑 옆 작은 방 바닥에 미로를 그린 흑백 모자이크가 눈길을 사로잡습니다. 테세우스가 처단한 반인반우 미노타우로스가 살던 미궁이죠.

모자이크의 집에서 조금 더 밑으로 내려가면 흑백 모자이크와 프레스코가 탐방객의 혼을 쏙 뺍니다. '쿠리아 이시아카_{이시아카 건물이란 의미}'랍니다. 건물 입구 베스티불룸 바닥의 《레슬링》이 눈길을 끄는데요. 예사롭지 않은 집 내부로 눈길을 돌리면 벽면 전체가 화려한 프레스코로 별천지를

• 레슬링_폼페이
•• 멧돼지_폼페이. 모자이크의 집 입구 베스티불룸에 미앤더 무늬 안쪽으로 멧돼지 한 마리가 웅크려 있다.

멧돼지 사냥_폼페이. 개 두 마리가 멧돼지를 쫓는 모습이 생생하고, 주변에 기하학적 무늬의 모자이크가 있다.

연출해내요. 하늘색의 밝은 분위기가 화산재에 묻혔던 잿빛 폼페이의 칙칙한 분위기를 한순간에 바꿔놓는데요. 안에 좀 들어가보면 좋으련만 출입을 막아 안타까웠습니다. 쿠리아 이시아카 바로 옆집에는 입구에 《멧돼지》가 그려진 모자이크의 집이 기다려요.

아본단짜 도로에서 오른쪽으로 첫 번째 건물이 공공 투표장소이던 코미티움이고, 그 다음 집은 '멧돼지 사냥의 집'입니다. 기하학 무늬를 배경으로 개 두 마리가 멧돼지를 공격하는 《멧돼지 사냥》이 있어 그렇게 불러요. 이곳에서 흑백 모자이크의 진수를 만날 수 있어요. 로마가 독특하게 발전시킨 흑백 모자이크는 기하학 무늬를 자주 사용합니다. 체인, 마름모다이아몬드, 마름모 별마름모가 모여 이루는 별 모양, 삼각형, 사각형, 육각형, 팔각형, 청어가시, 정육면체, 구불구불 물길이 늘어지며 교차하는 곡류曲流, 파도 물마루, 소용돌이, 선이 대각선으로 교차하는 무지개, 십자, 매듭, 심장 무늬, 만卍자, 바둑판, 줄무늬, 지그재그 등이 주를 이루고 이 밖에 촛대 무늬 칸델라브룸, 여전사 아마존이 들고 다니는 방패에서 유래한 방패 모양의 펠타초승달 두 개를 이어놓은 모양으로 굴곡진 무늬, 야자수 잎, 장미꽃 등의 다양한 무늬를 사용해 흑백의 단조로움을 벗어날 수 있었죠.

바둑이 모자이크가 먼저 인사하는 폼페이 식 손님맞이
: 비극 시인의 집

칼리굴라 개선문 왼쪽, 포룸 목욕탕 출구 앞을 지나자 개 짖는 소리가 들려와요. 어디일까. '비극 시인의 집' 입구 베스티불룸에서 큼직한 《개조심》 한 마리가 방문객을 맞습니다. 귀를 바짝 세우고 낯선 사람을 경계하는 눈초리가 예사롭지 않아요. 날카로운 발톱과 큰 덩치, 목에는 붉은색 가죽띠에 쇠밧줄을 달았고요. 그런데 왠지 친근하게 느껴져요. 입을 반쯤 벌리고 검은 바탕에 여기저기 흰색이 섞인 모습이 고향마을 바둑이를 닮았네요. 살아 있는 개가 아니라 모자이크 개입니다. 2000년 전부터 여기서 이렇게 집을 지키고 있었다니! 폼페이 인의 유머 감각은 물론 개의 끈기에 혀를 내두르게 되죠. 나폴리 박물관의 단순한 개 그림과 달리 여기에는 아예 라틴어로 적어놨어요. 개조심을 뜻하는 '카베 카넴CAVE CANEM.'

• 개조심 1_폼페이_비극 시인의 집 입구   •• 개조심 2_폼페이_케킬리오 지오콘도의 집 입구

카베 카넴 경고와 개는 여기에서만 만날 수 있는 게 아니에요. 폼페이의 유력한 은행가 '케킬리오 지오콘도의 집'에서는 은행가의 집답게 큼직한 금고가 출토됐는데요. 금고를 지키려면 아주 사나운 개가 필요했겠죠. 《개조심》 모자이크를 설치한 겁니다. '파쿠이오 프로쿨로의 집'도 《개조심》 모자이크가 집을 지키죠.

안녕하세요, 알렉산더: 파우노의 집

노새 마차를 타고 나폴리 박물관을 돌며 모자이크를 탐방할 때 가장 많이 듣던 이름이 '파우노의 집'이에요. 폼페이 주택 가운데 가장 화려하게 장식되어 있고 가장 많은 모자이크가 출토된 집이죠. 집 입구 오스티움 바닥에서 《하베HAVE, 안녕하세요》라는 인사말 모자이크가 방문객을 맞습니다. 얼마나 재치 있고 정감어린가요. 처음 집을 찾는 사람에게 큰 개를 그려놓고 겁주는 것보다 반갑게 인사부터 하니 말입니다. 집주인은 가슴이 따뜻한 사람이었음에 틀림없습니다. 이런 모자이크 기법을 가져다준 이집트 알렉산드리아에 요즘 가면 인사말이 바뀌어 있죠. "하베"에서 "앗 살라무 알라이쿰As-Salámu Alaykum, 당신에게 평화가"으로. 중동에 취재나 탐방을 가서 자주 듣던 인사말입니다. 그렇다면

하베_폼페이_파우노의 집_오스티움. 개로 겁주는 것보다 훨씬 정감있다.

• 삼각형 무늬_폼페이_파우노의 집. 베스티불룸의 오푸스 섹틸레
•• 육면체_폼페이_파우노의 집. 델로스에서도 같은 소재의 모자이크를 봤다.

이 집 주인은 어떤 평화의 사도를 맞이하길래 이렇게 격식 차린 인사말을 대문 앞에 새겨놓았을까요. 귀한 손님이 오실 것 같은 예감이 들죠.

잠깐, 파우노가 누구인지 궁금해요. 그리스에서는 사티로스라고 부르죠. 숲을 관리하는 목축의 신 판과 디오니소스를 호종하는 실레노스를 모시고 다닙니다. 디오니소스 제전이 벌어질 때엔 마에나드와 함께 광란의 춤을 추는 애주가이자 호색한이죠. 언제나 가운데 상징이 불뚝 솟아 있고 당나귀 꼬리에 염소 귀를 가진 모습이에요. 천장 없이 하늘과 통하는 실내정원 아트리움의 빗물받이 임플루비움 바닥에 청동 파우노 조각상이 있어 '파우노의 집'이라 불립니다.

집주인의 거실, 즉 사랑방이 자리했던 타블리눔 바닥 모자이크가 아름답습니다. 입체감을 주는 《육면체》 도안이 독특한데요. 집 입구 작품과도 비슷하지만, 무엇보다 델로스 섬에서 본 것과는 거의 같아요. 헬레니즘 시기에 자주 사용하던 소재랍니다. 여기에서 값비싼 보석으로 치장한 여인이 발굴됐는데요. 베수비오 화산 분화 때 희생된 이 집 안주인이겠죠. 타블리눔 주변으로 침실 쿠비쿨룸과 각종 용도의 방이 자리하는데, 특히 《보석상자와 새》를 그린 바닥 모자이크는 새가 힘찬 날갯짓으로 바닥을 차고 날아오를 기세랍니다. 이천 년의 세월에도 변함없이 아름다운 색감을 자랑하는 줄 알았더니 진품은 나폴리 박물관에 있다네요.

드넓은 정원 페리스틸리움도 인상적이에요. 규모도 클 뿐더러 27개의 기둥으로 둘러싸인 회랑이 당시 모습 그대로 남아 로마 주택의 정원을 고스란히 보여줍니다. 회랑을 돌아 뒤편으로 가면 참 중요한 장소가 나와요. 꼭 들러야 할 넓은 홀, 엑세드라죠. 여기에 여름용 야외식당을 뒀답니다. 바로 이 식당 바닥을 장식하던 모자이크가 《이수스 전투》예요. 전투를 승리로 이끈 주인공 알렉산더 때문에 더 유명하죠. 파우노의 집 주인이 "안녕하세요."라고 반갑게 모자이크로 맞이한 사람은 바로 알렉산더였군요. 이 집에서 발굴된 모자이크는 대부분 나폴리 박물관에 전시하고 있답니다.

에르콜라노

베수비오 화산의 진흙더미에서 되살아난 헤라클레스의 땅

베수비오 화산 분화 때 사라졌다가 폼페이처럼 다시 햇빛을 본 도시로 작은 폼페이라고나 할까요. 에르콜라노는 천하장사 '헤라클레스의 땅' 이란 뜻인데요. 에르콜라노는 번잡한 상업과 무역의 도시 폼페이를 피해 한적하고 쾌적한 주거환경을 원했던 부유층의 보금자리였어요. 그러니 도시 규모는 작지만 집들은 세련되고 화려해요. 그리스 신화를 통해 이 도시가 생긴 유래를 들여다보죠.

헤라클레스가 최고 여신 헤라의 미움으로 미친 뒤 아들을 죽입니다. 그 벌로 사촌 에우리스테우스의 지시를 받아 열두 가지 과업을 수행하게 되죠. 열두 가지 중에서 열번째 임무가 게리온의 소떼를 훔쳐오는 일인데

에르콜라노. 앞이 유적지이고 뒤는 신시가지, 신시가지 너머로 구름을 이고 있는 산이 베수비오 화산

요. 게리온은 포세이돈과 메두사의 아들 크리사오르의 아들입니다. 사람 얼굴을 하고 있지만 몸통은 세 개였다네요. 지중해 서쪽 지구의 끝 에리테이아 섬에서 살며 붉은 소떼를 길렀는데요. 헤스페리데스의 아들인 에우리티온이 소를 키우고, 케르베로스의 형제로 머리가 둘 달린 개 오르트로스가 소떼를 지켰어요.

헤라클레스는 에리테이아 섬으로 가기 위해 리비아 사막을 지나다 더위에 지치자 태양을 향해 화살을 쏴요. 그 용기를 가상히 여긴 태양신 헬리오스가 '황금 사발'이라는 배를 빌려줍니다. 에리테이아 섬에 도착한 헤라클레스는 오르트로스와 에우리테리온을 올리브 나무 몽둥이로 쳐서 죽이고, 게리온 역시 화살을 쏘아 저승으로 보냅니다. 성공적으로 소떼를 차지한 헤라클레스가 돌아오는 도중에 이탈리아 반도의 한 도시에 들르는데요. 그 도시가 바로 에르콜라노죠. 그리스 인은 헤라클레스의 이름을 따 헤라클레이온, 로마 인은 헤르쿨라네움이라 불렀습니다.

폼페이와 함께 베수비오의 희생양이자, 그 덕분에 로마 시대의 생활상을 고스란히 보여주는 교과서로 남은 에르콜라노는 거대한 베수비오 산자락에 바로 붙어 있습니다. 폼페이가 베수비오 산에서 좀 떨어져 있는 것과는 다르죠. 에르콜라노는 화산이 분출할 때 먼저 쏟아져나온 엄청난 양의 진흙더미에 깊게 파묻혔습니다. 도시 위로 무려 27미터 두께의 진흙과 용암이 쌓인 반면, 좀 떨어진 폼페이는 진흙보다 2차 화산분출물인 화산재 등으로 뒤덮였습니다. 이는 무슨 차이를 낳았을까요. 에르콜라노의 경우 순간적으로 미세한 진흙더미에 묻혀 그만큼 공기가 덜 섞였습니다. 목재, 가구, 섬유, 음식물 등 썩기 쉬운 물품까지 고스란히 원래상태를 유지할 수 있었던 비결이죠. 따라서 에르콜라노의 유적과 유물은 로마 인의 세세한 생활상을 폼페이보다 더 생생하게 전달해줍니다.

역사의 뒤안길로 사라졌다 발굴된 것으로 치면 폼페이보다 오히려 빠릅니다. 폼페이는 1748년부터 본격 발굴됐지만, 에르콜라노는 이보다 훨씬 앞선 1594년에 첫 삽을 떴거든요. 오스트리아 합스부르그 왕조가 화산재 아래서 보물이나 조각품을 찾아내 본국으로 실어간 게 시작입니다. 일종의 유물 약탈이죠. 다행히 이후 체계적인 발굴을 거쳐 오늘에 이릅니다. 물론 아직도 많은 유적이 발굴되지 않고 신시가지 아래 묻혀 있어요. 그런 만큼 모자이크도 많이 발굴되지는 못했습니다. 물론 양이 적다고 질이 떨어지는 것은 아니에요. 당시의 예술세계를 유감없이 보여주는 아름다운 분수 모자이크가 기다리거든요. 에르콜라노의 모자이크 역시 탐방코스에 따라 하나씩 소개하는데요. 79년 이전 작품, 그러니까 BC 2~1세기에 만들어진 것으로 보면 됩니다.

부를 과시하는 분수 모자이크: 유골의 집

에르콜라노 유적지 입구로 사용되는 로마 시대의 '여관'에서 포장 모자이크를 본 뒤 '유골의 집'으로 갑니다. 분수 모자이크, 오푸스 섹틸레 등 다양한 작품을 감상할 수 있어요. 집 입구 베스티불룸은 흑백 모자이크로 덮였고요. 아트리움 왼쪽으로 가면 흑백 모자이크, 아트리움에서 다시 왼쪽으로 들어가면 화려한 분수 모자이크와 프레스코가 벽면을 장식합니다. 분수 모자이크에서 포세이돈의 아들 《트리톤》은 머리에 뿔이 나 있고 소라나팔을 불고 있지요. 《디오니소스》와 《사슴》도 등장해요. 어느

- 큰 분수_에르콜라노. 궁륭형 분수 위로 여러 점의 모자이크가 보인다.
- ● 마에나드와 사슴_에르콜라노_유골의 집 분수. 모자이크 주변을 조개로 두른 것이 특이하다.

집이나 분수 모자이크를 설치한 장소는 현관에서 일직선으로 바라보이는 정원입니다. 집안에 발을 들여놓는 방문객이라면 누구라도 화려한 분수 모자이크에 압도당하는 구조지요. 집주인의 세련된 예술감각에 탄성을 자아내게 하려는 의도가 엿보여요. 스토아 철학자이자 네로의 스승 세네카는 64년 "유리분수 모자이크를 설치하지 않으면 무척 수치심을 갖게 될 것"이라고 적을 정도였어요. 분수 모자이크는 일종의 부를 과시하는 수단이었던 겁니다.

　이어 중앙 목욕탕 남탕의 《트리톤》, 중앙 목욕탕 여탕의 《트리톤과 미로》도 볼 만합니다. 구조는 남탕을 본 뒤 다른 유적을 한참 돌아본 뒤에 여탕을 탐방하게 되어 있어요. 여탕은 '포세이돈과 암피트리테의 집' 앞에서 들어가죠. 흑백 모자이크를 보는 김에 한 집 더 꼭 들러보면 좋아요. 야자나무가 높게 솟아 있어 유적지로 들어오는 입구에서부터 한눈에 시선을 잡아끄는 집인데요. 아트리움의 바둑판 무늬 모자이크가 아름다워

트리톤_에르콜라노_중앙 목욕탕 남탕

'모자이크 아트리움의 집'이라 부릅니다.

　미로가 나왔으니 정혼녀 아리아드네를 놓고 줄행랑 친 테세우스의 인생 얘기 좀 해볼까요. 테세우스는 아테네 왕 아에게우스의 아들입니다. 아에게우스는 두 차례나 결혼했지만 자식이 없었어요. 걱정하던 그가 델피에서 신탁을 청하고 돌아오다 친구 피테우스가 왕으로 있는 트로에겐에 들러 그만 친구의 딸 아에트라와 하룻밤 인연을 맺어요. 아에트라는 같은 날 바다의 신 포세이돈과도 잠자리를 가졌다네요. 누구의 아이인지 불명확하지만, 아에게우스는 바위 밑에 자신의 칼과 샌들을 숨겨놓고 떠나며 아에트라에게 일러줬습니다. "아들이 태어나면 나중에 징표를 찾아 나에게 오도록 하라."

　달이 차고 태어난 아이가 테세우스예요. 외할아버지 피테우스의 궁전에서 자란 테세우스는 어려서부터 용맹하기 이를 데 없었습니다. 하루는 헤라클레스가 놀러와 사자가죽으로 만든 겉옷을 벗어놨는데, 모든 아이

- 미로_에르콜라노_중앙 목욕탕 여탕. 미노타우로스를 가둬두던 미로
- 기하학 무늬_에르콜라노_모자이크 아트리움의 집

들이 살아 있는 사자로 착각해 기겁을 하고 도망갈 때 테세우스는 도끼를 들고 달려들었다고 하네요. 테세우스가 청년이 되자 아에트라는 출생의 비밀을 알려줬습니다. 초패왕 항우의 산을 뽑아내는 역발산의 힘을 발휘한 테세우스는 거대한 바위를 들춰 아버지의 샌들과 칼을 찾아 아테네로 갔죠. 숱한 난관을 용기 있게 극복하고 마침내 아에게우스로부터 자식임을 인정받아 왕자가 됩니다.

테세우스가 왕자 자리를 인정받는 대목이 고구려 유리왕을 닮았어요. 유리왕도 어머니의 말을 듣고, 주춧돌에서 칼을 꺼내 아버지 동명성왕을 찾아가 왕이 되잖아요. 또 이복동생들과 갈등을 겪다 간신히 왕위에 오르는 것도 마찬가지고요. 우리 역사에서는 유리왕의 이복동생 비류와 온조도 남으로 내려와 백제를 세워 윈윈 게임을 했지만, 그리스 신화에서는 이복형제들이 모두 죽고 만답니다. 서양인이 좀 더 잔인한가봐요.

아리아드네에게 상처를 주고 아테네로 돌아간 테세우스는 잘됐을까요. 조강지처는 아니지만 그보다 더 큰 역할을 해준 여인을 그것도 자신을 따라 모든 것을 버린 여인을 내친 테세우스가 크레타로 떠날 때, 아버지 아에게우스는 아들이 탄 배에 검은 깃발을 달아주며 성공해 돌아오면 흰 깃발로 바꿔 달라고 일렀습니다. 무사히 일을 성공시킨 뒤 짐이 될 뻔한 아리아드네까지 버리고 보무당당히 돌아오던 테세우스는 그만 아버지의 당부를 깜빡 잊었답니다. 깃발을 바꿔 달지 못한 거죠. 아들이 떠난 뒤 아테네 언덕에 올라 배가 돌아오기만을 기다리던 아에게우스는 오매불망 기다리던 배가 돌아오는데 아, 그냥 검은 깃발! 일이 실패해 아들이 죽었다고 생각한 그는 바다에 몸을 던져 목숨을 끊습니다. 아에게우스Aegeus가 빠져 죽은 물이라 뒤에 '에게 해Aegean Sea'란 이름이 붙었어요. 아름다운 에게 해 푸른 물의 사연이 좀 슬프죠.

2000년 동안 한결같은 암피트리테의 매력
: 포세이돈과 암피트리테의 집

집 입구에 많은 관람객들이 붐벼 예사롭지 않은 분위기가 감돕니다. '포세이돈과 암피트리테의 집'인데요. 짐짓 태연하게 문턱을 넘어보지만 이내 숨이 턱 막혀요. 에르콜라노를 탐방하면서 이 모자이크를 만나지 못하면 사막에 가서 오아시스의 진가를 경험하지 못하는 것만큼이나 공허하다고 감히 결론내리고 싶습니다. 에르콜라노뿐 아니라 지중해 연안 전체를 놓고 야외는 물론 실내 박물관을 합쳐 최고의 아름다움을 지닌 모자이크로 평가할 수 있어요. 모자이크를 대하는 순간 탄성이 절로 나오는데요. 명작 가운데 명작 《포세이돈과 암피트리테》입니다. 여름 식당 트리클리니움 벽에 설치됐는데요. 베수비오 화산 분화 때 진흙과 용암에 묻히면

- 포세이돈과 암피트리테 모자이크 전경_에르콜라노. 왼쪽은 분수 자리, 오른쪽에 포세이돈과 암피트리테
- • 포세이돈과 암피트리테. 부부를 둘러싼 조개와 주변 장식도 아름답다.

서 건물 벽이 무너지지 않은 채 있다 1700년이 지나 발굴된 덕에 완벽한 보존상태를 자랑합니다. 방금 설치를 끝낸 듯 선명하게 반짝이는 유리 모자이크의 매력이 오롯이 살아나죠. 특히 오후에 뉘엿뉘엿 서쪽으로 넘어가는 해가 정면으로 모자이크를 비추기라도 하면 영롱하면서도 찬란하게 빛나는 색상에 누구든 혼을 잠시 맡겨놓아야 한답니다.

서양미인의 전형을 보여주는 금발에 흰 피부, 반듯한 이목구비, 날씬한 몸매의 암피트리테는 한마디로 이 말이 어울려요. '아 카피테 아드 칼켐a capite ad calcem, 머리끝부터 발끝까지' 완벽한 미인. 암피트리테의 아버지는 '바다의 노인'으로 불리는 네레우스요, 어머니는 '바다의 신' 오케아노스의 딸 도리스죠. 네레우스와 도리스 사이에서는 무려 50명의 딸이 태어났는데, 이들을 네레이즈, 즉 바다의 요정들이라고 불러요. 바다 요정 50명은 한결같이 빼어난 미모에 아름다운 몸매를 자랑합니다.

이 가운데 가장 아름다운 요정은 테티스였어요. 인간 펠레우스와 결혼한 아킬레스의 어머니죠. 포세이돈은 물론 그 동생이자 최고신 제우스마저 반할 정도로 미인이었답니다. 하지만 테티스가 아버지보다 더 뛰어난 아들을 낳을 것이라는 여신 테미스의 예언에 둘은 테티스를 포기하고 맙니다. 제우스나 포세이돈 역시 아버지 크로노스를 몰아내고 권력을 쥐었기 때문에 도둑이 제발 저리다고 겁날 수밖에요. 제우스는 누나인 헤라로 마음을 바꿨고, 포세이돈은 테티스와 자매지간이면서 테티스에 버금가는 미모의 암피트리테를 찍었습니다. 앞서 나폴리에서 살펴본 것처럼 결혼에 골인했고요.

포세이돈과 암피트리테 중에서 매혹적인 암피트리테

팔레르모

이질적인 민족과 문화의 용광로: 시칠리아 역사

이탈리아 본토에서 이제 지중해의 아름다운 섬, 시칠리아로 갑니다. 지금도 시커먼 연기와 검붉은 화염을 토해내는 애트나 산은 유럽의 최고봉으로 높이 3295미터인데, 일 년 중 8개월을 머리에 흰눈을 쓴 채 천하를 굽어보죠. 자연의 신비를 머금은 절경이랍니다. 여기에다 기후가 온화하고 남한의 4분의 1 크기인 땅덩이는 야트막한 구릉 목초지가 끝없이 이어져 사람 살기 그만이에요. 이런 풍광은 어디선가 많이 본 듯 눈에 익죠. 1972년 1편이 나온 마리오 푸조 원작의 영화「대부」에서 주인공 알파치노가 은인자적隱忍自適 세월을 낚던 무대가 시칠리아거든요. 감미로운 음악을 배경으로 시칠리아 처녀와 사랑을 나누고 결혼하는 장면은 가슴 설레는 서정시로 남는데요. 낭만적이고 애수 어린 선율과 달리 시칠리아 마피아는 쓰라린 기억을 되살려줍니다. 정치 스캔들, 암살……. 2차 세계대전 이후 시칠리아에 각종 차관과 원조가 들어왔지만 지역발전에 제대로 쓰이지 못했어요. 마피아가 배를 불린 탓이죠. 시칠리아의 생활수준이 유럽은 물론 이탈리아 내에서도 뒤처진 것은 다 이런 이유랍니다.

시칠리아를 문명의 용광로라고 하죠. 왜 그런지 한번 들어볼까요. 지중해 동서남북의 딱 중간 길목에 위치해 다양한 민족의 교차로였어요. 가장 먼저 페니키아가 BC 9세기 서부에 둥지를 틀고, 이어 그리스 인이 BC 8세기 동부에 거점을 마련하는데, 그 중 시라쿠사는 BC 4~3세기 지중해 최고의 문명국가였죠. 막강한 아테네 해군을 패배시킬 정도로 강했고, 에우레카의 아르키메데스가 활약하며 학문도 성했어요. 아직도 시칠리아 곳곳에는 그리스 인이 만들어놓은 유적이 그리스 본토에서도 그 예를 찾기 어려울 만큼 잘 보존되어 빼어난 산수와 어울려 '시칠리아 판타지아'를 협연한답니다. 달도 차면 기우나요. BC 212년 로마가 시라쿠사를 멸망시키며 새 장을 열지만, 그 기세는 254년 게르만 족의 침략으로 꺾여요. 440년에는 북아프리카를 휩쓴 반달 족에 유린당하며 깃발을 내리고요. 535년 비잔틴 유스티니아누스 황제가 잠시 수복하지만 튀니지에 거점을 둔 이슬람 파티마 왕조가 쳐들어와 831년 팔레르모, 965년 시칠리아 전역에 알라를 기리는 '바이툴라모스크'를 짓습니다. 시칠리아 사람들은 이제 '압드노예'가 된 거예요. 누구의 노예일까요. 당연하죠. 이슬람 신자들은 자신을 모두 '압둘라알라의 노예'로 여긴답니다.

프랑스 샹송 가수 아다모의 노래로도 널리 알려졌는데요. 「인샬라알라 신의 뜻」는 바이킹을 새 주인으로 정하네요. 1071년 지독한 추위를 피해 대서양과 지중해를 가로질러 닻을 내린 바이킹이 1130년 나폴리까지 정

아그리젠토 신전_시칠리아

복해 '시칠리아-나폴리 왕국'을 세워요. 하지만 신성로마제국 황제와 혼인을 계기로 왕위는 독일계로 넘어가죠. 여기에 1266년 교황이 '시칠리아-나폴리 왕국' 왕위를 프랑스 '앙주 가문'에 넘겨주면서 프랑스가 등장합니다. 1305년 교황청이 옮겨간 '아비뇽 유수'의 배경이죠. 이후 나폴레옹의 짧은 통치를 제외하면 줄곧 스페인 지배를 받다가 1860년 가리발디의 통일운동 때 이탈리아 왕국으로 합쳐집니다. 다양한 문명이 피고 지는 과정이 놀랄 만큼 복잡하죠. 남을 따돌리는 배타성이 우리보다 덜한 이유인가봐요.

시칠리아의 그리스·로마 유적지 가운데 모자이크와 관련해서는 두 곳을 주목할 만합니다. 시칠리아 섬의 주도인 팔레르모와, 로마 시대 초호화 빌라 유적이 자리한 피아짜 아르메리나입니다. 팔레르모는 박물관에, 피아짜 아르메리나는 야외 유적에 모자이크가 가득해요. 먼저 팔레르모를 살펴보면, 독일의 대문호 괴테는 팔레르모를 이슬람권 최대, 최고의 도시라고 칭송했죠. 아랍 통치 시절에는 '알마디나Al-Madinah'라고 불렸

비잔틴 모자이크_몬레알레의 비잔틴 모자이크

는데요. 이슬람 풍 건물에 가로수 대부분이 야자수일 만큼 남국의 정취가 물씬 풍깁니다. 또한 팔레르모에는 12세기에 세워진 비잔틴 양식 모자이크의 최고봉, 몬레알레 대성당이 자리합니다. 구약성서가 그림책처럼 성당 내부에 쫙 펼쳐지는데요. 장관 중의 장관이랍니다.

사계절 여신과 제우스의 바람기

 팔레르모의 고고학박물관에는 페니키아에서 그리스·로마 시기를 거쳐 만들어진 각종 조각, 도자기가 볼 만한데요. 2층 로마 전시실 바닥에 조각과 도자기 사이를 비집고 헬레니즘 풍 모자이크 한 점이 외로이 얼굴을 내밉니다. 《사계》입니다. 3세기에 제작된 이 작품은 네 귀퉁이에 네 명의 여신 얼굴이 자리하죠. 그리스·로마 문명의 모자이크를 탐방하면서 가장 많이 보는 모자이크가 바로 사계절인데요. 계절을 여신 얼굴로 표현해 모자이크나 프레스코 작품에 그려넣

사계_3세기_팔레르모 박물관

었습니다. 봄에는 꽃이 만발하니 꽃의 여왕 장미를 머리에 얹은 여신, 여름은 밀이 익는 계절이니 밀 이삭을 든 여신, 가을은 포도 수확 계절이니 포도송이를 쥔 여신, 겨울은 푸르름을 간직한 올리브 가지로 얼굴을 장식한 여신.

 이렇게 계절이라는 추상명사나 무생물을 생명이 깃든 인격체로 나타내는 방법을 의인화擬人化라고 합니다. 헬레니즘 시대의 모자이크 표현기법이죠. 그리스·로마는 사계절이 뚜렷한 만큼 계절의 변화에 민감하고, 그 변화가 삶의 방식을 규정짓는 중요한 조건이 됐어요. 그래서 계절 자체에 신성을 부여해 경건한 마음으로 대했던 겁니다. 우리도 마찬가지죠. 민간에서는 봄이나 가을에 고사를 지내며 무사강녕을 빌었고요. 유교적 가치관이 지배하던 조선시대 서원이나 향교에서도 봄에 춘향제, 가을에

- 에우로파의 납치 전경_팔레르모 박물관. 전시관 바닥 전체를 채우는 거대한 작품이다.
- • 에우로파의 납치 중에서 납치 장면
- • • 에우로파의 납치 중에서 레다와 백조

추향제를 지냈으니까요.

박물관 3층의 모자이크 전시실 지킴이는 단연 바닥에 깔린 《에우로파의 납치》예요. 끈적한 내용으로 가득한 걸작입니다. 재미있는 그리스 신화를 한데 묶은 신화 종합선물 세트라고 할까요. 제우스가 황소로 변해 페니키아 공주 에우로파를 납치하는 장면이 가운데 자리합니다. 주변 네 귀퉁이에 사계 여신이 앉았고요. 그 옆에 '포세이돈', '오케아누스', '메두사'가 서 있습니다. 그 밖으로 '사티로스와 마에나드', '레다와 백조', '가니메데스의 납치', '네레이드와 트리톤'이 자리하는 대작이에요. 오른쪽 아랫부분이 많이 훼손됐지만, 주요한 에피소드를 감상하기에는 부족함이 없어요. 에피소드 하나하나마다 그리스 신화가 살아 꿈틀거리면서 전체적으로 하나의 작품을 이룹니다. 흥미만점이죠. 특히 최고신 제우스의 바람기를 소재로 한 시리즈가 구미를 당겨요. 가운데 위치한 '에우로파의 납치'는 전체 작품의 이름이면서 하나의 작은 에피소드를 이루는 중심 테마죠. 앞서 코스 섬에서 자세히 들여다봤으니 지나갑니다.

　제우스의 두번째 바람기를 보여주는 소재 '레다와 백조'는 전체 정경에서 왼쪽 아랫부분에 있어요. 레다는 자신보다 그리스 신화에서 최고의 미인으로 통하는 헬레네의 어머니로 더 유명하죠. 그 헬레네의 탄생 배경을 담은 모자이크랍니다. 절세가인 레다를 탐하는 제우스는 독수리에 쫓기는 가련한 백조로 변신하죠. 이를 가엾이 여긴 레다가 백조를 품어 숨겨줍니다. 그 틈에 재빠르게 제우스가 일을 치르고, 레다는 헬레네를 낳아요. '레다와 백조' 모자이크는 키프러스 편에서 최고의 걸작과 함께 자세히 살펴보기로 하죠.

　제우스의 세번째 바람기는 '가니메데스와 독수리' 모자이크에 나타납니다. 중앙 오른쪽에 자리하죠. 너무 많이 훼손돼 신화 내용을 모르면 놓치고 지나치기 십상인데요. 박물관에 색정을 더해주는 가니메데스 얘기는 말하기가 좀 민망하네요. 이유를 들어보죠. 가니메데스는 트로이 근처 이다 산에서 양을 치던 목동인데, 인물이 어찌나 뛰어난지 하늘나라 제우스도 그를 보고 반해버렸답니다. 제우스가 독수리를 보내 하늘나라로 끌어올려 시종 겸 동성애 파트너로 삼은 것인데요. 동성간 애틋한 감정이 큰 흠이 아니었던 시절이지만, 남자와 여자를 넘나드는 제우스의 넘치는 욕정이 왠지 좀 심해 보이죠.

에우로파의 납치 중에서 가니메데스와 독수리. 가니메데스는 얼굴만 보이고, 독수리로 변한 제우스는 밑에 발톱과 위에 날개만 남아 있다.

1. 에우로파의 납치 중에서 사티로스와 마에나드
2. 에우로파의 납치 중에서 봄
3. 에우로파의 납치 중에서 겨울

이제 제우스에서 벗어나 찰떡궁합의 다른 커플을 만나요. '마에나드와 사티로스' 입니다. 마에나드의 선정적인 모습을 한번 봐요. 지중해 주변 숱한 모자이크에 등장하는 어느 마에나드보다도 육감적인 몸매예요. 풍요의 여신을 상징하듯 살진 엉덩이가 화면을 꽉 채우죠. 색정 어린 분위기를 살리기 위해 엉덩이를 부풀려 인체 비례를 왜곡한 것이 외려 옥에 티지만, 그래도 밉지 않아요. 눈을 동그랗게 뜨고 입을 벌린 채 춤에 빠진 모습이 백치미에 농염미를 더한답니다. 2000년 전에도 특정 부분이 강조된 여성 신체는 대중의 호기심을 자극하는 세속 화가들의 소재였어요. 육지의 미녀 마에나드를 보았다면 이제 바다의 요정 네레이드를 보죠. '네레이드와 트리톤' 에서 네레이드는 마에나드만큼이나 요염한 자태 아니 뒤태로 눈길을 잡아끌어요. 정숙미를 풍기는 여신 두 명도 만나봅니다. 《에우로파의 납치》속에 들어 있는 사계절의 여신 가운데 장미의 봄과 올리브 가지의 겨울이요.

포세이돈 역시 제우스 못지않은 바람둥인데 여기서는 신의 근엄한 체면을 흐트러트리지 않습니다. 연애담으로 흐느적거리는 모자이크 전시실에 위엄 있는 신의 의지를 전하며 잡스러운 기운을 막아주는 듯해요. 대양의 신 오케아누스Oceanus도 한몫 거듭니다. 태초에 지구가 뭍과 물로 섞여 있을 때부터 물이었다가 나중에 바다를 상징하는 신이 됐어요. '대양Ocean' 이란 영어는 그의 이름에서 유래됐습니다. 바다로 흘러드는 모든 강은 그의 자식으로 불립니다. 사실 강이 흘러들어 바다가 생긴 것이니 앞뒤가 바뀐 해석이죠. 오케아누스는 늘 머리에 뿔이 달린 모습으로 그려지는데, 포세이돈과는 역할이 달라요. 포세이돈은 바다의 풍랑과 지진, 해일을 다스리는 신입니다. 항해로 먹고살던 그리스·로마 인 입장에서는 생사여탈권을 쥔 무시무시한 신이죠. 이에 비해 오케아누스는 바다 그 자체랍니다.

오르페우스의 연주와 만파식적: 박물관 3층

　바닥에 설치된 초대형 작품 《에우로파의 납치》에서 시선을 벽으로 돌리면 오르페우스가 숲속 나무를 배경삼아 바위에 걸터앉았네요. 무척 고운 용모의 오르페우스가 왼손에 키타라를 들고, 신기의 솜씨로 연주중이고요. 그 주변에 호랑이를 비롯해 산짐승들이 몰려 그의 연주를 경청하고 있어요. 해학적이고 운치 있는 《오르페우스의 연주》입니다. 무심한 동물도 감동시킬 만큼 연주솜씨가 뛰어난 오르페우스는 누구일까요. 아버지는 트라키아 왕 오이아그로스이고, 어머니에 대해선 여러 설이 있는데 칼리오페라는 설이 유력해요. 제우스가 기억의 여신 므네모시네와 아흐레 밤 동안 정을 통해 낳은 아홉 명의 뮤즈 가운데 가장 아름답고 격이 높지요. 뮤즈가 낳은 자식이니 신기에 가까운 키타라 연주솜씨가 유전됐을 거예요. 오르페우스는 아버지의 나라 트라키아에 살면서 아폴론에게서 키타라를 배워 최고의 연주자가 됩니다. 이 때문에 아폴론이 바람을 피워 낳은 아들이 아니냐는 풍문에 휘말리기도 했죠. 이 작품은 팔레르모 시가지 '승리의 광장'에 있던 로마 시대 저택에서 1868년 까발라리가 발굴했어요. 제작연대는 3세기로 추정돼요.
　오르페우스가 키타라를 켜면 산천초목과 수석은 물론 맹수도 얌전해졌다죠. 그러니 연주를 듣는 순간 모두가 순수한 인간의 본성으로 돌아갔

오르페우스의 연주_3세기_팔레르모 박물관

을 거예요. 아름다운 연주는 인간의 감정을 순화시키잖아요. 무슨 곡이었을까요. 동물을 감동시켰으니 프랑스 생상의 「동물의 사육제」 가운데 13번 「백조」. 「백조」를 듣고도 불끈했던 마음이 가라앉지 않을 강심장은 없겠죠. 같은 백조를 소재로 한 러시아 차이코프스키의 발레 모음곡 「백조의 호수」 여섯 곡 가운데 1번 「정경」을 들어도 마음이 차분해질 거예요. 고난에 시달리는 마음을 열정으로 폭발시켜 해소하려면 스페인 사라사테의 「찌고이네르바이젠」도 제격이겠네요. '찌고이네르'는 집시, '바이젠'은 선율이라고 하니, 짐승이나 사람이나 산다는 것은 정처 없이 떠도는 집시의 마음 같은 것 아닌가요.

    뛰어난 연주솜씨 덕에 싸움이라고는 해본 적도 없는 오르페우스가 뜻밖에 살벌한 전쟁터에서 맹활약했답니다. 선원들을 홀려 바다 한가운데에 수장시키기로 악명 높은 괴조怪鳥 사이렌 자매가 부르는 죽음의 노래를 오르페우스가 더 멋진 연주로 물리쳐 동료들을 구한 일화는 유명하죠. 그리고 이아손이 조직한 아르고 호 원정에도 참가해 공을 세웠는데요. 약졸弱卒인 그가 무용武勇이 뛰어난 사람보다 어디에 쓰임새가 더 컸을까요. 음악가는 박자감각이 탁월하죠. 당시 배는 돛도 달았지만, 노도 저었어요. 여럿이 동시에 젓는 노는 박자가 생명이죠. 오르페우스는 노 젓는 맨 앞자리에 앉아 박자 구령을 넣었다는군요. 참, 사나운 풍랑을 만났을 때는 멋들어진 연주로 폭풍우를 잠재우는 것도 빼놓을 수 없는 역할이었죠. 산천초목은 물론 자연현상도 마음대로 다루던 신기의 연주였어요.

우리 역사에도 이런 기록이 있어요. 오르페우스의 키타라 연주는 『삼국유사』에 나오는 만파식적萬波息笛 연주와 닮은꼴이랍니다. 태종무열왕과 문무왕 부자는 강대국 당나라와 손잡고 고구려와 백제를 멸망시키고 삼국을 통일하죠. 문무왕은 죽으면서 자신을 바다에 수장시켜 동해를 지키는 용이 되게 해달라고 유언합니다. 아들 신문왕이 대왕암에 장사지내고 감은사라는 절까지 지어 아버지의 거룩한 뜻을 기렸는데요. 용왕님이 감동해 복을 내리셨는지, 동해에 거북처럼 생긴 섬이 떠다녀 살펴보니 대나무가 무성하더랍니다. 한 그루를 베어 피리를 만들어 부니, 사납게 쳐들어왔던 적군도 맥없이 물러나고, 전국에 돌던 전염병도 사라지고, 가물 때는 비를 내리고, 홍수가 졌다가도 날이 개는 영험스런 이적異蹟이 줄을 잇습니다. 혼란하던 신라 왕실에 평화와 안녕을 가져다준 거죠. 그래서 만萬가지 풍파風波, 걱정거리를 말끔히 씻어 안식息을 주는 피리笛라고 해서 만파식적이라 불렀다네요. 오르페우스의 키타라보다 한수 위죠.

피아짜 아르메리나

로마 시대 귀족의 사생활 엿보기 : 카잘레 빌라

애트나 산을 지붕삼아 아름다운 자연과 온화한 기후가 한데 어우러진 명소 시칠리아의 위상을 한껏 드높여주는 유적이 여럿 있는데요. 그 중 단연 중부 내륙 깊숙이 자리한 시골마을 피아짜 아르메리나를 꼽을 수 있습니다. 뾰족 지붕을 인 하얀 집들이 먼지를 뒤집어쓴 채 낡아가는 아담한 마을 피아짜 아르메리나에서 남동쪽으로 3킬로미터 정도 더 가면 만고네 산이 나옵니다. 만고네 산의 울창한 숲 깊숙한 곳에 보일 듯 말 듯 자리한 카잘레 마을에 로마 빌라가 숨어 있답니다.

카잘레 빌라의 방은 모두 63개인데 발굴해보니 이 가운데 43개 방에서 모자이크가 나왔어요. 면적은 3500제곱미터 그러니까 1000평, 논 다섯 마지기예요. 모를 심는 것도 벅찬 넓이인데, 촘촘하게 모자이크를 깐다고 생각해봐요. 재료는 규모만큼이나 놀랍습니다. 스물한 종류 색상의 테세라를 활용했어요. 찬란히 빛나는 유리도 열여섯 종류나 될 만큼 다양하답니다. 유네스코 문화재로 등재된 카잘레 빌라의 모자이크는 현장에 그대로 남아 있어 더 높은 가치를 인정받는데요. 로마 인이 어떤 장소에 어떻게 모자이크를 설치하고 살았는지를 한눈에 꿰뚫을 수 있습니다. 거실, 침실, 화

카잘레 빌라_피아짜 아르메리나. 유적을 복원하고 보호하기 위해 지붕을 씌웠다.

장실, 목욕탕, 회랑, 식당에 세련된 예술감각을 숨김없이 발산하거든요.

카잘레 빌라에는 누가 살았을까요. 1950년대에 발굴에 참여한 젠틸리는 막시미아누스 황제286~305년 재위라는 가설을 내놨어요. 3세기 말 로마제국에는 두 명의 황제 디오클레티아누스와 막시미아누스가 있고, 그 밑에 두 명의 부황제가 있어 제국을 넷으로 나눠 다스렸습니다. 이탈리아 반도와 시칠리아는 막시미아누스 관할지역이었어요. 카잘레 빌라를 지을 정도의 재력이라면 황제일 것으로 보고, 막시미아누스 별장으로 추정한 것이죠. 빌라는 346년 지진이 나고, 1160년 시칠리아를 정복한 바이킹 왕 윌리엄의 손에 의해 파괴된 데 이어 산사태로 땅에 묻힙니다. 700여 년 지나 19세기에 발굴되어 다시 햇빛을 보며 오늘에 이르는데요. 초기에 많은 유물이 쏟아지자 마음만 앞서 무계획적으로 발굴에 나서 오히려 유적을 훼손시키는 오점을 남깁니다. 1991년 대홍수로 피해도 컸고요. 전체 바닥 모자이크의 3분의 1가량이 파괴돼 원형을 잃었답니다. 안타까운 일이죠. 모자이크는 3~4세기 초 작품입니다.

팔등신 미녀가 안내하는 전차경기: 목욕탕

유리로 씌워놓은 카잘레 빌라 입구로 들어서기 전 목욕탕에 불을 지펴 열을 공급하던 아궁이 프레푸르니움이 왼쪽에 보이는데요. 아궁이와 함께 열을 전달하던 진흙 파이프가 잘 남아 있습니다. 프레푸르니움을 거쳐 마당 입구를 지나면 30명이 동시에 이용하던 목욕탕 건물이에요. 비좁은 입구로 들어서는 순간 먼저 팔각형의 넓은 냉탕 프리지다리움이 나와요. 열기 파이프가 들어오지 않는 차가운 방인데요. 가로 세로 9미터로 제법

• 프리지다리움 모자이크_3~4세기 초_피아짜 아르메리나. 가운데가 바다 요정 네레이드, 오른쪽 트리톤, 왼쪽 에로스

•• 프리지다리움 모자이크 중에서 네레이드

커요. 옆에 탈의실 아포디테리움이 자리하죠. 프리지다리움 바닥은 화려한 모자이크로 뒤덮였습니다. 바다 속 신화의 세계가 그려져 있는데요. 바다의 요정《네레이드》가 반나의 아름다운 몸매를 뽐내고, 트리톤이 옆을 지킵니다. 배도 네 척이나 등장하고, 날개 달린 에로스들이 주변에서 한가로이 노닐죠.

로마 목욕탕에서는 어떻게 방을 데웠을까요. 하이퍼코스트라고 부르는 우리네 온돌 시스템이 해결했어요. 바닥에 가로 세로 20센티미터의 테라코타 타일을 차곡차곡 쌓아 높이 80센티미터 안팎의 작은 기둥을 만든 뒤, 그 위를 평평한 돌로 덮어 구들을 만듭니다. 아궁이에서 불을 때면 열기가 구들 밑 이곳저곳을 돌면서 바닥을 따듯하게 데워요. 또 우리네 온돌과 달리 벽에도 파이프가 설치되어 있어, 열기가 바닥에서부터 벽까지 입체적으로 타고 돌며 데웠죠. 방은 열기가 뜨거운 순서대로 라코니쿰, 칼다리움, 테피다리움이라고 불렀어요. 칼다리움에는 뜨거운 물을 받아 두는 욕조가 함께 있어 몸을 담그고 피로를 풀 수 있었죠.

부유층은 욕조에 우유를 넣어 마사지를 즐겼습니다. 네로의 황후 포파에아는 갓 새끼를 낳은 나귀 200마리에게서 짜낸 젖으로 목욕하며 피부를 가꿨다네요. 목욕물에 각종 향을 넣기도 했죠. 그 향을 수입하기 위해 아라비아, 인도, 중국에까지 상인들이 오갔습니다. 플리니우스가 국부가 목욕 사치품으로 새나간다고 개탄할 정도였으니 그 실상을 짐작할 수 있겠지요. 폭군으로 이름 높은 황제 코모두스는 열두 살 때 목욕물이 너무 뜨겁자 물 끓이던 노예를 불구덩이에 집어넣으라고 명령했답니다. 철없는 어린애의 망언에 스승이 기지를 발휘해 노예 대신 양가죽을 집어넣고 단백질 타는 노린내를 냈다고 하니 목욕물에 얽힌 사연 치고는 간담이 서늘하죠. 로마의 디오클레티아누스 황제 목욕탕에는 한꺼번에 1600명이 입장했는데요. 이때 두 배가 넘는 3200명의 노예가 물을 끓이고 각종 서비스를 제공했다네요. 배보다 배꼽이 더 큰 경우예요. 목욕 뒤 올리브 기름을 몸에 바르는 오일 마사지 코너가 있었는데요. 몸에 올리브 기름을 발라주던 하인들은 물론 알몸으로 봉사했답니다. 이런 문화가 엉뚱하게 현대사회, 특히 일본과 이웃 동방예의지국에 잘못 전승돼 사회문제가 되기도 했죠.

전차경기_3~4세기 초_피아짜 아르메리나. 전차경기장의 모습으로 가운데가 중앙분리대이고, 전차, 오벨리스크, 나팔수 등이 보인다. 중앙의 구멍이 배수구다.

아무튼 이 목욕탕의 체육관, 즉 팔레스트라에는 《전차경기》가 자리합니다. 로마 시대에는 목욕탕에 들어가기 전에 먼저 근육운동을 하는 게 관례였죠. 근육운동을 위해 목욕탕 야외나 실내에 어김없이 팔레스트라를 마련했어요. 팔레스트라 바닥에 수도 로마의 키르쿠스 막시무스의 콰드리가이말 네 마리 경기를 묘사했는데요. 전차경기의 이모저모에 대한 역사기록화로 손색없습니다.

로마 제국 대중문화의 꽃, 전차경기에 대해 살펴볼까요. 로마 사회에 처음 전차경기가 등장한 것은 BC 6세기랍니다. 전차경기장Circus의 대명사인 키르쿠스 막시무스를 처음 만든 것은 BC 5세기였는데, 나무로 만들었대요. 1세기 클라우디우스 황제 시절 대리석으로 재건축했고, 2세기 하드리아누스 황제가 길이 600미터, 너비 100미터의 초대형으로 증축했습

이탈리아 193

• 전차경기 중에서 전차와 기수
•• 전차경기 중에서 오벨리스크와 나팔수

니다. 최대 38만 명의 관중을 수용했다고 하네요. 놀라운 것은 로마에 5개의 전차경기장이 있었다는 거죠. 키르쿠스 막시무스는 상암 월드컵 경기장, 나머지 경기장은 잠실 축구장이나 목동 구장에 견줄 수 있겠네요.

전차경기는 세 종류인데, 전차를 끄는 말의 숫자에 따라 2두 전차 비가이Bigae, 3두 전차 트리가이Trigae, 4두 전차 콰드리가이Quadrigae가 있었죠. 보통 4두 전차경기가 인기를 모았습니다. 최대 12대의 전차가 동시에 달렸는데요. 경기를 주선한 집정관이나 황제가 흰 수건을 흔들면 출발해서 경기장 한가운데에 있는 길이 344미터의 중앙분리대를 시계 반대방향으로 일곱 바퀴를 돌아 승부를 가렸습니다.

전차경기장에 이집트 문명의 산물 오벨리스크태양신앙의 상징으로 세운 기념비가 서 있는데요. 어찌된 일일까요. 오벨리스크는 황제의 권위를 상징합니다. 옥타비아누스 황제가 이집트의 프톨레마이오스 왕조를 멸망시킨 뒤 BC 13세기에 제작한 람세스 2세 오벨리스크를 가져다 키르쿠스 막시무스에 세워놓은 게 기원이죠. 카잘레 빌라 모자이크에 나오는 오벨리스크랍니다. 지금 이 오벨리스크는 로마 포폴로 광장에 있고요. 357년 콘스탄티우스 2세도 BC 15세기에 만들어진 투트모스 3세 오벨리스크지금은 로마의 산지오반니 광장에 있음를 가져다 키르쿠스 막시무스에 세웠습니다.

실내 체육관 옆으로 화장실이 있죠. 화장실에도 모자이크를 설치해 운치를 살렸어요. 지금은 쓸쓸하게 흔적만 남았지만, 예술품을 바라보며 볼일을 봤을 로마 인의 생활상이 색다르게 느껴져요. 여러 명이 칸막이 없이 동시에 앉아서

화장실_3~4세기 초_피아짜 아르메리나. 실내 체육관에 붙은 목욕탕 화장실 모자이크. 오른쪽에 10여 명이 앉을 수 있는 변기의 일부가 보인다.

사용하던 로마 화장실은 수세식이었습니다. 용변을 본 뒤 나무에 매단 스펀지에 물을 적셔 닦았는데요. 사용한 스펀지 막대는 잘 씻어 걸어둬, 다음 사람이 이용하도록 했답니다. 훗날 이슬람권에서는 손에 물을 묻혀 닦

고, 요즘은 비데란 것이 물을 뿜어 닦는 것과 비교되어 재미있네요. 화장실 바닥은 난방이 됐어요. 요즘 최고급 화장실에 뒤지지 않죠.

로물루스의 사비니 여성 강탈: 페리스틸리움

목욕탕을 지나면 야외정원이 환한 햇살 속에 빛납니다. 갑자기 짐승들이 우짖는 소리가 들려오는데요. 왜 그럴까요. 야외정원 페리스틸리움 회랑에는 모두 32개의 기둥이 늘어서 있는데요. 너비 3.8미터, 둘레 380미터 회랑 전체가 놀랍게도 모자이크로 뒤덮였습니다. 엄청난 규모인데요. 모자이크 소재는 160개의 짐승 얼굴입니다. 그러니 짐승 울부짖는 소리가 들리죠. 모두 월계관을 쓰고 있어요. 회랑을 빙 둘러 모두 13개의 방이 자리합니다. 페리스틸리움의 방은 노예나 손님용으로, 혹은 다른 용도로 쓰는 경우가 많았어요. 직사각형의 회랑 안쪽으로 연못 비비다리움이 운치를 더하네요. 조각품도 군데군데 놓여 있고요.

회랑에 붙은 13개 방 가운데 맨 처음 나타나는 방은 목욕탕의 팔레스트라와 붙어 있어요. 주인마님이 하녀들을 데리고 목욕탕에 《화장》하러 가는 모자이크가 있어 드레싱룸이라 부릅니

정원과 회랑_3~4세기 초_피아짜 아르메리나. 연못을 갖춘 정원과 회랑 그리고 회랑 바닥 모자이크. 원내는 바닥 모자이크 중에서 호랑이

- 화장_3~4세기 초_피아짜 아르메리나. 가운데가 여주인, 양 옆으로 두 명의 자식, 그 옆은 시중을 드는 노예
- 사비니 여성 강탈 중에서 사비니 여성_3~4세기 초_피아짜 아르메리나. 당시 복식을 연구할 수 있을 만큼 선명하다.

다. 로마 시대에도 요즘처럼 분이나 크림, 향수 같은 화장품을 사용했어요. 화장이나 머리 다듬는 노예만 여러 명을 둘 정도였는데요. 특히 머리 매무새는 교양과 품위를 나타내는 척도였고 시절 따라 유행도 타서 더 신경썼답니다. 그렇게 정성을 들였건만 화장이든 머리든 마음에 들지 않을 경우 노예는 호된 꾸지람을 들었겠죠. 옷은 무릎까지 오는 짧은 옷 투니카를 걸치고, 그 위로 스톨라라는 긴 옷, 겉에는 팔라라는 옷을 입고 연회에 나갔어요.

회랑을 끼고 북쪽으로 붙은 방은 모두 침실 쿠비쿨룸인데요. 드레싱룸 뒤에 바로 붙은 침실 1에는 로마의 시조 로물루스가 사비니 부족의 여성을 납치하는 《사비니 여성 강탈》이 탐방객을 안내해요. 여섯 쌍이 춤을 추

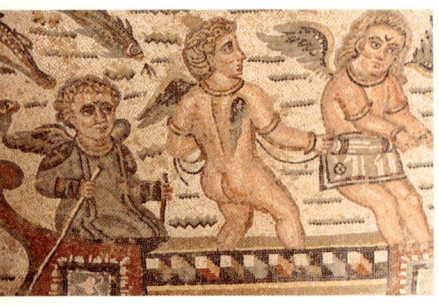  

- 고기 잡는 에로스 중에서 고기잡이 배_3~4세기 초_피아짜 아르메리나
- • 고기 잡는 에로스 중에서 낚시
- •• 고기 잡는 에로스 중에서 돌고래 타는 에로스

고 세 명의 여성이 더 등장하는데요. 큰 숄을 허공에 날리며 우아하게 춤추는 모습에 사비니 여성의 아름다움이 물씬 배어납니다. 당시 정황을 좀 더 자세히 들여다보죠. 아프로디테가 이다 산 양치기 안키세스를 사랑해 얻은 결실 아에네아스의 후손 로물루스가 BC 753년 4월 21일 팔라티노 언덕에 로마를 건국하죠. 나라는 세웠지만, 남자끼리 살 수는 없는 법. 로물루스는 포세이돈 축제 때 사비니 부족을 초청하고, 경기를 벌이는 척하면서 뒤로 여자들을 빼돌려 살림을 차립니다. 그 터전은 키르쿠스 막시무스 전차경기장 동쪽에 솟은 팔라티노 언덕인데요. 제국 시대의 유적 잔해가 웅장한 모습으로 서 있어, 로물루스가 사비니 여성을 낚아채는 모습을 연상하기는 어렵답니다.

침실 2에서는 《고기 잡는 에로스》가 눈에 들어와요. 고기잡이는 북아프리카 모자이크에서 널리 이용되는 소재예요. 카잘레 빌라 모자이크가 북아프리카의 영향을 받았다고 추측해볼 수 있는 대목이죠. 네 척의 고깃배가 등장하는데 부지런히 노를 젓고, 그물을 끌어당기고, 낚싯대를 드리

• 사냥 중에서 큰 돌을 던져 짐승을 찍어 내리려는 사람_3~4세기 초_피아짜 아르메리나
•• 사냥 중에서 멧돼지 포획
••• 사냥 중에서 고기 굽는 사람

우고, 잡은 고기를 정리하는 장면이 담겼습니다. 로마 시대에 생선은 아주 비싼 음식재료였습니다. 특수용기에 넣어 산채로 운반해 팔았기 때문인데요. 요즘 횟감을 수조에 싣고 다니며 활어로 파는 것과 마찬가지랍니다.

침실을 지나면 거실 타블리눔이 나옵니다. 남자 주인이 사용하던 거실이에요. 손님도 만나고 개인적인 일을 보던 방인데, 우리의 사랑방이죠. 카잘레 빌라 타블리눔에는 《사냥》이 있어 '작은 사냥의 방'이라고 불러요. 가로 5.9미터, 세로 7.3미터 크기의 방바닥 전체를 사냥 풍경이 뒤덮고 있습니다. 화면을 다섯으로 나눠 갖가지 에피소드 장면을 배치한 《사냥》은 카잘레 빌라가 북아프리카 모자이크의 영향을 받았다는 증거랍니다. 화면을 여러 개로 나눠 서로 다른 에피소드로 채우는 방식은 북아프리카 모자이크의 특징이거든요.

로마 시대의 상류층, 특히 지방 귀족의 주요 오락이던 사냥은 어땠을까요. 모자이크를 통해 알 수 있어요. 사냥할 때는 말을 탔네요. 숲속에서 달리기 편하게 작은 말입니다. 개도 데리고 다녔고요. 그레이 하운드 종류군요. 개가 토끼와 멧돼지, 사슴을 몰아주면 잡는 식이죠. 새는 그물로 덮쳤어요. 사냥복이 있었을까요. 숲속에서 활동하기 편하게 짧은 옷을 입고 있어요. 덤불이나 돌부리에 걸려 다치는 것을 막기 위해 다리 보호용 스타킹도 신었고요. 손에는 창과 그물을 들었습니다. 가장 인상적인 장면은 아르테미스 희생제죠. 사냥의 여신 아르테미스에게 제祭를 올린 뒤 사냥한 고기를 석쇠 위에 올려놓고 지글지글 구워먹는 모습이에요. 가장 한국적인 풍경이죠. 로마 시대 사냥은 귀족들의 유희이자, 스포츠, 모험, 그리고 배불리 먹는 것을 의미했답니다. 물론 하나 더 있었죠. 쾌락을 추구하는 일.

검투경기용 맹수 사냥과 항해 기록 보고서: 큰 사냥의 복도

작은 사냥의 방을 지나면 빌라에서 가장 독특한 공간이자 가장 장엄한 장면을 담고 있는 너비 3미터, 길이 60미터의 긴 복도로 이어집니다. 페리스틸리움 중심 건물 앞부분과 바실리카큰 강당 중심 건물 뒷부분을 연결하는 일종의 중간지대인데요. 전체가 《맹수 사냥》으로 뒤덮여 있어 '큰 사냥의 복도'라고도 불러요. 하나의 주제로 60미터짜리 대작을 만들었다는 게 놀랍기만 합니다.

앞서 타블리눔작은 사냥의 방에서 보았던 《사냥》과 무엇이 다를까요. 타블리눔의 사냥은 귀족이 여흥으로 즐기던 사냥, 즉 스포츠인데요. 큰 사냥의 복도에서 사냥은 격이 달라요. 상업적 목적을 갖는 돈벌이용 사냥입니다. 아프리카와 인도에서 맹수들을 잡아 검투경기용으로 팔기 위해 하

1. 맹수 사냥의 복도_3~4세기 초_피아짜 아르메리나. 길이 60미터의 대작이 한눈에 펼쳐진다.
2. 맹수 사냥 중에서 배를 타고 사냥에 나선 장면
3. 맹수 사냥 중에서 사자의 역공
4. 맹수 사냥 중에서 노예 구타
5. 맹수 사냥 중에서 하역. 사다리 밑으로 노가 보인다. 로마 시대 배는 주로 돛을 달아 바람을 이용했는데 이 배는 노를 설치한 구조도 잘 보여 준다.
6. 맹수 사냥 중에서 인도에서 잡은 코끼리

는 사냥인데요. 그 과정을 상세하게 그려놨어요. 호랑이, 사자, 표범, 타조, 뱀 등 사납고 무서운 맹수로 가득합니다. 검투경기는 이런 동물들을 상대로 해야 인기를 얻었습니다. 해외에서 산 채로 잡아오려면 막대한 경비가 들었겠죠. 하지만 정치인에게는 검투경기가 민심을 휘어잡는 좋은 방법이어서 수요가 있었어요. 야생동물 사냥은 돈 되는 사업이었습니다.

큰 사냥 복도 모자이크는 세 장면을 합쳐놓은 복합 그림이에요. 복도의 북쪽 즉 모자이크를 바라보며 왼쪽은 아프리카 곰과 표범 사냥을 표현했고요. 남쪽, 즉 오른쪽은 인도의 코끼리와 호랑이 사냥을 묘사했어요. 가운데는 로마의 관문 오스티아 항에서 짐승을 하역하는 장면입니다. 모자이크에서 노예를 때리는 장면이 눈길을 끌죠. 당시 노예 한 명보다 사자 한 마리 값이 다섯 배나 더 비쌌어요. 노예는 사람이 아니었던 거죠. 노예를 짐승만큼만 대우해줬어도 스파르타쿠스의 반란 같은 민란이 일어나지 않았을지 모릅니다. 아프리카 마우레타니아, 누미디아, 키레나이카 등지에서 잡은 맹수는 카르타고 항에서 선적되어 사흘이면 오스티아 항에 도착했죠. 인도나 다른 오리엔트 지역에서 오는 동물은 육로를 거쳐 알렉산드리아 항에서 선적됐는데요. 알렉산드리아에서 오스티아까지는 순풍일 경우 아흐레 정도 걸렸답니다. 육로보다 뱃길이 얼마나 가까웠는지 알 수 있죠.

아쉬운 점이 하나 있는데요. 이 모자이크에는 '쉬바의 여왕'이 등장하는데, 두 번씩 탐방하면서도 놓쳤어요. 다녀와서 "아! 이런 것도 있었구나." 할 때 참 속상하죠. 쉬바Sheba, 혹은 Saba는 역사적으로 실존했던 아라비아 반도 남부나 동북 아프리카인 이디오피아 지역을 가리킵니다. 당시 여왕이 이스라엘 왕국의 3대 왕 솔로몬을 찾아왔다고 유대인이 역사서로 믿는 구약성서에 전합니다. 사실이라면 BC 10세기죠. 다음은 전설인데요. 쉬바의 여왕이 솔로몬의 아들을 낳아 이디오피아 왕조의 1대 왕이 됐다는군요. 로마 시대 역사가 타키투스는 유대인의 기원이 이디오피아라고 적는데요. 오늘날 이디오피아 흑인 일부가 유대인으로 인정받아 이스라엘로 귀화하는 것은 엄연한 현실이랍니다. 모자이크에서 쉬바의 여왕은 금발이 치렁하고 부유하게 치장한 모습이에요.일설에는 쉬바의 여왕이 아니라 의인화 기법으로 풍요의 땅 인도를 사람으로 나타낸 것이라네요.

2000년 전의 비치 발리볼 : 비키니의 방

이제 정말 설레고 흥분되는 순간입니다. 책 제목을 만들어낸 모자이크로 이동합니다. 카잘레 빌라는 물론 지중해 전역의 모자이크 가운데 가장 인상적인 장면이 담겨 있다고 해도 과언이 아니죠. 탐방객 누구든지 눈을 의심하지 않을 수 없고, 놀라움에 잠시 입을 벌리는 모자이크입니다. 바로 들어가죠. "로마 시대 복장이 맞나."라는 질문을 던지게 만드는 '큰 사냥의 복도' 남쪽 방의 《비키니》입니다. 삼각팬티 '수블리가쿨룸'과 끈 없이 가슴을 받쳐주는 브래지어 '스트로피움'을 합쳐 현대의 '비키니'가 되죠. 물론 로마 시대 남자, 특히 운동선수나 검투사가 삼각팬티 수블리가쿨룸을 입었어요. 하지만 여성이 비키니를 입고 야외에서 경기를 펼쳤고, 그 모습이 자연스럽게 예술작품에 등장한다는 사실은 충격이 아닐 수 없습니다.

《비키니》는 두 부분으로 나뉘어요. 윗줄과 아랫줄에 각각 다섯 명씩이

- 비키니_3~4세기 초_피아짜 아르메리나
- 비키니 추가 시공. 원래 바닥은 기하학 무늬 모자이크였는데, 그 위에 비키니 모자이크를 추가 시공한 모습이 잘 드러난다.

지만, 윗줄 한 명은 훼손되어 보이지 않고요. 꽃다운 여성들은 올림픽 5종 경기를 벌이고 있는 것으로 보입니다. 고대 올림픽 정신이자 구호죠. '키티우스, 알티우스, 포르티우스더 빨리, 더 높이, 더 강하게'가 떠오르는 장면이랍니다. BC 708년에 열린 고대 그리스 올림픽 18회 대회에서 5종 경기가 채택됐어요. 멀리 뛰기, 창 던지기, 단거리 달리기, 원반 던지기, 레슬링의 5개 독립 종목을 종합해 실력을 겨뤘죠. 모자이크에는 5종 경기 가운데 멀리 뛰기, 원반 던지기, 달리기가 묘사되어 있어요. 사실 그리스·로마 시대 올림픽에서는 여성이 선수로 참여하는 것은 물론 관람도 금지됐어요. 따라서 모자이크는 올림픽이 아니라 목욕탕 팔레스트라에서 운동하는 장면으로 보는 게 옳을 것 같습니다. 남녀 모두 체력단련을 위해 목욕탕에서 운동했고, 공놀이는 일상적 풍경이었으니까요.

그렇다면, 여기서 뭔가 스캔들이 일어나지 않았을까요. 남녀가 반라 차림으로 경기를 벌이는데. 목욕탕은 종종 남녀분리 규칙이 무너져 혼탕도 있었거든요. 스캔들이 난 것은 당연지사고요. 혼탕금지 포고령이 여러 번 나온 점은 거꾸로 혼탕이 심심찮게 적발됐다는 것을 말해주죠. 음주운전을 하니까 음주단속 하는 것과 같은 이치예요. 하드리아누스 황제는 스캔들에 빠지지 않기 위해 목욕탕에 가지 않겠다는 약속을 스스로에게 했을 정도였답니다. 이 그림을 보니 당시 목욕탕 정경이 비로소 머리 속에 그려집니다.

구체적으로 아홉 명의 여성 하나하나를 살펴보겠습니다. 윗줄 왼쪽에서 첫 번째 여성은 손에 아령 같은 도구를 들고 있지만, 사실 멀리 뛰기를 하고 있어요. 당시 올림픽에서 멀리 뛰기를 할 때는 돌로 만든 도구를 손에 들었거든요. 할테레스라고 부르죠. 할테레스를 양손에 들고 앞뒤로 흔들다 타이밍을 맞춰 앞으로 펄쩍 뛰어오르는 자세로 경기를 펼쳤어요. 팔을 흔들고 몸을 움직이자면 자연스럽게 리듬이 필요하겠죠. 따라서 다른 경기와 달리 멀리 뛰기에서는 아울로스 피리 연주가 뒤따르곤 했습니다. 할테레스는 오늘날까지 유물로 전해지는데 평균 4.5킬로그램에 길이는 12~29센티미터 정도였어요.

비키니 중에서 멀리 뛰기

• 비키니 중에서 원반 던지기. 귀걸이를 하고 입술엔 빨갛게 화장도 했다.

•• 비키니 중에서 달리기. 스트로피움이 독특하게 푸른색이다.

윗줄 왼쪽 두 번째의 원반 던지는 여성은 먼 곳을 응시하면서 막 던지려 하고 있죠. 원반 경기는 「일리아드」의 트로이 전쟁에도 등장할 만큼 그 역사가 유구합니다. 이 무렵 원반은 쇠뭉치 같은 투박한 모습이었죠. 올림픽 경기로 채택되면서 두께가 1센티미터 미만의 세련된 형태로 바뀝니다. 평균 두께는 0.5센티미터이고 대부분 청동으로 만들었지만, 대리석이나 납으로 만든 것도 있어요. 직경은 17센티미터에서 35센티미터, 무게는 1.5킬로그램에서 6.5킬로그램까지 다양합니다.

윗줄 왼쪽 세 번째, 네 번째는 달리기입니다. 얼굴 표정이 일그러진 것으로 보아 전속력으로 달리는 게 아닐까요. 등장인물 가운데 이목구비가 가장 균형감 있게 표현된 네 번째 여성은 요즘 말로 얼짱 선수네요. 스트로피움의 색도 푸른색으로 다른 선수들과 달라요. 고대 올림픽에서 달리기는 가장 중요했고 또 기본종목이었습니다. BC 776년 그리스 올림피아에서 1회 대회가 시작됐을 때 유일한 경기종목은 달리기였답니다. 그것도 단거리 달리기 한 가지였죠. 거리는 1스타디온Stadion인데, 오늘날 기준으로 보면 191.27미터로 현대올림픽 200미터 달리기인 셈이네요. 운동장은 1스타디온의 거리에 맞춰 건설해 스타디움Stadium이라 부르게 됐죠. 스타디움을 말하면 축구장부터 떠오르지만, 원래는 육상경기장 이름이었어요.

고대 올림픽에서는 13회 대회까지 단거리 달리기 한 종목만 치르다가 14회 대회가 열린 BC 724년에 중거리 달리기를 넣어 종목을 둘로 늘렸습니다. 중거리 달리기는 1스타디온의 직선주로를 한 번 왕복해 달렸으니, 오늘날 400미터 달리기와 비슷해요. 요즘은 경기장 한가운데 축구장이 설치돼 그 둘레의 트랙을 한 바퀴 도는 방식이죠. 당시는 중앙에 축구장이 없었으므로 직선으로 달려갔다 되돌아왔어요. 중거리 달리기는 디아울로스Diaulos라고 불렀는데요. 목관木管이 두 개 달린 피리 아울로스Aulos에서 따왔습니다. 디Di가 '2'를 가리키거든요. 15회 대회가 열린 BC 720년에는 장거리 달리기인 돌리코스가 추가됐어요. 스타디온을 20번 내지 24번 반복해 달렸죠. 오늘날 경기로 보면 5000미터 경기에 해당돼요.

아랫줄로 내려갑니다. 오른쪽에 두 명의 여성이 울긋불긋한 공을 손으로 치는 장면이 나옵니다. 놀랍죠. 20세기 말이 돼서야 세계적으로 보급된 비키니 차림의 비치 발리볼이 로마 시대에도 있었다니요. 염색한 가죽을 꿰매 겉을 만들고, 그 속에 옷감을 넣은 공도 모양이 비슷하죠.

아랫줄 오른쪽 첫 번째 여성은 수블리가쿨룸의 옆부분을 터서 각선미를 돋보이게 만들었어요. 오른쪽에서 두 번째 여성으로 눈을 돌리죠. 공을 받으려는 자세네요. 모자이크에 등장하는 여성 가운

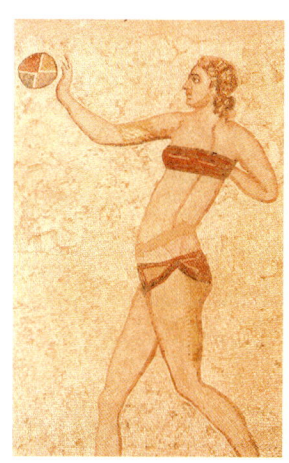

비키니 중에서 공놀이

데 가장 키가 커요. 입술에는 빨갛게 화장도 했고요. 꽉 끼는 팬티와 브래지어가 다 담아내지 못해 비어져 나온 살에서 섹시함이 한껏 드러나는 요즘 해변 여인과 다를 바 없습니다. 그럼 현대 비치 발리볼은 언제 생겼을까요. 1930년대 아메리카 대륙의 해변에서 생겼다고 짐작할 뿐 정확히 알 수는 없어요. 우리나라에는 비교적 늦은 1989년 처음 선보였습니다.

　여기서 잠깐 고대 올림픽 복장을 살펴보죠. 호메로스의「일리아드」를 보면, 트로이 전쟁 시기의 미케네 사회에서는 달리기할 때 바지 같은 옷을 입었던 기록이 있다네요. 그러다가 나체로 바뀌었다는데, 여기저기 설명이 제각각입니다. 바지를 입고 달리다가 옷이 흘러내려 넘어지기 일쑤여서 아테네 행정관 히포메네스가 '나체 달리기 법'을 통과시켰다고도 합니다. 또 메가라에서 온 오리포스라는 선수가 BC 720년 대회에서 달리다가 갑자기 바지가 벗겨졌는데, 이것이 뒷날 자연스럽게 유행이 되었다고도 하고요. 어쨌거나 그리스 인은 인간의 몸, 특히 운동을 통해 근육질로 단련한 몸을 자랑스럽게 여겼습니다. 인간 육체의 아름다움에 탐닉했던 그리스 인과 나체 경기는 자연스럽게 연결돼요.

　아랫줄 오른쪽 세 번째 여인은 머리에 장미로 만든 관을 쓰고 왼손에 승리를 상징하는 야자수 가지를 들었습니다. 세계적인 권위를 자랑하는 프랑스 깐느 영화제의 황금종려상 수상자는 금으로 만든 야자수 가지를 받죠. 모자이크에서 보듯 그리스·로마 시대 승리의 상징인 야자수 가지를 원용

비키니 중에서 승리한 여인

한 것입니다. 그 옆 여성 역시 승리의 여인이에요. 심판으로부터 승리의 화관을 받기 위해 오른손을 벌리고 왼손에는 바람개비를 들었어요. 시선은 이미 상을 받고 화관을 쓴 여인을 바라보네요.

이곳 비키니의 방에 등장하는 여성들은 옷도 옷이지만 머리 모양이 저마다 달라요. 그만큼 나름대로 자신의 패션에 강한 자부심을 가졌던 것으로 보이는데요. 운동중이지만 귀에 달고, 목에 걸고, 팔목에 차고, 손가락에 끼웠습니다. 주렁주렁 갖은 장신구로 한껏 멋을 부린 거죠. 모자이크에 그려진 여성들은 몸매나 얼굴로 볼 때 20대 초반이었을 것으로 짐작되요. 20대라면 로마 시대에는 결혼해서 벌써 애를 낳았을 나이입니다. 일부 여성의 경우 복부나 하반신의 몸매가 결혼해 아이를 낳은 것처럼 보이기도 하죠.

아랫줄 왼쪽에서 세 명은 시상 풍경인데요. 맨 왼쪽 여성은 황금빛 드레스를 입었어요. 운동선수가 아니라 심판이거나 행사 주관자임을 한눈에 알 수 있습니다. 드레스 위로 몸매가 그대로 드러나도록 표현한 대목이 선정적이죠. 한쪽 젖가슴을 시원스레 보여주기까지 하고요. 요즘 여배우들이 영화제 시상식장에 참석하는 모습을 떠오르게 하네요. 아름다운 맵시를 한껏 뽐내며 환호 속에 입장하는데, 깐느 영화제에서 뤼미에르 극장 앞 붉은색 융단 위를 걸어 입장하는 것을 본따 "레드 카펫

비키니 중에서 시상 장면

이탈리아 **209**

을 밟는다."고 하잖아요. 이때 아무리 대담한 여배우라도 가슴을 송두리째 내놓지는 못하죠. 그런데 이 모자이크에서 승리한 선수에게 장미관과 야자수 가지를 건네려는 심판 모습은 다르네요. 오른쪽 어깨를 파서 가슴을 확 드러냈으니 말입니다.

헤라클레스의 무용담과 오디세우스의 지혜

운동하는 비키니 차림의 여성들 모습에 푹 빠진 채 로마 상류사회에서 연회를 펼치며 떠들썩하게 즐겼던 사교공간인 식당, 트리클리니움으로 갑니다. 트리클리니움에서는 《화살 맞은 거인족》이 고통을 호소하네요. 거인족, 즉 기간테스는 대지의 신 가이아와 하늘, 즉 천계의 신 우라노스 사이에서 태어났죠. 크로노스가 아버지 우라노스의 생식기를 잘랐을 때 나온 피가 대지가이아에 떨어져 태어난 스물네 명의 아들입니다. 한 명을 가리킬 때는 기가스가이아의 아들라고 하는데요. 이들은 힘이 세고 사나워요. 인신사족人身蛇足으로 상반신은 사람, 하반신은 뱀이죠. 제우스를 정점으로 하는 올림포스 신들에게 도전해 격렬한 거인전쟁, 기간토마키아를 일으킵니다. 이때 제우스의 아들 헤라클레스가 올림포스 신편에 서 싸우는데, 그가 아테나 여신을 도우면서 화살로 기간테스를 죽이는 장면이 모자이크에 담겼습니다.

트리클리니움에서 나오면 '폴리페모스의 방'의 《폴리페모스》가 기다려요. 그리스 신화에 등장하는 폴리페모스는 두 명인데, 여기서는 「오디세이」에 나오는 외눈박이 거인족 키클로페스입니다. 포세이돈의 아들이죠. 끔찍한 소재지만 표현은 해학적이에요. 영국의 탁월한 풍자작가 조나

화살 맞은 거인족_3~4세기 초_피아짜 아르메리나

단 스위프트가 1726년 펴낸 『걸리버 여행기』와 닮았다고 할까요. 키가 10미터도 넘는 거인의 나라 '브로브딘나그'가 나오잖아요. 그리스 신화에도 '브로브딘나그' 비슷한 곳이 있었던 겁니다. 키클로페스가 살던 땅이에요. 키클로페스는 농사를 지을 줄 모르고, 사방에서 풍부하게 자생하는 과일이며 각종 야채, 곡식을 먹고 사는 것으로 그려집니다. 주로 하는 일은 양 치는 거죠. 호메로스는 이들을 의회도 법도 없는 야만인이라고 묘사하는데요. 호메로스 시대인 BC 8세기 이미 의회 같은 민주주의 장치들이 그리스 폴리스에 자리잡고 있었음을 간접적으로 알 수 있는 대목이죠. 산꼭대기 동굴에 살며 소유의 개념이 없는 이들을 호메로스는 경멸 어린 시선으로 바라보지만, 달리 생각하면 욕심 없는 신선의 유토피아로 볼 수도 있지 않을까요.

오디세우스와 키클로페스 족 폴리페모스의 만남은 비극적이죠. 오디세우스의 배가 키클로페스 족이 사는 섬에 표류하자, 오디세우스는 부하 열두 명을 데리고 폴리페모스의 동굴로 가요. 동굴에서 치즈며 먹을 것을 잔뜩 훔친 것까지는 좋았는데, 빨리 챙겨 나가자는 부하들 의견을 듣지 않은 게 화근이 됩니다. 오디세우스는 폴리페모스를 만나 대화를 나눈 뒤 돌아가겠다고 고집을 부렸어요. 세상에 도둑질한 놈이 주인이랑 차를 마시고 나오겠다니! 저녁이 되어 들어온 폴리페모스는 대화는커녕 오디세우스의 부하 가운데 두 명을 고르더니 한 손으로 바닥에 내동이쳐 죽입니다. 머리가 깨져 골이 새어나왔다고 호메로스는 묘사하는데요. 창자까지 꺼내 말끔히 먹어치운 폴리페모스는 다음날 아침 두 명을 잡아먹고 저녁에 다시 두 명을 먹어치우니, 일행은 오디세우스를 포함해 일곱 명이 남

폴리페모스_3~4세기 초_피아짜 아르메리나. 오디세우스가 폴리페모스에게 포도주를 바치고, 뒤에서 오디세우스의 부하들이 지켜보고 있다.

앉습니다.

    살아날 방도를 찾던 오디세우스가 묘수를 떠올리죠. 술! 오디세우스는 갖고 온 포도주를 폴리페모스에게 바칩니다. 포도주 세 통을 받아 마시고 거나하게 취해 기분이 좋아진 폴리페모스에게 오디세우스는 먼저 말을 건네요. "제 이름은 '노만없다' 입니다." 그러자 폴리페모스는 "그래 노만. 고맙구나. 선물을 주지. 다른 놈들 다 잡아먹고 너를 맨 마지막에 잡아먹으마." 유머 감각이 있는 식인 거인이네요. 과음 탓인가. 폴리페모스는 마신 것을 토한 뒤 깊은 잠에 빠졌어요. 기회를 잡은 오디세우스는 커다란 통나무를 불에 달궈 잠자는 폴리페모스의 눈을 찔렀습니다. 살 타는 냄새가 진동하고 피가 넘쳐흘렀어요. 눈을 찔린 폴리페모스는 동굴이 무너져라 괴성을 지르며 길길이 날뛰었어요. 폴리페모스가 소리소리 지르니 동료 키클로페스 족이 모여들었습니다. "그 녀석이야. 노만없다." "자네 미쳤나? 노만없다. 그러면 자네 스스로 그랬다는 건가?" 잠자다 쫓아온 친구들은 폴리페모스가 횡설수설하는 걸 보고 술에 취해 실수를 저지른 것이라 생각하고 혀를 차며 모두 돌아갔습니다.

    눈이 먼 폴리페모스에게서 도망치기는 쉬운 일! 양떼에 몸을 숨기고 동굴을 빠져나온 오디세우스는 배를 타고 바다 한가운데로 나와 폴리페모스를 향해 소리칩니다. "야, 이 미련한 놈아! 나는 노만없다이 아니라 라엘테스의 아들 오디세우스다." 이 말을 들은 폴리페모스는 깜짝 놀랐습니다. "텔레모스라는 자가 언젠가 내가 오디세우스라는 자에게 눈이 멀게 될 거라고 예언했어. 그래서 그 녀석이 무척 힘이 세고 나보다 클 줄 알았더니 난쟁이 소인이었단 말인가!"

이탈리아

분을 삭이지 못한 폴리페모스는 아버지 포세이돈에게 기원했습니다. 오디세우스의 배가 풍랑을 만나 뒤집히게 해달라고요. 물론 이 기도는 신을 움직이지 못했죠. 다른 신들이 오디세우스가 무사히 고향에 돌아가도록 도왔기 때문이에요. 오디세우스의 무사 귀환은 10년 트로이 전쟁, 10년 귀국길 방황에 종지부를 찍고 마침내 20년 전쟁이 대단원의 막을 내리는 것을 의미합니다. 트로이 전쟁의 진정한 주인공은 오디세우스인 셈이죠.

나신보다 야한 포옹: 연인의 방

카잘레 빌라의 마지막 탐방 코스입니다. 대미를 장식한다는 말이 어울릴 만큼, 또 오래 기다릴 만큼 충분히 가치 있는 모자이크와 만납니다. 침실인데, '연인의 방'이라 부르죠. 통로가 비좁은 데다 이곳 모자이크를 놓치지 않으려는 탐방객으로 입구는 늘 초만원이에요. 방 전체를 덮는 아름다운 바다 모자이크와 벽면 프레스코가 탄성을 자아내요. 로마 시대 애정생활의 흔적이 여과 없이 적나라하게 드러나 있는 작품, 《포옹》입니다.

왼쪽에 화분을 두고 남녀가 부둥켜안은 채 서 있습니다. 남자가 밖에서 들어온 듯 왼손에 선물을 들고 있군요. 포도주 아니면 향수나 화장품일거예요. 로마 시대에도 오늘날과 선물 풍속도가 비슷했답니다. 남자는 여자에 가려 얼굴과 팔다리만 보여요. 짐도 내려놓기 전에 벌써 여자의 몸을 안고 있네요. 마중 나간 듯한 여자는 뒷모습인데, 화려하게 치장했습니다. 머리에는 붉은색 띠를 둘렀고요. 귀걸이, 목걸이, 팔찌에 발찌까지 달았네요. 온갖 멋을 낸 최상류층 여성임을 알 수 있죠. 여자가 걸친 긴 옷을 남자가 벗겨내는 중인데요. 이미 상반신은 다 흘러내렸네요. 로

●● 포옹_3~4세기 초_피아짜 아르메리나. 포옹한 남녀 주변에 사계, 탈 등 다양한 모자이크가 배치되어 있다.
● 포옹 중에서 뜨거운 눈길

이탈리아 **215**

마 특유의 끈 없는 브래지어, 스트로피움만 걸치고 엉덩이가 완전히 드러났어요. 육감적이네요. 여자는 오른팔로 남자의 목을 감싸안았지만 왼팔로 옷 자락을 붙잡고 있어요. 사실 완전한 나신의 정사보다 드러낼 부분만 아슬아슬하게 보여주는 포옹이 때론 더 관능적이죠.

이제 간절히 뚫어지게 쳐다보는 두 사람의 표정을 봐요. 불타 이글거리는 눈에서 욕망이라는 불길이 뿜어져 나옵니다. 사랑을 완성하기 직전의 타오르는 열정이 강렬하게 느껴지죠. 방안이 뜨겁게 달궈지다 못해 보는 것만으로도 살갗이 데일 것 같은 사랑의 열기가 전해지는데요. 이 순간 연인은 이렇게 말하고 싶지 않았을까요. 간절하면서도 품위를 잃지 않게 시적으로.

"I see the light of love in your eyes당신 눈길에서 빛나는 사랑을 보죠."

그리스 출신의 사색하는 샹송 가수 나나무스꾸리의 「오버 앤드 오버 Over and over, 계속해서」 노랫말이랍니다.

뜨거운 포옹을 '사계' 여신 모자이크로 둘러싼 의도는 무얼까요. 대지를 삼켜버릴 듯 이글거리는 불볕더위를 홀연히 몰려온 먹장구름이 쏟아내는 소나기가 식혀주듯, 정숙한 여신들의 자태가 어느 때보다 의미 있어 보입니다.

프랑스

빠리 Paris

셍제르망앙레 Saint Germain en Laye

리용 Lyon

비엔느 Vienne

오랑쥬 Orange

베종라로멘느 Vaison La Romiane

님므 Nimes

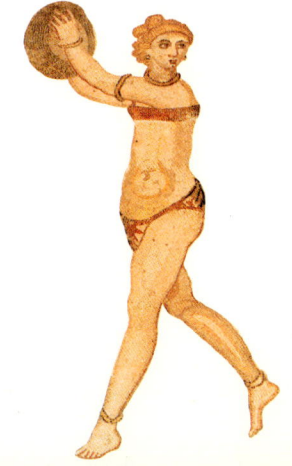

서부 노르망디의 황금빛 밀밭, 중서부 루아르 강의 모래사장, 남서부 은빛 알프스의 설원, 지중해 연안의 에메랄드 빛 해안, 프랑스는 어딜 가도 아름답죠. 선사시대부터 현대까지 다양한 유적과 유물이 인류사를 아로새기고요. 현생인류 크로마뇽인 두개골부터 구석기시대 동굴예술의 정수인 라스꼬 벽화, 베르사유 궁전, 세느 강변 에펠 탑까지요. 고대사에서 프랑스를 갈리아Gallia라고 부르죠. 갈리아는 BC 10세기 중부 유럽에서 철기문명을 가지고 들어온 켈트 족을 말합니다. 오늘날 프랑스 인의 직접 조상이죠. 여기에 카이사르가 BC 1세기에 로마 옷을 입힙니다. 갈리아의 토착문화에 로마 문명이 더해진 갈로-로망 문명Civilization gallo-romaine이라 부르죠. 아를르, 님므에는 아직도 원형을 간직한 유적이 살아 숨쉽니다.

융성하던 갈로-로망 문명에 변화를 준 것은 게르만 족의 일파인 프랑크Franc 족인데, 프랑스France 라는 나라이름의 기원이죠. 프랑스 역사는 이렇게 크게 세 줄기로 갈리아, 로마, 프랑크 문

아미앵 대성당_빠리

화의 융합체랍니다.

　중세 프랑스 문화의 상징은 기독교죠. 고딕 양식 교회의 진원지가 프랑스인데, 시골 동네에도 명동성당보다 큰 고딕 성당이 있어 이방인을 놀라게 합니다. 19~20세기 프랑스 미술은 어떤가요. 고정된 가치에 매몰되지 않고 아름다움을 찾아 끝없이 항해하는 미적 오디세이의 결과물이죠. 프랑스 미술사가 곧 세계 미술사고, 문학이나 철학이 가꿔온 궤적 역시 인류사회에 내놓은 열매가 큽니다. 프랑스가 인류에 던져준 최고의 선물은 역시 민주주의라는 이름의 프랑스 대혁명이고요. 1789년 불타올라 1870년 프로이센 전쟁 뒤 공화정을 세울 때까지 무려 90년 동안 혁명과 반동이란 피의 투쟁을 지속하며 민주주의를 일궈냈습니다. 자유, 평등, 박애의 3대 정신은 그 핵심이죠.

　미테랑 대통령이 혼외자식을 두고, 사르코지 대통령이 임기 중 이혼하고 재혼해도 눈 하나 깜짝하지 않는 자유의 나라, 그러면서도 미국에서 보이는 종교적 독선, 극심한 빈부격차, 무한경쟁의 약육강식 논리가 훨씬 덜한 합리와 이성, 이해, 공존의 나라가 프랑스입니다. 우리 역사가 광복 이후 겪고 있는 시행착오는 물론 2008년 새 정부의 과거 회귀와 후퇴도 길게 프랑스의 민주주의 여정에 비춰보면 통과의례로 볼 수 있겠죠. 역사 발전은 일탈적 성공 한 번으로 이뤄지는 게 아니라 일탈이 반복되면서 갈

등과 통합의 정반합으로 정상궤도에 오른다는 걸 프랑스 역사는 보여줍니다. 오늘날 사용하는 식물분류법을 고안해낸 스웨덴 식물학자 린네는 "자연은 도약이 없다."라고 했죠. 자연만 그런 게 아니라 사회도 그렇습니다.

프랑스에서 일 년 동안 유학하면서 배울 게 많은 나라라는 생각에 각 분야의 자료를 모으고 글을 가다듬던 기억이 새롭습니다. 그때 시작한 지중해 문명기행이 이번 책을 내는 계기가 됐죠. 프랑스의 모자이크는 로마가 도시를 구축했던 지역을 중심으로 남아 있답니다. 중남부의 리용과 비엔느를 비롯해 온화한 기후라 로마 인이 선호하던 프로방스 지방의 각 도시들, 오랑쥬, 베종라로멘느, 님므 등이 대표적이지요. 지중해 각지의 모자이크를 걷어다 전시해놓은 빠리 루브르 박물관은 첫 출발점이랍니다. 고갱이처럼 고운 모자이크는 감미로운 샹송의 선율처럼 예술의 향내 담뿍 담고 가슴속으로 파고들 겁니다.

아를르 원형경기장_아를르

프랑스

파리스의 업이 빚은
트로이 전쟁과 로마 풍속

빠리

아르테미스의 사냥과 애니미즘: 콘스탄티누스 빌라

더 이상 구구한 설명이나 자료가 필요 없는 세계 최대 관광도시 빠리가 로마 시대에 건축됐고, 당시 유적이 아직 남아 있다고 하면 좀 뜻밖이라고 여길 수도 있을 텐데요. 빠리에서 가장 많은 관광객이 찾는 세느 강 가운데에 자리한 씨떼 섬의 노트르담 성당 지하에 로마 유적이 있답니다. 로마 신전이 있던 자리에 기독교인이 노트르담 성당을 지은 거죠. 씨떼 섬에서 강 건너 남쪽으로 목욕탕, 원형경기장 유적도 남아 있어요. 빠리를 얘기하면서 세계 유물의 보고인 루브르 박물관을 빼놓을 수 없죠. 세계 최고最古이자 最高의 유물들을 한데 모아놓은 루브르만 찬찬히 둘러봐도 인류문명사의 흐름이 한눈에 들어오는데요. 명성에 걸맞는 멋진 모자이크 작품도 소장하고 있어 빠트려서는 안 될 명소랍니다. 물론 19세기와

20세기 제국주의의 산물이지만요.

루브르 박물관에서 오른쪽에 위치한 드농 관의 그리스·로마 조각 전시실밀로의 비너스도 전시을 관람한 뒤 에트루리아 전시실을 훑으며 빠져나오면 드넓은 홀이 펼쳐집니다. 오리엔트 각지의 그리스·로마 신전 건물 잔해와 조각 아래로 시야를 낮추면 뭔가 육중한 작품이 바닥을 꽉 채우고 있다는 느낌이 와요. 터키 안타키아 근처의 고대도시 다프네에 있는 콘스탄티누스 빌라에서 걷어온 모자이크입니다. 4세기 초 작품인데 규모와 완벽한 보존상태에 혀를 내두르게 돼요. 사실 너무 커서 무슨 내용을 어떤 형식으로 표현한 것인지 이해하기 어려워요.

그런데 미국의 한 대학 팀이 안타키아 모자이크를 정리한 책에 나오더군요. 이름은 《아르테미스의 사냥과 사계》. 이 모자이크는 전체 크기가 가로 12.5미터, 세로 8.3미터나 되는 대작입니다. 모자이크의 한가운데 정팔각형 분수 자리가 텅 비어 있고요. 팔각형을 빙 둘러 팔면이 있는데, 네 면에는 사냥 장면, 다른 네 면에는 계절 여신을 하나씩 넣었어요. 이 여덟 장면을 아칸투스 잎이 둘러쌉니다. 그 밖으로 농촌의 일상생활과 추상명사를 의인화한 여신들이 자리하는 구조예요.

아르테미스의 사냥과 사계_4세기_루브르 박물관. 다프네의 콘스탄티누스 빌라에 설치되었던 분수 주변의 모자이크

모자이크의 중심 소재는 역시 사냥이에요. 먼저 '아르테미스의 사냥'이 눈에 띕니다. 사냥의 여신 아르테미스가 왕관을 쓰고 사

자를 향해 큰 활을 쏘고 있어요. 그 뒤에 창을 들고 따르는 남자는 건장한 체격에 가죽 끈으로 된 사냥 장화를 신고 망토를 걸치긴 했는데 앞모습은 알몸이에요. '희생제'는 제례의식을 생생하게 전해줍니다. 사냥의 여신 아르테미스에게 의식을 치르는 장면인데요. 죽은 토끼를 아르테미스에게 공양물로 바칩니다. 공물은 사냥한 토끼를 올리는 경우가 많았던 모양이에요. 여기도 그렇지만 시칠리아의 피아짜 아르메리나

• 아르테미스의 사냥과 사계 중에서 아르테미스의 사냥
•• 아르테미스의 사냥과 사계 중에서 희생제

모자이크에도 희생제에 토끼를 헌상하는 것으로 묘사되어 있잖아요. 우리도 숲에서 무슨 행사를 치를 때 산신령에게 술을 따르며 예를 올리기는 마찬가지죠. 화면 가운데 제단 위에 아르테미스 동상, 오른쪽에 창을 든 사냥꾼들이 보여요. 나머지 두 장면은 말을 타고 사냥하는 모습을 담았어요. 호랑이나 사자 같은 맹수 잡는 모습을 역동적으로 그려냈답니다.

로마 시대의 규모 있는 빌라 모자이크에는 꼭 등장하는 사계절을 상징하는 여신도 얼굴을 내밉니다. 보통 사각형의 네 귀퉁이에 봄, 여름, 가을, 겨울 여신을 배치하는데, 여기서는 팔각형 분수의 여덟 면 가운데 네

면에 사계절의 여신을 넣었어요. 그런데 두상이나 흉상이 아니라 서 있는 전신상이라는 게 다르네요. 규모도 크고 모두 날개를 달았어요. 날개는 보통 에로스나 헤르메스에게 다는데, 계절의 여신에게 날개를 단 것은 신성神聖을 부여하기 위해서가 아니었을까요.

봄의 여신은 꽃으로 만든 관을 썼습니다. 장미야말로 봄꽃의 여왕이라 칭할 만하죠. 붉은색 장미가 화려하게 빛나요. 탐스런 밀이삭을 한아름 들고 선 여신은 풍요의 여름을 나타냅니다. 여름은 서유럽에서 밀을 수확하는 계절이죠. 여름 여신이 쓴 우아하고 세련된 디자인의 모자에서 이천 년의 세월을 느끼기 어렵네요. 21세기 현대의 멋을 아는 여인네의 패션으로 최첨단 유행을 뽐냅니다. 여름 여신의 모자를 보면 빠리 컬렉션의 고급 '오뜨 꾸뛰르'나 '프레따 뽀르떼'는 이미 2000년 전통을 갖고 있는지도 모릅니다. 가을은 아는 대로 포도입니다. 지중해를 둘러싼 지역에서 가장 많이 재배하는 과일은 단연 포도죠. 로마 시대 예술작품에서 가을의 여신은 머리에 포도넝쿨을 두르고 포도송이를 인 모습으로 표현하는 것이 관례예요. 콘스탄티누스 빌라 모자이크에서는 가을의 여신이 머리에 포도넝쿨을 쓰고 사과 같은 다양한 과일을 바구니에 담아 들고 있어요. 다른 과일도 대접을 받은 셈인데요. 가을 여신의 귀에 걸린 귀걸이도 아주 세련되고 아름답죠.

프랑스 하면 포도주부터 떠오르잖아요. 포도주는 오늘날 한국사회에서 생각하는 소주의 개념이 아닙니다. 로마에서나 프랑스에서는 생활필수품이라고 할까요. 그래서 가을 하면 포도를 먼저 떠올리는 거죠. 1789년 프랑스 대혁명 뒤 혁명정부가 달력 이름을 새로 정했는데요. 기존 태

아르테미스의 사냥과 사계 중에서 여름 여신(왼쪽)과 가을 여신

양력에서 9월 22일부터 10월 21일까지를 1월로 삼았어요. 그리고는 이름을 '방데미에르Vendemiaire'로 정했는데, 우리말로 '포도 달'을 뜻해요. 프랑스어로 '방당쥬Vendange, 포도수확'에서 따온 말이죠. 새해 첫달을 포도로 시작할 만큼 중요하게 여긴답니다. 우리로 치면 기간이 정확히 가을 벼를 베는 시기인데요. 10월을 '벼의 달'이라 부른 셈이죠.

겨울의 소재는 무엇일까요. 사실 장미나 밀, 포도는 지중해만이 아니라 세계 어디에서나 재배됩니다. 그런데 올리브만은 겨울에 온난 다습한 지중해성 기후인 지역에서 재배돼요. 요즘은 지중해성 기후를 보이는 캘리포니아나 남미, 뉴질랜드로도 퍼졌지만, 원래는 지중해 연안에서만 자라 지중해의 상징이었죠. 겨울 여신이 숄을 머리 위에 살짝 덮어썼네요.

추운 겨울을 나타냅니다.

사냥과 계절의 여신 너머로 좁은 띠 모양 테두리 형태로 '아칸투스 잎'과 '새', '여인 얼굴' 등이 나옵니다. 아칸투스 잎은 지중해 일대에 자라는 식물인데, 코린트 양식의 기둥머리 장식에 원용하는 디자인이에요. 그 너머로 일상생활을 그린 모자이크가 자리하는데요. 농사짓고 가축을 기르며 연회나 축제를 벌이고 사냥을 즐기는 일상생활이 담겼어요. 특히 '팬 플루트를 부는 장면'이 인상적인데요. 1970년대 말 라디오를 통해 밤하늘의 별을 타고 흐르던 팬 플루트 연주곡 「외로운 양치기」의 루마니아 출신 게오르규 잠피르가 떠오르네요. 팬 플루트가 이미 로마 시대부터 같은 모양으로 존재했다는 사실이 놀랍네요.

전원생활을 그리던 모자이크는 헬레니즘 시기에 널리 설치됐는데요. 로마 제국에서는 3세기를 지나면서 번영하던 북아프리카 지역을 중심으로 농촌이나 도시의 일상생활을 소재로 한 모자이크가 각광받아요. 이후 제국 전역으로 퍼져나갔죠.

눈에 띄는 모자이크가 여럿이지만, '크티시스KTICIC'와 '디나미스DYNAMIC'를 지나칠 수 없습니다. 헬레니즘 풍 모자이크는 무생물에 생명을 부여해 사람의

• 아르테미스의 사냥과 사계 중에서 팬 플루트 불기

•• 아르테미스의 사냥과 사계 중에서 화관 만들기

형상으로 표현하는 의인화가 주요 특징이죠. '크티시스'는 집 건축을 상징하는 추상명사지만 아름답고 정숙한 여인의 모습으로 표현했어요. 권력과 번영을 상징하는 '디나미스'도 마찬가지랍니다. 이는 자연계에 존재하는 모든 사물에 생명력의 영혼, 즉 정령이 깃들어 있다는 믿음, 애니미즘과도 맥이 닿는다고 볼 수 있겠네요.

그리스어 프시케Psyche를 라틴어로 하면 아니마Anima인데요. 아니마에는 다양한 뜻이 있어요. 영혼, 정령, 생명도 나타내지만 숨쉬기, 즉 호흡이나 바람, 공기의 뜻도 있어요. 다시 말해 영혼의 생명력이란 곧 살아 공기를 들이마시는 것이죠. 숨을 쉬는 모든 것의 으뜸이 영험스런 기운을 가장 많이 가진 만물의 영장인 사람이므로 생명을 사람의 형상으로 표현해낸다고 볼 수 있어요. 우리네 전통에서 터줏대감이나 서낭 같은 것도 같은 뿌리죠. 물론 우리는 정신세계에서만 인정할 뿐 그 실체적인 형상을 만들지는 않았지만요.

• 아르테미스의 사냥과 사계 중에서 나팔 부는 양치기
•• 아르테미스의 사냥과 사계 중에서 크티시스
••• 아르테미스의 사냥과 사계 중에서 디나미스

트로이 전쟁과 로마 문명을 잉태한 유부녀의 사랑: 파리스의 심판

거대한 콘스탄티누스 빌라 모자이크를 이리저리 둘러보며 로마 문명의 다양한 얼굴에 몰입하다보면 동쪽으로 난 작은 문이 보이죠. 그 안으로 들어서면 모자이크 전시실입니다. 지중해 주변 각지에서 걷어온 모자이크 세계가 화려하게 펼쳐지는데요. 문을 지나 오른쪽 첫자리에 세계 그리스·로마 신화 팬들의 관심을 한 몸에 받는《파리스의 심판》이 완벽한 원형 그대로 선명한 색상을 뽐냅니다.

트로이 왕자 파리스가 헤라, 아테나, 아프로디테의 미모를 살피며 누가 가장 아름다운지 판정하는 장면입니다. 서양 고대사의 흐름을 바꾼 트로이 전쟁으로 연결되는 중대한 재판장이지만 딱딱하지 않아요. 헤라 여신이 가운데, 투구를 쓰고 방패를 든 아테나가 왼쪽, 아프로디테는 오른쪽에 자리잡았습니다. 가운데 미남자는 트로이 왕자로서 이다 산에서 양을 치던 파리스입니다. 아나톨리아 프리기아 지방의 양치기 모자를 쓴 채 양에 둘러싸인 파리스의 표정을 봐요. 밤새 맑은 이슬을 담뿍 머금어 아침 첫햇살을 받고 빛나듯 영혼을 정화시키는 순수하고 청아한 눈, 우수에 젖어 연민을 불러일으키는 페이소스 가득한 눈망울, 그 속에서 역설적으로 강렬하게 뿜어나오는 눈빛, 굳은 결기를 담아낸 듯 야무지게 다문 입술, 금발에 흰 피부가 조화롭게 어울린 미소년 이미지죠.

왼쪽에 한쪽 다리를 바위에 얹고 구릿빛 얼굴에 건강미 넘치는 표정으로 상체를 굽혀 파리스에게 말을 건네는 인물은 헤르메스랍니다. 날개 달린 신 탈라리아를 신고 옷은 벗어 어깨에 걸치고 알몸 한가운데를 나뭇잎으로 가렸네요. 오른쪽 위에는 에로스가 날아다니고, 왼쪽 바위에는 에로

● 파리스의 심판_2세기_루브르 박물관. 서로 최고의 미녀라고 뽐내는 세 여신이 앉거나 서 있다.
●● 파리스의 심판 중에서 아테나, 아프로디테, 헤라 전신상

스의 아내 프시케가 횃불을 들고 서 있어요. 테두리는 포도나무와 열한 마리의 새로 장식했군요.

이 모자이크 역시 터키 다프네 유적지에서 발굴됐어요. '실내정원의 집' 트리클리니움 바닥을 장식하던 작품입니다. 115년 다프네를 황폐화시켰던 대지진 때 붕괴됐다가 2세기 초 복원됐죠.

《파리스의 심판》에 얽힌 신화 내용을 좀 자세히 들여다볼까요. 뮤즈가 아름다운 선율을 고르는 테티스와 펠레우스의 결혼 피로연장에 불화의 여신 에리스가 불쑥 선물이라면서 '말룸 디스코르디아이_{불화의 사과}'를 던집니다. 황금으로 만든 이 사과를 차지하기 위해 세 여신, 즉 최고신 제우

파리스의 심판 중에서 파리스

스의 아내 헤라, 제우스의 딸 아테나, 미의 여신이라는 아프로디테가 서로 최고라면서 나섰죠. 제우스는 그리스 문명권의 변방인 프리기아 지방 이다 산 양치기이자 트로이 왕자인 '파리스'에게 판정을 맡깁니다. 양 떼를 몰며 키타라를 연주하던 파리스 앞에 헤르메스가 나타나 내막을 전하자 파리스는 그 길로 줄행랑을 놓습니다. 잘못 판정했다가 당할 보복이 두려웠기 때문이죠. 헤르메스가 그를 붙잡아 세워 "걱정 말라."는 제우스의 의중을 전한 후에야 파리스는 심판직을 수락해요. 우열을 가리기 힘들수록 정상적인 방법을 통하기보다 은밀한 뒷거래로 목표를 달성하려는 시도가 생겨납니다.

세 여신이 은밀하게 파리스에게 제시한 뒷거래 내용이 궁금하죠. 헤라는 최고권력의 여신답게 아시아를 통치하는 왕으로 만들어주겠다고 약속합니다. 참 매력적인 제안이죠. 목동인 파리스는 권력이 무엇인지 잘 몰랐으므로 관심 밖이에요. 전쟁의 여신 아테나는 모든 전쟁에서 승리를 약속하지만, 역시 한가로운 산중에서 전쟁이 무슨 상관 있겠어요. 아프로디테는 머리가 좋았어요. 한창 원기왕성한 양치기 청년에게 가장 큰 관심사는 무엇일까. 반짝이는 밤하늘의 별을 헤다 알 수 없는 그리움에 휩싸일 때죠. 아프로디테는 인간 가운데 최고의 미녀를 약속해요. 고독한 양치기 파리스의 눈이 번쩍 뜨였고, 승부는 났습니다.

아프로디테는 훗날 약속을 지켰죠. 그 여인이 바로 헬레네예요. 그런데 비극은 헬레네가 유부녀라는 데 있어요. 스파르타의 왕비 헬레네를 파리스가 트로이로 데려가면서 전쟁이 터집니다. 로마의 최고 서사시인 베르길리우스가 「아에네이드」에 적은 대로라면 트로이 전쟁에서 패한 트로이의 부마도위駙馬都尉 아에네아스가 트로이를 탈출해 이탈리아 반도로 왔고, 그 후손이 로마를 건국한 것이니 결국 로마는 파리스의 외로움이 만들어 후세에 보낸 업보요, 로마의 모든 문명상은 트로이 전쟁이 낳은 결과물인 셈입니다.

한쪽 가슴 자른 여성 전사의 혈투 : 아마조네스

《파리스의 심판》이 트로이 전쟁의 발단이라면 이번에는 전쟁이 터진 뒤의 상황을 그린 모자이크를 보죠. 전쟁터의 함성이 울려퍼지는데 여느 전장과는 달라요. 여자 소리가 들리거든요. 대개 전장에서 여성의 소리는 싸움을 피해 도망가는 비명소리나 승자의 노리개로 전락해 슬피 우는 것인데요. 다프네 유적지에서 발굴된 이 전투 모자이크에서는 180도 다릅니다. 기합을 넣어 힘차게 무기를 휘두르며 적을 공격하는 전사의 목소리죠. 도끼를 들고 괴성을 내지르며 상대를 공격하는 용감무쌍한 여인들을 그리스 신화에서는 아마존이라 하고, 아마조네스는 그 복수형이에요. 《아마존의 전투》를 그린 모자이크는 흔치 않아 탐방객의 눈을 번쩍 뜨이게 만듭니다.

직사각형의 작품은 좌우 두 장면으로 나뉘는데요. 왼쪽은 그리스 병사와 아마존이 말을 타고 치열한 각축전을 벌입니다. 그리스 병사가 아마존

아마존의 전투_3세기_루브르 박물관

의 머리채를 휘어잡아 넘어뜨리려는 순간을 그렸어요. 그리스 병사는 갑옷을 입고 투구에 방패까지 갖춘 완전무장입니다. 반면 아마존은 얼핏 속옷처럼 보이는 가벼운 차림이고요. 물론 도끼를 들고 살기를 번뜩이지만 애석하게도 그리스 병사에게 제압당했어요. 오른쪽 그림은 정반대의 전투상황을 묘사했네요. 그리스 병사가 아마존에 패하는 순간을 그렸거든요. 중간부분이 너무 많이 훼손돼 확인은 어렵지만, 아마존의 승리를 점쳐볼 수 있는 증거가 있죠. 바닥에 피 흘리며 잘려 있는 그리스 병사의 머리입니다. 잘린 머리 위로 말의 뒷모습이 보이는데요. 말 위에 탄 병사는 가죽끈이 달린 신을 신고 양날도끼를 들었습니다. 아마존의 복장이죠. 아마존이 말을 타고 휘두른 도끼날에 그리스 병사가 저승길로 간 끔찍한 살육전을 그린 것으로 추측할 수 있어요.

모자이크에 등장하는 그리스 군과 아마존의 전투 장면은 어느 전쟁을 그린 것일까요. 《파리스의 심판》에 이어 터진 트로이 전쟁일 가능성을 배제할 수 없습니다. 트로이 전쟁에 아마존이 참여했다고 「일리아드」에 기록되어 있거든요. 트로이 전쟁 때 아마존은 트로이 편을 들어 아카이아그리스 연합군과 싸웁니다. 트로이 전쟁에서 아마존 여왕 펜테질레아는 그리스 연합군 최고의 용장 아킬레스와 한판 대결을 펼치기도 했는데요. 글쎄 아킬레스가 펜테질레아를 죽이던 순간 그녀의 눈길과 마주치면서 아름다운 미모에 반해 자신의 행위를 후회하는 일이 벌어지기도 합니다. 트로이 전쟁 외에도 그리스 인이 아마존과 싸우는 대목이 더 있죠. 헤라클레스가 미쳐 가족을 죽인 뒤 속죄하기 위해 떠맡은 열 가지 과제 가운데 하나가 아마존 여왕 히폴리테의 허리띠를 가져오는 것이었습니다. 이 과정에서 전쟁이 터졌고 헤라클레스가 히폴리테를 죽이지만, 이때 동반 출정한 테세우스는 아마존 안티오페의 미모에 반해 그녀를 납치해 아내로 삼기도 하죠. 전쟁과 사랑, 적과의 동침은 늘 함께한답니다.

아마존은 그리스 문명권에서는 머나먼 땅, 흑해나 동유럽의 도나우 강 연안, 또는 아시아 대륙 아나톨리아의 코카서스 산맥 언저리에 살았다고 전해집니다. 전쟁의 신 아레스와 요정 하모니아 사이에서 태어났는데, 아버지를 닮아 싸움을 좋아하는 호전적인 성향을 띱니다. 여자들로만 나라를 구성했다는 것이 호기심을 자극하죠. 여자들만 있으면 아이를 낳을 수 없을 텐데 말예요. 필요할 경우 다른 나라에서 남자를 데려오거나 지나는 이방인 남자를 데려다 합방했다네요. 나그네가 가끔 횡재하는 수가 있는 거죠. 여자아이를 낳으면 키우고, 남자아이면 거세를 해서 노예로 삼거나 외국에 팔았답니다. 인류사회에서 오랫동안 혹은 지금도 일부 지역에서는 여성들이 학대받으며 비인간적 삶을 이어가는데, 아마존은 그 정반대였죠. 아마존은 자라면서 한쪽 유방을 잘라냅니다. 활을 쏘고 창이나 칼을 쓰는 데 불편해서요. 잔인한 전사라는 생각도 들지만, 남자랑 싸우며 생존해야 하는 운명이 안쓰럽게 느껴지기도 하네요. '아마존'이라는 말은 '한쪽 가슴이 없는 여인'이라는 뜻이죠.

《아마존의 전투》 장면 옆에는 평범해 보이지만 비범한 새 한 마리가 고고한 자태로 앉아 있습니다. 아니 점잖게 사열을 받는다고 할까요. 새는 대부분 다른 동식물과 함께 표현되며 독립적인 주인공으로 등장하는 경우는 드물죠. 그런데 이 새는 분위기가 다릅니다. 일단 화면 전체에 오직 이 새 한 마리뿐이에요. 그것도 높은 바위 위에 위엄 있게 앉아 하늘을 응시해요. 바위와 새 주변으로는 점점이 무엇인가 흩뿌려져 있는데요. 가까이 다가가 보면 예쁜 장미꽃이에요. 장미꽃이 눈송이처럼 날리는 가운데 험한 바위산 꼭대기에 근엄하게 자리한 새라면 예사로운 존재가 아님을 한눈에 알아챌 수 있겠죠. 분위기를 정점으로 끌어올리는 또 하나의 묘사가 눈길을 끕니다. 새의 머리 주변에 그려진 다섯 갈래의 후광이죠. 신체 뒤로 빛을 낸다는 것은 신성神聖이나 빛나는 명예를 상징해요. 상서로운 새임을 나타내는 것이죠. 바로 불사

피닉스_5세기_루브르 박물관

조를 묘사한 《피닉스》입니다. 다프네 유적지의 로마 빌라 회랑을 장식했던 작품인데요. 5세기 만들어졌다 526년 다프네를 강타한 지진에 피해를 입은 뒤 복원한 것으로 보입니다. 흥미로운 점은 5~6세기 비잔틴 제국은 이미 기독교 국가여서 전래의 그리스·로마 신을 이교異敎의 우상으로 여기고 탄압하던 시기죠. 그리스·로마 신전들은 망치질에 부서지거나 교회로 바뀌었고요. 이런 상황에서 피닉스를 그릴 수 있었던 것은 피닉스가 부활을 상징하니까 기독교의 부활 논리와 맞아떨어졌기 때문이라 풀이됩니다.

이 신비스런 새를 이집트에서는 '비누'라고 불렀죠. 그리스 어로 옮기면서 '피닉스'가 됩니다. 피닉스는 태양을 상징하기도 하는데요, 태양이 저녁에 죽었다가 아침에 되살아나기 때문입니다. 고대 이집트 인은 피닉스를 태양신 '라'의 또 다른 형태로 보기도 했어요. 피닉스는 아라비아 사막에 살다가 500년에 한 번씩 이집트 헬리오폴리스태양의 도시에 나타나요. 향내 나는 나뭇가지로 둥지를 틀고, 그 안에 들어가 불을 붙여 타 죽습니다. 지엄한 존재인 만큼 생명도 스스로 정리하는 완벽을 추구하는 것이죠. 피닉스는 타고 남은 재에서 새로운 생명력을 얻어 아라비아 사막으로 갔다가 500년 뒤 돌아와 같은 삶의 여정을 반복합니다. 부활이죠, 끝없는.

북아프리카에서 건너온 모자이크의 향연 : 알제리, 튀니지

알제리의 로마 유적지 콘스탄틴에서 걷어온 깜짝 놀랄 만한 모자이크 한 점이 루브르 모자이크의 격을 높여주네요. 《파리스의 심판》 맞은편에 자리한 《포세이돈의 승리》입니다. 모자이크 전시관을 뜨겁게 달구는 동시

- 포세이돈의 승리_루브르 박물관. 규모가 큰 만큼 이질적인 소재들을 조화롭게 담아냈다.
- 포세이돈의 승리 중에서 암피트리테

에 작품성이나 아름다움에서 유럽의 어느 박물관 모자이크에도 뒤지지 않는 수작이에요. 인물묘사는 물론 보존상태도 뛰어나 잠시 발길을 멈추지 않을 수 없죠. 포세이돈과 아내 암피트리테의 자연스런 표정과 자세, 그리고 눈부시게 아름다운 인체묘사가 탄성을 자아내요. 특히 암피트리테의 풍만한 몸매는 단연 으뜸임을 고집하기에 충분합니다. 금발에 화관을 쓴 암피트리테는 발그레한 볼에 앵둣빛 입술, 반듯한 이목구비죠. 여신의 빼어난 아름다움이 그대로 묻어납니다. 통통하고 귀여운 모습에서 동양적인 미가 물씬 풍기네요. 인정미 있는 푸근한 이미지예요. 주변의 고기 잡는 소년이나 말의 생생한 표정 역시 살아 숨쉬듯 사실적이고요. 말의 콧소리가 들리는 듯하죠.

어렵사리 결혼한 포세이돈과 암피트리테가 행복했는지 들여다봅니다. 한마디로 그렇지 못했어요. 원인은 포세이돈의 끝없는 바람기 때문이죠. 암피트리테가 포세이돈에게 가정을 지켜줄 것을 요구하는 것은 당연했지만, 포세이돈은 자신의 욕망을 채우는 행위가 정당하다고 여겼죠. 둘 사이에 싸움이 끊이지 않았답니다.

지중해 연안 북아프리카에서 지금까지 발굴된 작품만 본다면 모자이크의 최대 보고는 알제리와 붙어 있는 튀니지입니다. 튀니지는 지중해 전역에서 가장 아름답고 화려하며 보존상태도 좋은 모자이크를 가장 많이 소장하고 있어요. 루브르 박물관에도 튀니지에서 모자이크를 몇 점 가져다 전시중인데요. 초원의 목가적인 풍경, 바다 속 돌고래 등 소재도 다양하고 그 소재를 표현해낸 기법도 뛰어나죠. 그 중에서 2세기 작품으로 카르타고에서 출토한 《연회》가 인상적입니다. 연회를 준비하느라 바쁜 모습을 그렸는데, 음식이나 용기도 독특하고 이를 운반하는 하인도 눈길을 끕니다. 카르타고의 대저택에서 펼쳐졌던 향연심포지움을 소재로 한 것인데요, 학문적 토론을 벌이면서 술판을 곁들이는 연회요. 로마에서는 오전에 포룸 등에 나와서 재판 같은 공적인 일을 보고, 오후에는 목욕탕에서 목욕을 즐긴 뒤 저녁에 손님을 초청해 맛난 음식과 술을 들며 학문에 대한 토론을 벌이거나 대화를 나누었답니다.

로마 인이 트리클리니움에서 저녁에 벌이는 연회가 어땠는지 정경을 스케치해볼까요. 우선 손님들이 'ㄷ' 자형 소파에 둘러앉는데요. 쿠션을

연회_루브르 박물관_튀니지 카르타고 출토

놓고 그 위에 왼팔을 얹은 뒤 왼쪽으로 비스듬히 엎드리듯 기대앉는 거죠. 오른손으로 음식을 집어먹으며 대화를 나눕니다. 우아하게 차려입은 하녀들이 단정한 자태로 음식을 날랐고요. 음식 토해내는 것을 돕기 위해 손님 뒤에 기다리고 서 있는 하녀도 있었어요. 새의 깃털을 목에 쑤셔넣었대요. 이 엽기적인 신체 학대행위는 무슨 까닭인가요. 초청받은 손님은 일곱 가지의 산해진미를 먹어야 했답니다. 다 먹기 위한 고육지책이 강제로 토한 뒤 새로운 음식을 먹는 것이죠.

《연회》와 함께 튀니지 카르타고와 북아프리카에서 출토된 모자이크가 몇 점 더 있습니다. 날개 달린 소년이 포도를 거둬들이는 《포도 수확》과, 숫양이 한가로이 풀을 뜯고 암양이 새끼에게 젖을 먹이는 《젖 먹이는 양》

은 목가적이죠. 알제리에서 출토된 작품이고요. 숲속에서 노니는 사슴도 만날 수 있습니다. 튀니지 우티크에서 가져온 《싸움하는 에로스》도 관람객을 기다립니다.

기독교와 관련된 모자이크는 북아프리카에서 많이 출토됩니다. 카르타고는 그 중심지였고요. 루브르에는 카르타고에서 출토된 기독교 관련 모자이크가 여러 점 전시되어 있어요. 초기 기독교 관련 모자이크는 흥미로운 사실을 전해줍니다. 높은 벽에 삼각지붕, 그 위에 십자가를 이고 있는 교회 건물을 한번 보죠. 이천 년도 넘는 세월이 지났는데 한반도에서 보는 교회 건물과 크게 다를 바 없습니다. 예수를 소재로 하는 작품은 더 놀랍습니다. 예수의 모습을 아주 평화로운 목자의 모습으로 그렸어요. 그다지 위엄 있거나 성스러운 분위기는 아닙니다. 십자가에 못 박혀 고통받는 모습은 더더욱 아니고요.

• 싸움하는 에로스_루브르 박물관_튀니지 우티크 출토
•• 젖 먹이는 양_4세기_루브르 박물관_알제리 출토

장례와 관련된 소재도 있어요. 장례 방법은 주로 고대 이집트의 전통을 따랐던 모양입니다. 관을 만들고 그 위에 망자의 모습을 모자이크로

예수_6세기 초_루브르 박물관_카르타고 출토. 머리 뒤 후광으로 봐서 예수를 나타낸 것으로 추정된다.

표현한 뒤 생전의 행적을 적는 방식이었죠. 신이 만든 세상의 피조물, 새나 동식물의 자연을 그린 작품도 많아요. 동식물 소재 가운데서도 가장 자주 이용된 것은 포도넝쿨과 새입니다.

왜 북아프리카에 기독교를 소재로 한 모자이크가 많을까요. 로마 시대의 북아프리카는 요즘과는 달랐습니다. 지금은 아프리카하면 문명의 오지처럼 느껴지지만, 그리스·로마 시대에 지중해 연안 북아프리카는 기후와 지형조건이 좋아 문명이 번성했어요. 문명의 선두 주자 페니키아는 BC 8세기부터 북아프리카에 무역활동을 하는 데 필요한 발판으로 카르타고를 건설했고요. 이보다 조금 늦은 BC 7세기 이후 그리스 인도 북아

• 묘지석_4세기 말_루브르 박물관_튀니지 하마메트 출토. 크고 화려하며, 왼쪽에 예수그리스도를 나타내는 기호, 오른쪽에 망자의 이름과 인생역정을 적었다.
•• 교회_5세기_루브르 박물관. 거대한 모습이 인상적이다.

프리카에 새로운 생활터전을 닦게 됩니다. 리비아 해안의 키레네는 그 중 가장 앞선 도시였죠. 헬레니즘 시대의 이집트 알렉산드리아가 그렇고요. 로마가 재건한 카르타고는 역시 북아프리카에 위치한 알렉산드리아와 함께 제국의 3대 도시로 성장하죠. 특히 3세기 이후 극심한 왕위 쟁탈전으로 피비린내나는 내전을 치르고, 동유럽에서 밀고 내려온 게르만 족의 침략으로 늘 전란에 시달리던 유럽과는 달리 북아프리카는 상대적으로 안정을 유지했습니다.

생제르망앙레

로마 시대의 농가 월령가 : 세시풍속 모자이크

로마 시대 농촌의 생활상과 풍습을 생생하게 들여다보는 데는 빠리의 교외 생제르망앙레 박물관만 한 곳이 없습니다. 이탈리아의 폼페이나 에르콜라노, 오스티아에 가면 로마 시대의 도시가 고스란히 남아 있어 그 당시 어떻게 집을 짓고 살았는지 겉모습, 즉 하드웨어를 볼 수 있죠. 그러나 거기 살던 사람들의 하루하루의 삶, 일상의 구체적인 내용을 느껴보기는 쉽지 않아요. 책에 글로 표현된 것은 많지만, 머릿속에 잘 그려지지 않죠. 뭔가 영상자료로 남아 있다면 좋을 텐데 말예요. 바로 이런 아쉬움을 충족시켜주는 곳이 생제르망앙레입니다. 로마 농민의 생활상과 풍습을 그림으로 일목요연하게 정리해놓은 생제르망앙레 박물관의 모자이크를 통해 로마 풍속사를 알기 쉽게 쏙쏙 파헤쳐보겠습니다.

생제르망앙레는 일드프랑스 '프랑스의 섬'이라는 뜻의 빠리 주변 수도권에 자리하는데 중세 시대의 유명한 성Chateau이 하나 있어요. 샤를 5세가 1348년 건축했고, 르네상스 군주 프랑수아 1세가 16세기에 개축한 것이죠. 공화정을 황제정으로 전락시킨 독재자지만, 고고학에 관심이 많던 나폴레옹 3세가 1862년 국립고고학박물관으로 만들어 오늘에 이릅니다. 그 유명한 현생인류의 조상인 크로마뇽인의 두개골이 바로 이곳에 보관되어 있다는 점만으로도 설레는 장소죠. 켈트 족갈리아 족의 소중한 유물도 여러 점 있어 탐방객을 맞습니다. 루브르 박물관이 역사시대 유물의 보고라면 생제르망앙레 박물관은 선사시대 유물의 저장고인 셈이죠.

선사시대 유물 사이에 자리잡은 《농촌 세시풍속》은 계절의 변화에 따라 농촌에서 분주하게 벌어지는 다양한 생활상을 모두 32개 장면에 기록화로 담았습니다. 풍속을 하나하나 시각예술로 엮어냈는데요. 로마의 생활사를 더듬는 이들은 좀처럼 마음속 흥분을 가라앉히기 어려울 정도입니다. 프랑스 남부 비엔느의 셍로망앙갈 로마 유적지구에서 출토된 3세기 작품이지만, 조선 말기 농촌의 세시풍속과 농사일을 그때그때 계절의 변화에 따라 표현한 「농가월령가」와 실생활 측면이나 정서적 지향점에서 다르지 않아요. 《농촌 세시풍속》은 모자이크요, 「농가월령가」는 3·4조, 4·4조의 노래지만, 둘 다 자연의 변화라는 환경과 조건 속에 인간이 적응해 살아가는 모습을 목가적으로 그려낸 탁월한 서정시로 가슴에 와 닿습니다.

로마의 목가적인 서정시인 호라티우스의 표현대로 '카르페 디엠오늘을

농촌 세시풍속_3세기_셍제르망앙레 박물관

프랑스 243

충실히' 일하며 살았던 평범한 사람들의 생활모습을 기록한 것이어서 더욱 친근하게 느껴져요. 동서고금을 통해 변하지 않는 게 있다면 사람 사는 모습을 진솔하게 그렸을 때 느끼는 동질감일 겁니다. 일하고 먹고 즐기는 인간 본성에 관한 얘기들은 그래서 어느 문화권엘 가도 '우리 얘기', '내 얘기'로 따뜻하게 들리죠.

특히 농촌에서 자란 세대는 셍제르망앙레의 모자이크가 불과 20~30년 전의 우리네 삶의 모습을 담은 작품이란 느낌을 받을 겁니다. 1970년대의 한국 농촌풍경이 30년 남짓 지난 현대 농촌보다 2000년 전 로마 농촌과 더 닮았다는 사실에 놀라움을 금치 못할 거예요. 한 장면씩 넘기며 로마 농촌 추체험追體驗을 통해 도시화, 산업화 이전의 우리 농촌 추억여행이란 감흥에도 함께 젖어보길 바랍니다.

소가 알리는 봄 농사: 밭 일구고, 씨 뿌리고, 접붙이고

먼저 분주하게 농사일을 시작하는 봄이에요. 봄은 소를 타고 나타납니다. 지금까지 계절의 상징은 모두 아름다운 얼굴의 젊은 여신이었죠. 그러나 여기서는 계절을 어린아이로 그린 점이 독특해요. 아이들도 일을 하는 농촌정서에는 여신보다 아이가 더 어울린다고 볼 수 있죠. 여신으로 봄을 표현하는 것은 노동이 아니라 문학이나 예술을 음미하는 비노동계층의 산물일 거고요.

황새가 나는 모습도 봄을 상징하죠. 로마에서 황새는 행복을 상징했어요. 특히 황새가 오면 아기가 태어난다는 생각이 민중 사이에 널리 퍼졌는데, 아기의 탄생은 새로운 생명의 등장을 의미해요. 봄도 새로운 생명

1	2
3	4

1. 농촌 세시풍속 중에서 소를 타고 오는 봄
2. 농촌 세시풍속 중에서 황새 도착
3. 농촌 세시풍속 중에서 밭갈이
4. 농촌 세시풍속 중에서 과실수 접붙이기

을 낳아주기는 마찬가지예요. 겨우내 얼어붙었던 대지에 새로운 생명이 움트는 봄은 황새와 생명의 시작이란 측면에서 맥을 같이합니다. 우리 전통에서 황새는 장생長生과 절개節槪를 상징하는 소나무에 앉아 귀한 대접을 받았어요. 요즘 우리에게는 백로죠. 온몸이 하얀 백로가 필리핀이나 인도네시아 근방에서 날아와 논밭을 날며 나무 위 둥지에 앉으면 봄이랍니다. 봄소식을 안고 무리지어 찾아오는 제비도 있고요.

　봄의 상징을 태우고 왔던 소가 쟁기를 걸고 논밭을 갑니다. 로마에서도

프랑스 245

소를 이용해 밭 갈기는 마찬가지였군요. 2009년 정초에 소와 농부를 소재로 한 이충렬 감독의 다큐멘터리 영화 「워낭소리」가 잔잔한 충격파를 던졌죠. 30여 년 전의 시골 풍경이 '워낭소리'에 묻어 나오더군요. 4월이면 소가 워낭을 울리며 골목을 지나 들로 나갑니다. 멍에에 쟁기를 달고 소가 논을 오가며 겨우내 딱딱하게 얼어붙었던 논바닥을 갈아엎어요. 때맞춰 알맞게 내린 빗물을 논에 가둔 뒤, 이번엔 소의 멍에에 써레를 달아 논바닥을 평평하게 고르죠. 논의 물 깊이는 5센티미터 정도이고, 물밑의 논바닥이 평평하게 골라지면 모를 심었습니다. 밭도 갈아 각종 채소 씨앗도 뿌렸고요.

농번기에는 부지깽이도 쓸모가 있는 법이죠. 쌀농사의 풍흉豊凶으로 민심의 향배가 결정되던 시절에 봄 가뭄이라도 들라치면 때를 놓쳐 모를 늦게 심을까 걱정되어 초등학교 5, 6학년 애들도 수업 받다 말고 논으로 달려가야 했습니다. 아마 40, 50대는 다 기억날 텐데요. 제대로 모를 심을 수 있을까마는 그래도 열두어 살 때 생산의 당당한 역군이 되었죠. 그때 나이 어린 생산역군들도 논두렁에 앉아 동무들과 한 모금씩 막걸리를 돌려 마시곤 했답니다.

봄에 하는 농사일 중에 과실수 접붙이기를 빼놓을 수 없습니다. 로마 시대에도 과학 영농의 한 방법으로 접붙이기를 했답니다. 접붙이기는 사람으로 치면 이식수술인데요, 다른 사람의 장기나 뼈를 이식하는 것처럼 좀 더 많은 과일을 수확하기 위해 나무에 사용하는 기술이에요. 쉽게 생각해보죠. 사과 씨를 심으면 사과나무로 자랍니다. 하지만 큰 나무로 자라 많은 사과가 열리기까지는 몇 년이 걸리죠. 이 과정을 단축하는 방법이 접붙이기예요. 어린 사과나무 가지를 잘라 큰 사과나무 가지에다 붙이는 거죠. 그러면 어린 가지에 큰 나무의 뿌리로부터 많은 영양분이 공급되어 빨리 자라며 알 굵은 사과가 많이 맺힙니다. 큰 나무를 그냥 두지 왜 접을 붙일까요. 나무도 사람처럼 너무 오래되면 열매가 잘 열리지 않습니다. 가지에 힘도 없고요. 그래서 싱싱한 가지를 뿌리가 큰 나무에 붙이는 겁니다. 같은 과일은 물론 종자가 다른 나무도 접을 붙이는데요. 전혀 새로운 맛의 과일을 만들기 위한 시도지요.

사자가 알리는 여름 풍속: 밀 베고, 방아 찧고, 빵 만들고

로마 제국에 여름이 찾아옵니다. 어린이가 손에 밀이삭과 낫을 들고 알몸으로 사자를 타고 나타났는데요. 누렇게 익은 밀을 수확하는 계절을 상징하죠. 일반적으로 여름은 밀이삭을 손에 든 여신으로 표현하는 경우가 많은데 여기서는 어린아이인 점이 특징이네요. 여름 하면 먼저 떠오르는 이미지가 무엇일까요. 더위입니다. 이글거리는 태양은 원시적인 에너지의 상징이죠. 봄에 생명력을 되찾은 만물은 여름에 붉은 햇님이 던져주는 영양분을 받아요. 식물은 무성한 나뭇잎을 드리우고 열매를 맺으며 울창한 숲을 이루고요. 동물은 도처에서 꿈틀거리는 먹이를 잡아먹으며 다가올 겨울에 대비해 제 몸을 살찌웁니다. 이렇게 온갖 생명체가 살아 숨쉬며 에너지를 발산하고 채우는 숲,

농촌 세시풍속 중에서 여름

• 농촌 세시풍속 중에서 방아   •• 폼페이의 방아간 풍경_폼페이

그 숲속의 제왕 사자와 계절의 제왕 여름 사이에 공통분모가 생기죠.

여름에 밀을 베면 잘 말린 뒤 밀가루를 만들어야겠죠. 로마 시대 밀가루 만드는 과정이 모자이크에 담겼습니다. 방아 찧는 것인데요. 이 작업은 여인이 맡았나봅니다. 방앗간 밖에 체구가 넉넉한 여인이 서 있잖아요. 방앗간 안쪽에 장구처럼 생긴 방아가 보이죠. 빵을 만들기 위해 밀을 갈던 커다란 방아인데요. 폼페이나 에르콜라노에 남아 있는 로마 시대의 방아는 모자이크에서 보는 방아와 똑같답니다. 방아의 구조를 자세히 들여다볼까요.

로마 시대의 방아는 두 개의 돌을 사용하는데요. 모자이크에서처럼 밑에 고정된 아랫돌, 즉 숫방아는 원추형 뿔처럼 생겼습니다. 돌아가는 윗돌, 즉 암방아 역시 원추형인데 위아래가 뚫려 있어요. 밑돌 위에 씌우기 위해서죠. 마치 칼 위에 칼집을 덮듯이, 숫방아밑돌 위에 암방아윗돌를 씌운 뒤 돌리는 방식입니다. 암수방아가 맞물려 돌면서 사이에 넣은 밀을 잘게 빻아주죠. 암수방아가 함께 있으면 장구처럼 보이지만, 숫방아만 남아 있으면 마치 원추형 돌을 세워놓은 모습이에요. 윗돌, 즉 암방아는 조

● 농촌 세시풍속 중에서 빵 굽기   ●● 빵 굽는 화덕_폼페이

랑말이 돌렸어요. 우리 시골에서 보던 맷돌이나 연자방아와 모양만 약간 다를 뿐 비슷한 원리였죠.

방아 옆에는 빵을 굽는 화덕이 자리합니다. 밑에서 불을 때고 그 위에 돌판을 얹습니다. 달궈진 돌판 위에 반죽을 올려 빵을 굽는데요. 이 전체를 벽돌로 씌워 연기를 뒤쪽 구멍으로 빼냅니다. 놀라운 사실은 요즘 나폴리나 남부 이탈리아 피자집에 가보면 피자를 구워내는 화덕이 로마 시대의 화덕과 다르지 않다는 점입니다. 이런 화덕은 앞서 소개한 방아와 같은 집에 있었어요. 밀을 빻은 뒤 반죽을 해 빵을 굽는 작업은 하나의 공정이니까요. 방아와 화덕을 갖추고 빵 만드는 집, 그러니까 밀가루 방앗간 겸 빵공장을 로마 시대에는 피스트리눔이라 불렀어요. 요즘으로 치면 방앗간에서 떡을 직접 만들어 파는 것인데 제분소 겸 빵집이었던 거죠.

여름철 귀족들이 즐기던 '사냥'과 아르테미스 여신에게 사냥한 고기를 구워 바치는 '희생제'도 여름 풍속으로 인상적입니다.

호랑이가 알리는 가을 들녘: 포도 따고, 술 담그고, 사과 따고

가을이 왔습니다. 로마 시대에 가을을 말해주는 상징물은 무엇이었을까요. 포도죠. 산중호걸 호랑이를 탄 어린아이가 포도 잎사귀를 머리에 쓰고 가을이 왔음을 알립니다. 우리의 민화와 맥이 닿는 것 같아요. 우리 역사나 민속에서 사자는 드물고 호랑이를 즐겨 다뤘잖아요. 산신령도 호랑이랑 단짝이고. 누렇게 익은 벼가 고개를 숙이고 과수원에는 탐스런 과일이 주렁주렁 매달려 결실의 계절을 축복하는 강역疆域에서는 "더도 말고 덜도 말고 한가위 같기만 하여라."라면서 가을의 풍요를 만끽했는데, 로마 시대 농촌은 무슨 일로 부지깽이도 가져다 쓰고 싶을 만큼 바빴을까요.

농촌 세시풍속 중에서 포도 수확

두 명의 남자가 부지런히 포도를 따 광주리에 담는 장면에서 알 수 있죠. 로마 시대에 포도 수확은 가을의 상징이었어요. 우물이나 펌프를 설치한 샘에 포도를 심어 포도넝쿨이 뜨거운 한여름 태양빛을 가려 쉼터가 돼주던 고향 마당이 생각날 겁니다. 사실 우리네 시골집 포도나 로마 문명의 포도나 원산지는 중앙아시아 서부, 그러니까 카스피 해 연안과 코카서스 산맥 언저리예요. 오늘날 국경 개념으로 보면 터키 북동부, 이란 북

포도주 항아리_브리티시 뮤지엄. 끝이 뾰족한 것이 특징이다.

부에서 투르크메니스탄, 키르키즈스탄, 아르메니아 주변이 되겠네요. 이 지역은 스키타이 족부터 시작해 알렉산더의 그리스, 다시 동양계의 흉노, 돌궐을 거쳐 몽골이 침략한 동서문명의 교통로였습니다. 포도는 여기서 동쪽으로 중국을 거쳐 한국, 서쪽으로 유럽에 전파된 거죠. BC 4000~3000년경부터 기른 것으로 보여요. 지중해 주변은 햇빛이 많고 비가 적어 재배에 적합했어요.

포도를 땄으면 그 다음 일은 포도주를 만드는 것이죠. 모자이크에 포도를 발로 으깨 그 액을 받아서 포도주를 빚는 과정이 그대로 담겨 후세에 전해집니다. 단순한 예술작품에서 생활문화사의 귀중한 자료로 격이 높아지는 순간이에요. 그렇다면 포도주는 처음에 어떻게 담게 됐을까요. 포도껍질에 천연 이스트 성분이 있어 포도가 으깨지면 당분과 섞여 자연 발효가 됩니다. 그렇기 때문에 포도를 기른 시점부터 포도주를 마셨을 가능성이 높아요.

포도주는 BC 2000년경 이집트나 메소포타미아 기록에 등장하는데요. 그리스 인은 이런 전통을 이어갔고, 특히 포도와 포도주에 신성神聖까지 부여했답니다. 제우스의 아들인 디오니소스가 포도를 처음 인간사회에 선물했으며 포도주를 빚는 방법도 알려줬다고 믿은 거죠. 로마는 그리스의 문물을 그대로 이어받았고 따라서 포도 재배와 포도주가 그 사회를 풍미했어요. 포도주 문화는 지중해 로마 제국 전

농촌 세시풍속 중에서 사과 수확

프랑스 251

역으로 퍼져 포도주가 최고의 기호품이 됐습니다. 그러니 잘 팔릴 수밖에요. 포도 재배농장이 대규모화되었고, 포도주 제조는 유망한 그러니까 돈이 되는 산업이었으며, 포도주는 최고의 수출품이었죠. 요즘 자동차나 컴퓨터 같은 제품이라고 할까요.

가을을 상징하는 또 다른 과일은 사과예요. 농부가 탐스럽게 익은 사과를 부지런히 수확하는 장면이 모자이크에 옮겨져 오늘에 이릅니다. 가을 정경이란 측면에서 사과가 로마와 우리를 엮어주지만, 유럽을 다니며 먹어본 맛으로 친다면 단연 우리 사과가 앞서지요. 특히 어스름 달밤 자율학습 도중 교실을 빠져나와 과수원에서 서리한 사과를 여학교에 들러 나눠 먹던 맛을 따라오기는 어렵겠죠.

멧돼지가 알리는 겨울 풍습 : 기름 짜고, 바구니 만들고, 성묘하고

봄여름에 땀 흘려 씨를 뿌리고 가꿔 가을에 풍성하게 결실을 거둬들이면 이제 추운 겨울이 들이닥칩니다. 저돌적인 멧돼지가 추위를 몰고 겨울과 함께 등장하는데요. 멧돼지 위에 탄 소년의 이미지가 앞의 것들과는 사뭇 다르죠. 추운지 옷을 잔뜩 껴입었습니다. 손에는 올리브 가지를 들었네요. 올리브는 겨울에도 푸른 잎을 간직해 겨울을 상징합니다. 우리로 치면 상록수 소나무라고 할까요.

지중해 주변 로마 제국의 겨울은 우리의

농촌 세시풍속 중에서 겨울

겨울과는 많이 다릅니다. 우리 정서로는 겨울 하면 '얼음'과 '눈'이죠. 살을 에는 강추위에 꽁꽁 얼어붙은 개울, 흰눈으로 뒤덮인 산과 들, 그 한가운데 옹기종기 모인 초가 굴뚝 위로 모락모락 피어오르는 흰 연기……. 하지만 지중해를 둘러싼 로마 제국에서는 눈이나 얼음을 기대하기 어렵습니다. 한겨울에도 강추위가 드물어요. 눈 대신 비가 내리는 우기로 장마철이죠. 헌데 기온에 비해 습도가 높은 탓에 '무척 쌀쌀함'을 넘어 '무지 추움'일 때가 많답니다.

밀이 여름, 포도가 가을이라면 겨울을 상징하는 농산물은 지중해 주변 남유럽이나 북아프리카 해안에서 나는 올리브랍니다. 생김새는 대추와 비슷해요. 봄에 꽃이 피고 초겨울에 열매를 수확합니다. 모자이크에서는 올리브를 턴 뒤 기름 짜는 과정을 세 장면으로 나눠 소개하는데요. 그만큼 올리브가 중요했다는 것을 말해주죠. 올리브 터는 장면에 두 명의 남자가 등장합니다. 한 명은 사과 딸 때처럼 아예 나무에 올라갔네요. 하지만 사과와는 작업이 달라요. 사과는 하나씩 따지만 올리브는 열매가 작고 단단하기 때문에 털어요. 그래서 바닥에 떨어진 것을

• 농촌 세시풍속 중에서 올리브 털기
•• 농촌 세시풍속 중에서 올리브 담기
••• 농촌 세시풍속 중에서 올리브 기름 짜기

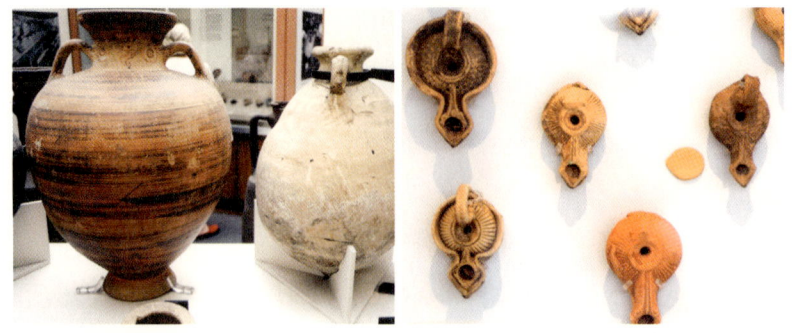

● 올리브유 항아리_브리티시 뮤지엄. 포도주 항아리와 달리 밑바닥이 뭉툭하다.
●● 올리브유 등잔_아테네 박물관

짜는 거죠.

　올리브가 역사에 등장하는 것도 포도만큼이나 오래됐습니다. 구약성서에 보면 노아가 시조예요. 구약성서는 이스라엘 민족이 역사로 믿는 책이죠. 노아는 아담의 10대 손자입니다. 대홍수 계시를 받은 노아는 방주를 만들어요. 120년에 걸쳐 길이 100미터에 3층 높이의 배를 만들었다고 해요. 아내와 세 아들 부부, 온갖 동물 한 쌍씩, 식물 씨앗을 싣고 1년 10일 동안을 방주 안에서 천지를 떠다니며 대홍수를 피했다는 것인데요. 당시 홍수가 끝난 것을 노아가 어떻게 알았을까요. 방주 밖으로 내보낸 비둘기가 올리브 가지를 물고 돌아온 겁니다. 대홍수가 끝나 물에 잠긴 땅이 드러났음을 알게 된 거죠. 그곳이 높이 5185미터의 아라라트 산입니다. 터키 동부, 이란 서부, 아르메니아 남부에 걸쳐 있답니다. 제주의 한라산처럼 화산활동으로 생겨났는데요. 산 정상부는 연중 거의 눈이 쌓여 있는데, 5월 말에 방문해보니 산 중턱부터 눈으로 덮여 있더군요.

　홍수 설화는 구약성서에만 나오는게 아닙니다. 앗시리아의 수도였던 이라크 땅 니네베의 앗수르바니팔 왕 도서관에서 발견된 BC 7세기 점토판 기록「길가메쉬 서사시」에도 나오죠. 길가메쉬는 수메르 역사에서 대홍수 뒤 나라를 다스린 왕으로 기록되는데요. 길가메쉬가 영생을 누리는 우트나피수팀을 만나 전해들었다는군요. 대홍수 설화에서 역사의 유사성이나 연관성을 다시 생각해봅니다.

이제 올리브를 털었으니 그 다음 단계인 기름 짜는 장면은 두 장면으로 나뉩니다. 먼저 올리브를 용기에 담는 장면과 방앗간에서 공들여 기름을 짜는 장면이죠. 두 명의 남자가 사력을 다해 짜는 모습에서 힘들게 일하는 노동자의 고단한 삶과 건강한 노동의 아름다움이 겹쳐집니다.

로마 인은 올리브를 왜 중요하게 여긴 걸까요. 간단하죠. 필요하면 중요해집니다. 올리브 열매로 반찬도 만들고 기름도 짜기 때문에 올리브는 없어서는 안 될 필수식품인 거죠. 우리네 들기름이나 참기름처럼 건강식품이기도 합니다. 장수를 상징하는 지중해 식단의 핵심이 바로 올리브유 잖아요. 최근 올리브유 수입이 크게 늘어 제조업자의 돈벌이가 괜찮은데, 로마 시대에도 마찬가지였어요. 포도주와 함께 주요한 해외교역 상품이었죠. 올리브유는 식용 외에 등잔에 심지를 꽂아 불 밝히는 용도로도 사용됐답니다.

겨울철에 농민들은 갈대를 꺾어다 바구니를 짰습니다. 한 명이 강가에서 갈대를 구해오고, 다른 한 명이 집에 앉아 바구니를 짜는 모습을 담았어요. 빨리 가져오라고 손짓하는 장면이 익살스럽죠. 농한기에 생필품을 만드는 일은 동서고금 농촌의 공통적인 일거리였던 겁니다. 우리네 1960~1970년대 농촌으로 돌아가볼까요. 가을날 황금 들녘에서 벼의 낟

• 농촌 세시풍속 중에서 바구니 만들기
•• 농촌 세시풍속 중에서 나무하기

알을 털면 볏짚이 남아요. 볏짚은 로마 시대의 갈대와 용도가 비슷하죠. 잘 다듬어 묶어두면 용처가 한두 군데가 아닙니다. 먼저 이엉으로 초가집 지붕을 얹습니다. 겨울에는 방한, 여름에는 방수를 위해서죠. 가을 김장을 끝내고 구덩이를 판 뒤 독을 묻고는 그 위에 이엉을 덮습니다. 잘게 썰어 소여물에 겨와 섞어 주기도 하고요. 군불 지피는 데도 사용하죠. 불에 타고 남은 재는 옹기 가마에서 항아리에 바를 유약 재료로 쓰였어요. 거름 생산하는 데도 없어서는 안 됩니다. 짚단을 들판이나 마당에 세워두면 아이들이 총싸움하고 술래잡기하는 데 숨는 장소로 유용했고요. 들판의 쌩쌩 몰아치는 칼바람을 피해 짚단 속에 숨으면 어찌나 포근하던지……. 무엇보다 쌀이나 보리를 담아 보관할 가마니와 삼태기, 망태기를 짜고 새끼 꼬는 데도 썼어요. 가마니 짜기 대회까지 열릴 정도였답니다.

굳이 환경친화니 재활용이니 하는 말이 필요 없죠. 이렇게 하나부터 열까지 어느 것 하나 버릴 것 없이 완벽하게 사람들의 삶과 하나가 됐던 게 바로 '벼'입니다. 벼농사를 지어온 한민족의 삶과 역사는 그래서 농촌에 있고, 농촌에서 벼를 기르는 농민에 뿌리를 두는 겁니다. 지금은 민속촌에서나 볼 수 있는 추억이 되고 말았지만요. 수천 년 이어져 내려온 전통이 30여 년 만에 이렇게 딴 세상 이야기로 바뀌다니 말입니다. 시대가 변하고 인간 삶의 방식이 변한다지만, 역사와 문화까지 송두리째 벗어버릴 수는 없는 일이겠죠. 또 변해가는 방향이 반드시 좋은 것인지 지켜 보존할 것은 없는지 꼼꼼하게 짚어보는 지혜가 아쉽습니다.

겨울이면 땔감용 나무를 하는 것도 농부들의 큰일 중 하나였죠. 두 명의 농부가 나뭇가지를 잘라 묶고 있네요. 로마 시대에 주요한 연료는 나무였거든요. 난방용으로 사용했고, 특히 로마 인이 즐긴 목욕물을 끓이는 데도 사용됐어요. 우리도 마찬가지입니다. 겨울이면 뒷산에 올라가 나무를 해다 아궁이에 불을 지폈던 기억이 새롭습니다. 1970년대만 해도 우리네 서민의 연료는 로마 시대처럼 돈 안 들이고 산에서 구해다 때는 나무였죠. 청솔가지를 꺾어 오거나 바닥에 떨어진 누런 솔잎을 긁어 왔는데요. 밤에 달빛을 받아 다녀오는 경우도 있었고요. 수레를 끌고 공동묘지 너머 뒷산에 올라 나무를 해오면 부엌살림하시는 어머니들이 제일 기뻐하셨는데…….

신에게 정성스런 인간의 마음을 보여줬던 로마 인은 조상님께도 마찬가지로 숭배의식을 치렀습니다. 집안에서 모시는 조상신을 라리Lari라고 불렀죠. 라리를 모시는 공간을

농촌 세시풍속 중에서 라리 제사. 1월을 상징한다.

농촌 세시풍속 중에서 성묘

별도로 만들어놓고 섬겼는데요. 실내정원 아트리움의 한구석에 라라리움을 마련했어요. 로마 인은 새해 1월이면 어김없이 조상신에게 예를 올렸습니다. 모자이크에서는 라라리움 앞에서 두 명의 가족이 제사를 지내려는 장면을 그렸는데요. 이것을 보면 로마나 우리나 사는 모습이 비슷했던 것 같아요.

    로마의 라라리움은 우리의 사당을 닮았어요. 고려 말 유교가 전파되면서 주자가례에 따라 집안에 사당을 만들어 조상신을 모셨어요. 집안을 지키는 수호신, 즉 터줏대감 신앙도 있었습니다. 가을걷이를 마치고 9월 보름 둥그런 달이 대낮처럼 동네를 비추면 이집 저집에서 시루떡에 정안수를 떠놓고 터줏대감에게 제를 올렸는데요. 어느 집에서나 어머님들이야 자식 성공을 빌지만, 철부지 아들들은 풋사랑 성취를 가슴속에 담기 일쑤였죠. 집안의 재산을 늘려주는 '업'도 있었습니다. '업'은 구렁이나 어린 동자의 모습이라고 했답니다.

    생제르망앙레의 《농촌 세시풍속》에 등장하는 풍속의 맨 끝은 조상님 산소에 '성묘' 하는 일입니다. 조상의 은공을 잊지 않고 살던 로마 인은 조상의 무덤을 정기적으로 찾아 기렸답니다. 모자이크에서는 남녀 두 명이 조상묘를 찾았는데요. 로마의 무덤은 우리네 봉분형 무덤과는 좀 다릅니다. 탑이나 제단 아니면 신전처럼 만들었어요. 물론 그 안에 담긴 조상숭

배의 정신은 같죠. 공동묘지는 항상 도시의 성문 밖 길 옆에 조성했습니다. 짧은 인생 끝에 찾아오는 허무한 죽음은 BC 1세기 서정시집 「카르미나」에 호라티우스가 읊은 글귀 '풀비스 에트 움브라먼지요 그림자'를 떠올려주네요. 삶이란 '바람 속의 먼지Dust in the wind' 같다는 캔사스의 노랫말도 호응하죠. '빈손으로 왔다가 빈손으로 간다 空手來 空手去'라는 경구를 떠올리며 겸허함에 대해 생각해 봅니다.

바람이나 먼지처럼 살다간 망자의 '사후세계'를 위해 로마 인은 다음과 같이 했

로마 시대의 가족무덤_프랑스 남부 글라눔. 모자이크에 등장하는 묘와 지붕이 똑같다.

답니다. 장례를 치를 때 먼저 시신을 깨끗하게 닦아놓고 문상객을 받았어요. 시신을 염습해 관에 넣고 문상객을 맞는 우리네와 비슷합니다. 추모 기간이 끝나면 가난한 사람은 목관, 부유층은 석관에 넣어 묻었어요. 화장한 뒤 유골만 안치하는 경우도 많았죠. 명문가는 주택이나 신전, 석탑 모양의 묘를 만들었어요. 가난한 사람들은 지하에 석굴을 파기도 했고요. 카타콤이죠. 기독교인이 감시를 피해 예배 보던 장소로도 활용됐습니다.

리용

남국의 정취 가득한 아름다운 도시

리용. 발음부터 콧소리가 나와 프랑스 분위기가 물씬 풍기죠. 이제 빠리와 그 근교를 벗어나 지중해와 가까운 남동부 지방으로 달려갑니다. 프랑스 제2의 도시 리용과 남유럽의 정취 가득한 프로방스 지방인데요. 리용은 빠리에 비해 햇빛이 많고 더 따스해요. 도시 분위기도 밝죠. 짙은 회색 지붕이 주를 이루는 빠리가 어두운 느낌인데 비해 리용은 오렌지색 지붕이 많아 마음까지 환해지는 느낌이랍니다. 리용은 물의 도시라고도 부르죠. 알프스의 눈이 녹아 론느 강과 손느 강으로 나뉘어 흐르다 리용에서 합쳐져 지중해로 가거든요. 강가에 늘어선 고색창연한 건물들은 열병식을 치르듯 강변 풍경에 위엄을 더해주죠. 푸르비에르 언덕에서 내려다본 리용 시가지는 흰 건물에 오렌지색 지붕, 푸른 강물, 비취빛 하늘에 은은한 물안개가 조화를 부리며 전혀 새로운 색의 향연을 펼칩니다. 갈 길 바쁜 나그네의 발길을 한참이나 붙잡아두는 또 하나의 매력은 강 건너 서쪽 하늘을 물들이는 노을이에요. 하루의 이별을 고하며 태양신 헬리오스가 하늘 언저리를 붉게 물들이는 풍경이 나그네의 마음에 잔잔한 물결을 일으킵니다. 리용은 정녕 가슴 깊이 젖어든 첫사랑의 기억만큼이나 애틋한 낭만과 향수가 오래도록 여운으로 남는 그런 곳입니다.

리용의 역사를 더듬어봅니다. 그리스 인이 BC 6세기 이후 남프랑스 지중해 연안에 닻을 내리고 갈리아 켈트 족과 사이좋게 지내죠. 그러다 BC 218년 한니발이 1만 5000명의 병사와 1만 마리의 말, 37마리의 코끼리

리용 시가지. 푸르비에르 언덕에서 내려다본 전경

를 이끌고 지나간 뒤 켈트 족과 리구리아 인이 그리스 인을 괴롭히기 시작했어요. 시달리다 못한 그리스가 로마에 구원의 손길을 내민 게 BC 125년이죠. 로마는 냉큼 들어와 이들을 물리친 뒤 그리스 인마저 내칩니다. BC 49년 그리스 최후 거점 마르세유를 함락시키고, 내륙의 갈리아 인마저 완전히 굴복시켜 로마 시대를 연 사람이 "왔노라, 보았노라, 이겼노라."의 주인공 카이사르예요. 그는 BC 44년 리용을 트란스 알피나알프스 산맥 북쪽의 거점으로 삼습니다. 이어 5군단에서 군복무를 마친 퇴역장병을 정착시키죠. BC 43년 카이사르의 부장이던 총독 무나티우스 플란쿠스가 건설한 동서대로 데쿠마누스 막시무스는 오늘날 리용의 중심도로 끌레베르 거리예요.

옥타비아누스 황제는 BC 27년 자신의 오른팔이자 사위인 아그리빠를 리용의 책임자로 보내 갈리아의 모든 길을 리용에서 출발하도록 설계합니다. BC 12년에는 아내 리비아가 데려온 의붓아들 드르수스를 보내 성소를 짓게 할 정도로 중요하게 여겼어요. 리용은 2세기 중반 하드리아누스 황제 때 원형경기장과 극장, 오데온, 4개의 수도교 등을 갖추면서 번영기를 구가합니다. 로마가 전성기에 11개의 수도교로 식수를 해결했는데, 리용의 수도교가 4개였다는 건 그 규모가 만만찮았음을 말해주죠. 하지만 197년 셉티무스 세베루스와 알비누스 사이에 벌어진 내전을 계기로 쇠퇴하더니, 457년 게르만의 일파인 부르군트 족이 들이닥치면서 로마의 깃발을 내리게 돼요. 서로마 제국이 멸망하기 19년 전인 476년이에요.

술 취해 비틀거리는 헤라클레스 : 신과 인간의 경쟁

리용에는 로마의 자취를 들여다볼 수 있는 유적들이 오롯이 남아 있어요. 길이가 무려 85킬로미터나 되던 기예르 수도교 잔해는 아직도 1.5킬로미터나 뻗어 있고요. 원형경기장은 물론 론느 강 서안 푸르비에르 언덕에 자리한 거대한 극장과 오데온소극장이 로마 시대 문화상을 증언합니다. 사이좋게 나란히 붙어 있는 극장과 오데온에서는 요즘도 내리쬐는 태양빛이 사그라들고 선선한 강바람이 불어오는 저녁 무렵엔 각종 공연이 펼쳐집니다. 공연

로마 시대 대극장_리용. 요즘도 고대 극장을 활용하는 모습이 이채롭다.

에 가장 잘 어울리는 가수는 누구일까요. 미셸 뽈나레프라면 부족함이 없겠죠. 5·18광주항쟁을 다룬 노래 "꽃잎처럼 금남로에 뿌려진 어여쁜 너의 붉은 피"로 시작되는 「오월의 노래」 원곡인 「사랑의 추억Qui A Tue Grandmaman, 누가 할머니를 죽였나요」을 부른 미셸 뽈나레프의 감미로우면서도 사회참여적인 노래 공연이 연상됩니다.

   푸르비에르 언덕 꼭대기에 아담하게 자리한 갈로-로망 문명박물관은 소중한 유물들을 감싸안고 있어요. 시대와 장르별로 구분된 17개의 전시실에는 갈리아 관련 유물, 라틴어 명문이 새겨진 각종 비문과 석관, 장례유물, 조각, 청동상, 동전, 보석류 등이 풍부하죠. 보관이나 전시수준도 뛰어난데요. 모자이크와 관련해 크게 세 작품, 즉 9번 전시실의 《술 취한 헤라클레스》와 10번 전시실의 《전차경기》, 12번 전시실의 《스와스티카 卍》를 주목해야 합니다. 천하장사 헤라클레스가 만취한 사건의 진상부터 파고들어가보죠.

   갈로-로망 문명박물관 모자이크 전시실의 품격을 끌어올리는 《술 취한 헤라크레스》를 찬찬히 들여다봐요. 탄탄한 구릿빛 근육질의 알몸으로 왼손엔 특유의 올리브 나무 방망이를 들고 목에는 사나운 얼굴의 사자가 죽을 걸쳤어요. 자세를 보죠. 술에 취해 비틀거리며 몸조차 제대로 가누지 못하네요. 다리는 쓰러지기 일보직전, 넘어지지 않기 위해 오른팔로 옆사람을 필사적으로 붙들어요. 눈동자가 풀려 정신나간 모습이 회식자리서 비틀대는 우리네 주당들을 닮았고요. 헤라클레스 왼쪽에서 디오니소스가 오른팔을 잡힌 채 근심어린 표정을 지으며 왼손으로 술 취한 헤라클레스의 얼굴을 들어올립니다.

술 취한 헤라클레스_2~3세기_갈로-로망 문명박물관

　　디오니소스 왼쪽에 대머리 실레노스가 지팡이를 들고 역시 걱정스럽게 쳐다보네요. 연회에 참석했던 사람들도 지켜보고, 올림포스 산정의 신들도 내려다보고 있고요. 헤라클레스 왼쪽에는 젊은 사티로스가 거구의 헤라클레스를 어깨로 부축하고 있고요. 섬세한 표현기법이 회화를 보는 느낌을 주는 이 작품은 1841년 리옹 남쪽의 비엔느에서 발굴됐는데요. 로마 시대 갈리아 지방의 모자이크 수준을 말해주는 백미로 칭찬해도 지나치지 않습니다.

이렇게 만취한 헤라클레스가 가까스로 정신을 차려 뭐라고 했을까요. "내 술잔이 나를 이렇게 만든 거야!" 이런 만취 사태는 왜 일어난 것일까요. 헤라클레스와 디오니소스가 누가 더 술을 잘 마시나 내기를 했답니다. 그리스 신들은 내기를 즐겼어요. 특히 인간과의 내기도 주저하지 않았는데요. 술을 관장하는 디오니소스는 술 꽤나 한다는 헤라클레스와 술 마시기 대회를 가졌던 겁니다. 비슷한 사례로는 음악을 관장하는 아폴론과 인간 마르시아스의 피리 연주 대결이 있어요. 연주라면 신에게도 뒤지지 않는다던 마르시아스는 아폴론과 팽팽한 접전을 펼쳤지만, 피리를 거꾸로 불자는 말도 안 되는 아폴론의 제안에 결국 지고 말아요. 마르시아스는 신에게 도전한 죄로 끔찍하게 죽게 되죠. 헤라클레스는 비록 인간이지만 힘에서는 누구에게도 뒤지지 않으니 술 실력도 믿었던 겁니다. 그래서 술을 관장하는 신과 한판 대결을 펼친 것이죠. 그것도 올림포스 주요 신을 관중으로 놓고 말입니다. 그러나 결과는 패배예요. 어찌 신을 이길 수 있겠어요. 《술 취한 헤라클레스》는 디오니소스가 정신을 못 차릴 만큼 취한 헤라클레스의 얼굴을 만지면서 "내가 이겼네!"를 선언하는 순간입니다.

로마 시대에 독특하게 발전한 흑백 모자이크는 다양한 형태의 기하학 무늬를 소재로 사용하죠. 무늬 전시장을 연출해내는 거대한 기하학 모자이크에서 눈여겨봐야 할 무늬는 '스와스티카卍자 무늬' 입니다. 이것을 보면 히틀러의 하켄크로이츠갈고리 십자를 떠올리기 십상이에요. 2차 세계대전의 파괴와 인류학살이라는 끔찍한 기억과 함께요. 하지만 이 무늬는 나찌 독일이 상징으로 삼으면서 곡절을 겪어서 그렇지 나찌의 독창적인 무

스와스티카 모자이크_2~3세기_갈로-로망 문명박물관. 거대한 규모에 다양한 형태의 무늬를 그려넣었다.

늬가 아니랍니다. 불교에서도 많이 보던 만卍자의 기원은 고대 인도 산스크리트어 스바스티카에 뿌리를 둡니다. 평화와 행운을 상징해요. 힌두교의 신 가운데 비슈누 신 가슴의 선모旋毛, 불교에서는 불타의 가슴과 손발 길상인吉祥印을 나타냅니다. 한자 문화권인 우리와 중국, 일본에서는 완전함이나 영원을 뜻하는 만萬, 万의 의미로 쓰기도 했고요. 고대 인도에서부터 동양의 불교권은 물론 서양에서 그리스·로마, 게르만 족을 거쳐 현대에 이르기까지 다양한 문화권에서 사용하는 무늬랍니다.

비엔느

여주읍을 닮은 작은 로마 비엔느 : 생로망앙갈 고고학지구

비엔느는 리용의 《술 취한 헤라클레스》뿐만 아니라 생제르망앙레 박물관의 《농촌 세시풍속》이 발굴된 도시예요. 프랑스 서부에도 같은 이름을 가진 도시가 있어 구분하기 위해 흔히 비엔느 이제르라고도 부릅니다. 리용 남쪽 35킬로미터 지점에 위치하는데, 대도시 리용에 붙어 있는 위성도시라고 할까요. 리용에서 아름다운 론느 강을 따라 내려오면 강변 정경이 꽤 운치 있죠. 한눈에 들어온다는 표현이 어울릴 만큼 산 아래 강변에 아늑하게 자리잡았는데요. 인구도 3만여 명이니 강변의 아담한 시골도시 정경이 그려지죠. 기차역에서 내려 넘실대는 강물을 바라보며 시가지를 걸으면 정말 여기서 살고 싶다는 생각이 드는 도시랍니다. 유적도 곳곳에 산재하고. 분위기가 마치 인구 5만의 여주군 여주읍 같아요. 신라시대 고찰 신륵사의 강변 정자에서 아름다운 모래사장의 남한강 너머 세종대왕이 잠들고 계신 영릉 옆 북성산으로 지는 낙조를 바라볼 때면 여주읍의 정취에 흠뻑 빠져들곤 하죠. 남한강이 굽이치는 여주와 론느 강이 흐르는 비엔느를 자매결연 맺어주고 싶답니다.

비엔느는 BC 47년 카이사르에 충성을 바치며 협력한 덕으로 발전할 수 있었어요. 카이사르가 죽고 난 뒤 BC 43년 카이사르의 부관 플란쿠스가 창건한 리용보다 역사로는 앞섭니다. 갈리아 속주의 수도 리용 옆에서 작은 로마로 칭송될 만큼 번영을 누렸죠. 지금도 산자락에 붙은 극장을 비롯해 신전, 성문, 도로 같은 다양한 유적이 론느 강 동쪽지역에 밀집해

로마 시대의 화장실_비엔느. 물이 흐르는 수세식에 벽면은 화려한 프레스코 그림으로 장식했다.

있어요. 그런데 강 서쪽지역에서도 뜻밖에 로마 유적이 발굴됐습니다. 1967년 고등학교를 짓기 위해 론느 강 서쪽을 개발하는 과정에서 이 지역이 게르만 족 침략 이후 쇠퇴해 공동묘지로 바뀐 사실이 밝혀졌어요. 이 유적지를 생로망앙갈이라고 부릅니다. 도로와 상하수도, 저장고를 갖춘 상점, 호화롭던 저택 유적이 눈길을 끄는데요. 특히 벽면을 프레스코로 장식할 만큼 호화롭던 수세식 화장실이 인상적이죠.

모자이크와 관련해서도 흥미진진합니다. 1967~1981년에 발굴돼 새 생명을 얻은 모자이크와 프레스코는 살아 움직이듯 선명한 색상에 기법도 빼어난데요. 로마 시대에 이곳에는 모자이크 기술자 양성학교가 설치되어 있어 가능했답니다. 외부로 실어낸 작품을 제외하면 대부분 생로망앙갈 고고학박물관으로 옮겼어요. 일부는 유적지에 그대로 남겨뒀고요. 유적지에 남아 있는 모자이크는 로마 인이 모자이크를 어느 장소에 어떻게 설치하고 살았는지를 보여주는 희귀한 자료입니다.

남성미 물씬 풍기는 운동경기 : 운동선수와 여신 1

생로망앙갈 고고학지구의 야외유적을 둘러보고, 강변에 붙여 지은 박물관으로 들어가 오른쪽으로 방향을 틀면 바닥을 가득 뒤덮은 모자이크가 눈에 들어옵니다. 군데군데 훼손됐지만 뭔가 심상찮은 분위기가 연출되는 이유는 선남선녀가 화면을 잔뜩 채우고 있기 때문이죠. 레슬링, 원반 던지기, 달리기 선수들이 넘치는 에너지로 기량을 겨루고요. 힘의 향연을 마음껏 펼치는 근육질의 남자 선수 주변 테두리에는 사계절을 상징하는 여신이 다소곳한 자태를 뽐냅니다. 힘차고 강력한 남성에 부드럽고 어여쁜 여성 이미지가 한데 포개지며 인간 육체의 아름다움을 찬미하는 중이에요. 로마 인의 미적 감각을 엿보기 손색없는 《운동선수와 여신》은 2세기 말 작품인데 등장인물을 하나씩 자세히 살펴보겠습니다.

먼저 '원반 던지기 선수'가 눈길을 사로잡습니다. 남성의 근육질 몸매가 강조되었죠. 원반을 던지려 먼 곳을 응시하는 눈매가 당차보이네요. 인체의 아름다움과 역동성을 신의 감각으로 빚어냈던 BC 5세기 그리스 조각가 미론의 '디스코볼루스'를 모사했어요. 대리석을 마치 밀가루 반죽 주무르듯 마음대로 다뤄 섬세한 결을 살려낸 신의 솜씨입니다. 인물의 표정은 물론 감정 한올

운동선수와 여신 중에서 원반 던지기 선수

까지 놓치지 않고 돌 위에 새겨냈던 미론의 작품은 후학들이 다양한 미술 장르에서 모방하는 원조 명품이랍니다. 그리스 예술작품에 심취했던 로마 인도 예외는 아니었죠. 열심히 모방작을 만들어 소장했던 덕분에 오늘날까지 각지의 박물관에 디스코볼루스 조각이나 모자이크가 우리 눈과 마음을 즐겁게 해주죠.

운동선수와 여신 중에서 레슬링 선수

앞서 원반 던지는 선수는 금발을 휘날렸는데, '레슬링 선수'는 다르네요. 격렬한 레슬링 운동을 하는 만큼 경기 도중 머리채를 휘어잡히는 일이 없도록 곱슬머리를 땋아서 묶었어요. 실제 경기를 치를 때에는 머리를 짧게 깎거나 가죽으로 만든 모자를 뒤집어쓰고 했고요. 레슬링은 18회 올림픽인 BC 708년부터 정식종목으로 채택됐어요. 레슬링은 상대를 세 번 바닥에 쓰러뜨리면 승리했죠. 요즘 올림픽 레슬링은 자유형과 그레꼬로망으로 나뉘는데요. 상체 공격만 허용하는 그레꼬로망은 바로 고대 올림픽에서 행했던 방식이랍니다. 그리스 인은 우수한 전사를 길러내는 수단으로 스포츠를 활용했어요. 맨손으로 상대를 제압하는 기술은 평소에는 건강한 육체, 전시에는 백병전에서 승리를 보장했거든요. 따라서 청소년 교육에서 체육은 읽고 쓰는 문법이나 시와 음악을 다루는 과목 못지않게 중요한 과목이었습니다.

'달리기 선수'가 승리를 상징하는 야자나무 가지를 들고 서 있네요. 아주 잘생긴 미남 스타입니다. 경기에서 승리하면 야자나무 가지를 받았어요. 고대 올림픽이 시작된 BC 776년 1회 대회 당시 유일한 경기종목이 달리기였을 만큼 달리기는 모든 체육의 기본이라 할 수 있어요. 달리기 경기는 앞서 시칠리아 《비키니》에서도 자세히 보았죠.

운동선수와 여신 중에서 달리기 선수

구릿빛으로 그을린 피부는 반들거리고 근육은 마치 살아 숨쉬듯 꿈틀거립니다. 엎드린 나신에 힘이라는 삶의 에너지를 듬뿍 담은 모자이크의 주인공은 '판크라티온 선수 혹은 연극배우'네요. 얼핏 격투기의 한 종목 같아 보입니다. 고대 그리스·로마 올림픽에서 격투기는 크게 레슬링과 권투, 판크라티온의 세 종목이었습니다. 판크라티온은 참 낯선 경기죠. 처음 들어보기도 할 텐데요. 당연합니다. 고대 그리스·로마 시대에 유행하다 사라졌으니까요. 한마디로 상하체 어디든 붙잡고 손기술을 거는 종목입니다. 상체만 공격하는 레슬링보다 훨씬 격렬했겠죠. 목을 조르고 팔다리를 꺾는 기술 외에 권투처럼 때리는 것도 가능했거든요. 입으로 물어뜯거나 손가락으로 눈, 귀, 코, 입 같은 약한 부위를 찌르는 것을 제외하면 모든 형태의 공격이 허용됐습니다. 발로 걷어차는 것도 반칙은 아니었지만 점잖지 못한 공격으로 조롱받았고요. 세 번 넘어지면 패하는 레슬링과 달리 아무리 넘어져도 상관없었죠. 시간제한이 없었거든요. 오

운동선수와 여신 중에서 판크라티온 선수 혹은 연극배우

른손 검지손가락을 들어 항복할 때까지 계속됐어요.

가장 원초적인 최고의 싸움기술이라고 할까요. 이 기술은 헤라클레스나 테세우스가 처음 개발했다고 전해집니다. 격렬한 만큼 부상을 방지하기 위해 다양한 장치도 마련되어 있었어요. 팔레스트라의 물에 젖은 모래밭이나 진흙탕 케로마에서 경기를 치르고, 선수는 레슬링처럼 몸에 오일을 발라 충격의 강도를 낮췄습니다. 팔에 가죽끈을 칭칭 동여매기도 했는데요. 그래도 팔이나 손가락 심지어 목이 부러져 불구가 되거나 사망에 이르는 경우가 생겼죠. 그야말로 최고로 기운 센 천하장사들이 나서서 자웅을 겨루는 격전장이었던 셈이에요.

판크라티온은 BC 648년 제33회 올림픽 대회부터 정식종목으로 채택됐고, BC 4세기를 지나면서는 올림픽 외에 돈을 건 프로 대회가 각 지역에서 성행했습니다. 최고의 선수는 알렉산더 대왕 시절 디옥시푸스라는 사람인데 올림픽을 여러 차례 제패했다고 하네요. 그런데 모자이크의 얼굴을 자세히 보면 판크라티온 선수가 아닐 수도 있다는 생각이 듭니다. 아무리 판크라티온 선수라지만 얼굴이 너무 험상궂거든요. 사람의 얼굴이라기보다 연극용 탈을 쓰고 있는 게 아닌가 여겨져요.

고대 그리스 인의 신체단련 장소도 자세히 들여다볼까요. 신체단련을 중요한 덕목으로 삼은 그리스 인은 몸을 단련하는 운동장을 김나지온로마인은 김나지움이라 불렀습니다. 그리스 어로 '발가벗은'이란 뜻 '김노스 Gym-nos'가 어원이죠. 그리스 인이 체육활동을 나체로 펼친 데서 유래합니다. 김나지움에는 세 가지 주요시설이 있는데, 육상경기용 스타디움, 레슬링이나 권투용 팔레스트라, 휴식을 취하며 몸을 씻는 목욕탕입니다.

여기에 빠지지 않고 추가되는 것이 있는데요. 정신수련을 신체훈련 못지 않게 소중하게 여겼기 때문에 수업을 받는 넓은 홀과 그 옆으로 의자를 갖춘 강의실입니다. 선생님도 계셨고요.

공간이 적어 김나지움을 만들 수 없는 경우엔 소규모로 팔레스트라만 만들기도 했어요. 특히 대중목욕탕에서 그랬는데요. 팔레스트라는 기둥이 늘어선 회랑을 직사각형으로 만들고 그 위에 지붕을 씌운 공간이었습니다. 회랑 안쪽은 노천 운동장인데요, 샌드백을 설치한 권투실, 판크라티온을 위한 물에 젖은 모래밭이나 진흙탕 경기장 케로마, 수영장이 설치됩니다. 또 실내공간으로 모래나 분말을 쌓아두는 보관실, 올리브유 저장실, 탈의실 등을 갖췄어요.

참고로 그리스의 교육은 운동으로 신체를 단련하고, 토론을 통해 지식과 정보를 얻는 특징을 보이는데요. '건강한 신체에 건강한 정신'의 이념이죠. 이 대목은 몸과 마음을 조화롭게 가다듬는 우리네 풍류도風流道를 연상시켜요. 화랑도나 국선도라고도 불린 우리 고유의 심신수련법이죠. 삼국시대에 무리지어 산하를 유람하며 신체를 단련하고 바른 정신을 기르던 기풍은 조선시대 유교 중심 교육이 자리잡으면서 위축됐어요. 지금은 암기 위주 시험공부에 찌들어 몸과 정신을 돌보는 교육이 더 설자리를 잃고 있습니다. 로마의 지성 세네카의 경고를 귀담아들어야 할 때예요. "논 스콜라이 세드 비타이 디스키무스우리는 학교가 아니라 삶을 위해 배운다."

소나무 가지를 입에 문 절세가인과 강의 여신

운동선수를 가운데 두고 네 귀퉁이에 사계 여신이 자리합니다. 근육질

운동선수와 여신 중에서 겨울 여신

남성들의 탄탄한 몸매 사이로 빼어난 미모의 여신들이 다소곳이 얼굴을 내미는데요. 사계 여신 얼굴 모자이크가 많지만, 이처럼 곱디고운 인상으로 선계仙界의 이미지를 전하는 경우는 흔치 않습니다. 이 작품에서 특기할 점은 겨울 여신이 입에 물고 있는 게 올리브 가지가 아니라 솔방울이 달린 소나무 가지라는 점이에요. 겨울에도 강한 생명력으로 푸른 잎을 지켜내는 소나무를 겨울의 상징으로 삼은 거죠. 그런데 겨울 여신이 숄로 얼굴을 다소곳이 가린 모습에서 정숙함이 묻어납니다.

서양 미인들 틈바구니에서 동양을 대표하는 중국 4대 미인 좀 살펴볼까요. 먼저 전국시대 월나라 왕 구천이 오나라 왕 부차에게 바친 BC 5세기의 미인 서시西施인데요. 강가에 비친 모습이 너무 아름다워 물고기도 기절해 강바닥에 가라앉았다는 '침어沈魚' 고사의 주인공이랍니다. 재미있는 얘기죠. 그 다음은 한나라에서 흉노의 왕 호한사 선우에게 시집간 BC 1세기 왕소군王昭君이고요. 그녀는 추운 흉노의 땅에서 봄을 맞았지만, 따뜻한 고국의 봄 같지 않다고 하는 뜻으로 향수를 달래며 "춘래불사춘春來不似春"이라는 시구를 남겼는데요. 2000년이 더 지나 대한민국에서 독재시절에 민주화를 그리며 쓰는 말이 되어버렸어요. 흥미로운 역사예요. 지하에서 왕소군도 싫지는 않을 겁니다. 위, 오, 촉의 삼국시대가 열리기 전 2세기 후한 말기 동탁의 시녀이자 여포의 여인이던 초선貂蟬도 4

운동선수와 여신 중에서 가을 여신

운동선수와 여신 중에서 봄

대 미인에 들어가요. 8세기를 풍미한 양귀비楊貴妃는 시아버지 현종과 재혼해서 역사적 맥락에서 가장 주체적이고도 극적인 삶을 살다 갔죠. 그래서 대표미인이 된 것 같아요.

'같은 값이면 붉은 치마'라는 말이 있죠. 존재 자체에서 본능적으로 느끼는 아름다움이요. 이성이 아니라 감성인데요. 수준의 높낮이를 떠나 감성으로 아름다움을 느끼기가 더 쉽죠. 모자이크에 등장하는 미인들은 이런 측면에서 쉽게 다가옵니다. 이에 반해 생제르망앙레의 《농촌 세시풍속》을 보죠. 열심히 일해 얻은 생산물로 나와 가족, 이웃을 먹여살리며 얻는 정신적 즐거움이 있습니다. 이뿐인가요. 나폴리 박물관의 《철학자들》에서 보듯이 지적 탐구와 학문을 통해 참된 것을 밝히며 얻는 기쁨도 있어요. 둘 다 실천이성인 의지를 통해 진眞과 선善을 행하는 데서 묻어나오는 내적인 아름다움美인데요. 인간이라면 추구해야 한다고 정해놓은 당위론적, 도덕적 아름다움이겠죠. 나폴리 박물관 카리테스를 떠올리며 둘을 이렇게 비교 정리해보면 어떨까요. 겉으로 눈부신 존재의 아름다움아프로디테도 좋지만, 의지로 가꿔내는 아름다움카리테스에도 관심을 갖기로요.

강의 신과 사계 여신중에서 강의 신_2~3세기_생로망앙갈 고고학박물관

《운동선수와 여신》을 본 뒤 왼쪽으로 돌아가면 사계절을 담은 또다른 작품 《강의 신과 사계 여신》이 기다립니다. 작품의 중심인 '강의 신'은 두 명인데, 오른쪽에는 여신, 왼쪽에는 남신이 비스듬히 기대앉았어요. 물항아리를 팔뚝 밑에 괴고 있네요. 양쪽의 물항아리에서 쏟아진 '아쿠아 푸라정화된 물'는 푸른 물줄기로 넘실대며 대지를 적십니다. '강의 신'은 손에 갈대를 들고 머리에도 갈대를 썼어요. 들판에서 나는 억새와 달리 갈대는 강을 상징하죠. 강의 신을 빙 둘러 물결이 굽이치는데, 자세히 보면 재치 있는 표현기법이 돋보입니다. 나체 표현이 자유로운 그리스·로마라고 하지만, 여성의 상징을 있는 그대로 그린다는 것은 쉽지 않죠. 여기서는 물줄기로 숄처럼 살짝 그곳을 가리는 기지를 발휘했네요.

신기의 연주와 혈투: 오르페우스와 권투선수

걸어서 구석으로 가면 《오르페우스의 연주》가 손짓합니다. 론느 강 동쪽의 비엔느에 자리한 로마 시대 빌라의 목욕탕에서 발굴된 이 모자이크는 곁눈질 한 번에도 시선을 사로잡기 충분할 만큼 아름다운 색상으로 찬연히 빛납니다. 1859년 발굴했으니 폐허에 묻혔다가 무려 1600여 년 만에 세상에 모습을 다시 드러낸 것인데요. 믿어지지 않을 만큼 새물내가 물씬 풍깁니다. 지금까지 발굴된 오르페우스 모자이크 가운데 보존상태가 가장 좋고 색상이 선명해요. 코발트색 옷을 입고 키타라를 연주하는 오르페우스는 풍채 좋은 부잣집 아들 같은 인상이죠. 살이 포동포동 오르고 잘 차려입어서 조금 심하게 꼬집어 표현하면 돈 많이 벌어 게을러진 연주자의 폼이라고 할까요. 옷차림은 트라키아 풍이네요. 트라키아는 터키의 유럽 쪽 영토로 고대 그리스에서는 후진사회로 취급했어요.

오르페우스의 키타라를 자세히 살펴보죠. 키타라는 'U'자 형으로 생겼네요. 'U'자의 아랫부분은 거북의 등껍질로 만든 둥근 공명통인데요. 여기서 소리가 울려퍼집니다. 공명통에 쇠뿔로 만든 지주를 양쪽에 세우고 'U'자의 윗부분에 가로막대를 얹은 뒤 현을 공명통으로 연결시켜요. 오른손 손가락이나 상아로 만든 피크로 현을 튕겨 소리를 냈답니다. 모자이크에 나오는 오르페우스는 피크로 연주중이네요. 보통은 4줄, 6줄이고, 10줄이 넘는 경우도 있지만 여기서는 8줄입니다. 메소포타미아 문명 초기부터 키타라와 비슷한 현악기가 이미 등장했죠. 그러고 보면 키타라는 인류 문명사와 함께했다고 볼 수 있네요. 공명통과 지주 일체

오르페우스의 연주_2~3세기_생로망앙갈 고고학박물관

형을 키타라, 분리형을 리라로 구분하기도 합니다.

오르페우스 모자이크 옆에는 운동선수를 그린 모자이크가 자리합니다. 작품이 반 이상 훼손됐지만, 강인한 인상에 얼굴 보호용 가죽을 두른 점으로 미뤄 격투기 선수네요. 《권투선수》일 가능성이 큽니다. 가죽으로 칭칭 감은 손이 단서예요. 당시 글러브 없이 가죽끈으로 감고 경기를 펼쳤거든요. 레슬링이나 판크라티온은 손으로 상대를 밀치거나 조르므로 손에 가죽끈을 감으면 안 되죠. 야자수 가지를 든 것으로 보아 이미 우승한 선수네요.

권투선수_2~3세기_생로망앙갈 고고학박물관

고대 올림픽에서 권투는 레슬링보다는 늦지만 판크라티온보다는 이른 BC 688년 23회 대회부터 채택됐습니다. 올림픽 종목이 그렇다는 것이지 BC 1300년 미케네 시대 도자기 그림에 등장하는 것으로 보아 그 이전부터 권투를 즐겼다는 사실을 알 수 있어요. BC 8세기에 기록된 호메로스의 「일리아드」에도 아킬레스가 주도한 파트로클로스 추모경기에서 선수들이 소가죽으로 손을 싸고 권투 경기를 벌이는 장면이 나오죠. 권투선수들은 주먹으로 얼굴을 가격했습니다. 몸통 공격은 중요하게 여기지 않았거든요. 요즘과는 다르죠. 얼굴을 주로 때리다보니 코뼈나 이빨이 부러지곤 해서 위험한 경기라고 여겼어요. 부상을 염려한 선수들은 수비 위주로 이리저리 피해 다니다 관중의 야유를 받곤 했답니다.

혼자 경쾌한 발놀림으로 공격과 수비 자세를 가다듬는 연습법, 일종의 섀도 복싱이죠. 이를 스키아만키아라고 불렀습니다. 자루에 모래나 밀가루를 넣고 주먹으로 치는 연습은 코리코스고요. 요즘 샌드백을 때리는 것과 같아요. 권투선수로 가장 유명했던 사람은 에게 해 로도스 섬에 살던 괴력의 사나이 디아고라스였죠. 그는 BC 464년 올림피아 올림픽에 이어 네메아 경기에서 두 번, 이스트무스 경기에서 네 번이나 우승했어요. 그의 두 아들도 BC 448년 올림픽에서 판크라티온과 권투경기 우승자가 됐으니 대를 이은 통뼈 집안은 다른 가족의 부러움을 샀을 게 틀림없습니다.

권투 하면 "I am just a poor boy나는 가난한 소년이랍니다"로 시작되는 사이먼과 가펑클의 「더 복서The boxer」가 떠올라요. 노랫말 "Asking only workman's wages, I come looking for a job, But I get no offers단지 막노동 품삯만 받겠다며, 일자리를 찾아나서지만, 일자리 주는 곳이 없네."에서 보듯이 서정적인 선율이지만, 사회고발의 내용을 담고 있어요. 가난에서 벗어나기 위해 몸부림치지만, 결국 돌아오는 게 없이 주먹질만 지속해야 하는 권투선수 얘기를 통해 가난이란 주제를 다시 짚어보는 노래였답니다. 번영만 구가하다가 1960~1970년대 변혁기를 맞은 미국사회를 잘 담아냈다는 평가를 받죠.

《권투선수》 주변에 각종 짐승을 표현한 모자이크 소품도 자리합니다. 연극용 탈과 오푸스 섹틸레도 눈길을 끌고요. 방향을 왼쪽으로 틀어 돌아가면 현장에서 발굴한 모자이크를 로마 시대 주택의 바닥처럼 재현해놓은 작품과도 마주치죠. 거실 바닥에 가구를 로마 식으로 갖춰놓아 로마인이 집안에서 모자이크를 어떻게 활용했는지 볼 수 있도록 해줘요.

박물관에서 나와 강변 유적을 찾아 더듬습니다. 2000년의 세월을 넘은 로마의 정교한 포장도로는 보는 이의 눈을 의심하게 만들기 십상이죠. 아직도 견고해 로마 군인이나 상인이 걸어다닐 것 같은 느낌이에요. 둘레 23킬로미터의 고구려 평양성 도로, 4킬로미터나 뻗었다는 발해의 수도였던 상경 용천부의 주작대로가 당시 모습대로 남아 있다면 더 큰 감흥을 받았을 텐데요. 중국의 고도 서안은 당나라 시가지가 그대로 남아 눈앞에서 구체화되기 때문에 로마의 도로에 버금가는 감동을 전합니다.

야외 유적지를 돌다 로마 집터로 들어가보면 새로운 설레임이 일어요. 모자이크가 남아 있거든요. 로마 인의 숨결을 느끼기 좋은데요. 특히 '5개 모자이크의 집'에는 '버섯'이나 '생선' 등 각종 음식물을 묘사한 바닥 모자이크가 빛을 발합니다. 넓이가 61제곱미터, 그러니까 20평 가까운 넓은 식당 바닥이 마치 당장이라도 요리할 수 있을 것처럼 싱싱하고 먹

• 5개 모자이크의 집_2~3세기_비엔느. 모자이크 너머로 푸른 잔디밭이 정원이고 정원을 둘러 쌓던 기둥이 일부 복원되어 있다.
•• 버섯_5개 모자이크의 집 식당 바닥을 장식하고 있는 모자이크

1	2
3	4

1. 바닥 모자이크와 로마식 가구 배치_2~3세기_생로망앙갈 고고학박물관
2. 꿩_5개 모자이크의 집
3. 생선_5개 모자이크의 집
4. 돌고래와 바다괴물_5개 모자이크의 집

음직스러운 것들로 가득해요. 식당 바닥에 설치한 모자이크의 소재로 버섯이나 생선 같은 먹거리를 사용한 감각이 돋보이죠. '5개 모자이크의 집' 옆에 '바다 신들의 집'이 있는데, 여기에도 2세기 말에 제작된 모자이크가 자리합니다.

오랑쥬

로마 극장과 포도주잔 칸타로스

비엔느에서 기차를 타고 남쪽으로 지중해를 향해 내달리면 로마 도시 오랑쥬가 자리합니다. 오랑쥬는 프로방스 지방으로 들어오며 접하는 첫 도시인데요. 인구가 2만 9000명으로 규모가 비엔느와 비슷해요.

오랑쥬는 비엔느나 리용보다 늦은 BC 35년 옥타비아누스의 로마 2군단 퇴역장병들이 정착하면서 만든 도시입니다. 당시 군복무를 마친 로마 군단보통 3000~5000명 퇴역장병들에게는 신천지 개발권을 주어 경제적 이득을 얻도록 했어요. 말이 신천지지 원주민이 살고 있는 땅을 빼앗아 차지하는 거죠. 작은 도시 오랑쥬에는 분야별 최고라는 명성이 무색하지 않

• 원형극장_1세기 초_오랑쥬. 서유럽에 남아 있는 로마 극장 가운데 가장 규모가 크고 보존상태가 좋다.
•• 개선문_1세기 초_오랑쥬

바닥 모자이크_2~3세기_오랑쥬. 기하학 무늬에 꽃과 칸타로스가 규칙적으로 배열되어 있다.

은 '로마 극장'과 '개선문'이 있습니다. 1981년 유네스코 세계문화유산으로 등록됐는데, 옥타비아누스 황제 때인 1세기 초 건축됐어요. 극장의 반원형 관중석은 지름이 103미터나 되고, 1만 명이 넘는 관중이 앉을 수 있어요. 무대에 세우는 배경벽 프로스카이나이는 높이가 무려 37미터로 건물로 치면 15층 높이죠. 그 한가운데 3.5미터 높이의 옥타비아누스 황제 대리석상이 햇살을 받으며 빛납니다. 탄성을 자아내는 극장은 로마의 기술력과 문화시설에 대한 열정을 잘 보여줘요. 서유럽 최대 규모의 극장에서는 요즘도 연극이나 연주회가 열려요. 생각만 해도 멋지죠.

  오랑쥬 극장 앞에는 시립박물관이 자리합니다. 박물관은 말이 좋아 아담한 것이지, 극장이 주는 압도적인 위용을 생각하면 초라하다는 표현이 더 어울려요. 전시하는 유물도 왠지 신통찮게 느껴지고요. 마음 뺏길 만

프랑스 283

 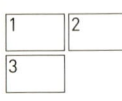

1. 바닥 모자이크 중에서 꽃. 오른쪽 해바라기, 왼쪽 로터스(연꽃)
2. 바닥 모자이크 중에서 칸타로스
3. 기하학 무늬_2~3세기_오랑쥬. 대리석을 크고 넓게 잘라 붙인 오푸스 섹틸레 작품이다.

한 작품이 별로 없다고 투덜대면서 몇 안 되는 조각품 사이를 맥없이 돌아볼 즈음, 제법 큼직한《바닥 모자이크》한 점이 시야에 잡힙니다. 자세히 들여다보니 삼각형, 사각형, 체인 같은 무늬와 함께 해바라기, 연꽃 같은 각종 꽃이 소박하면서도 조화로운 아름다움을 빚어내요. 마음을 다잡고 몸을 굽혀보니 특별히 의식하지 않아도 하나의 소재에 눈길이 머물러요. 손잡이와 받침대 달린 포도주잔 칸타로스입니다. 극장에 앉아 감흥에 젖어 고대 로마 인의 예술감각과 문화향유를 추체험하며 마음속에 물결로 일었던 포도주 한 잔의 유혹과 충동을 실현시켜줄 바로 그 포도주 잔이에요. 자꾸 상상하며 봐야죠.

베종라로멘느

새의 여왕 공작의 날갯짓 : 기차가 닿지 않는 산골마을

베종라로멘느는 오랑쥬에서 갑니다. 철도가 거미줄처럼 깔려 있어 전국 어디든 원하는 주요 지역을 갈 수 있는 프랑스에서 기차를 타고 갈 수 없을 만큼 오지예요. 차를 빌리거나 택시를 타야 하는 번거로움이 있지만, 프랑스 땅에 있는 로마 유적을 살핀다면 꼭 들러봐야 할 유적이에요. 오랑쥬 역에서 택시를 타고 가는데요. 때는 5월 말. 누런 밀밭이 드넓게 펼쳐진 평야지대를 지나는가 싶더니, 이내 차가 숨을 헐떡이며 높은 고산지대를 달려 높은 산 아래 구릉지대에 따리 튼 한적하고 목가적인 산골마을 베종라로멘느에 닿았습니다.

베종라로멘느에서 로마의 역사는 BC 20년에 시작돼요. 로마 인은 기존 켈트 부족 보콘티Vocontii의 이름을 따 '바시오 보콘티오룸Vasio Vocontiorum' 이라 불렀어요. '베종라로멘느' 의 어원이죠. 유적지는 기존 시가지와 뒤섞여 있어요. 중세와 근세를 거치면서 로마 유적 위에 새로운 건물을 계속 지은 결과예요. 유적지 골목으로 로마 인이 탐방객을 마중나올 것처럼 생생하게 살아 있는 느낌이에요. 유적지는 둘로 나뉘는데, 서쪽지구는 일반인이 살던 빌라와 상가 등이 손에 잡힐 듯 작은 공간에 오붓하게 복원 보존되어 있고요. 동쪽지구

극장_베종라로멘느. 험악한 산악지대에 자리하지만 극장이 제법 큰 것으로 보아 번성했던 도시임을 알 수 있다.

1. 공작_1세기_베종라로멘느 박물관. 공작이 체인 무늬로 둘러싸인 육각형 안에 자리하고, 그 바깥으로 물결무늬 안에 작은 새들이 공작을 호위한다.
2. 공작 중에서 먹이를 쪼는 앵무새
3. 공작 중에서 제 발가락을 쪼는 새

는 대형 극장이 발굴되어 있지만, 아직 미발굴 지역이 넓어요. 박물관도 지어 출토유물을 전시해놓았습니다. 물론 모자이크도 있죠.

박물관 문을 열고 들어서면 바닥에서 활짝 나래를 펼친 아름다운 새가 환영인사를 건네요. '공작의 집'에서 발굴한 《공작》입니다. 찬란한 날개를 생동감 있게 표현한 게 돋보이죠. 크기가 60제곱미터 그러니까 18평이나 될 만큼 큰 작품입니다. 가운데 공작을 두고 18개 작은 판넬을 만든 뒤 그 안에 먹이를 쪼는 앵무새나 청둥오리, 메추리 같은 다양한 새를 호위병처럼 배치한 구도에서 설치 예술가의 의도가 충분히 읽혀요. 공작의 위엄을 갖춰주는 것이죠. 무엇보다 인상적인 것은 5밀리미터 이하의 작은 유리나 대리석 테세라를 사용한 점이에요. 깃털 하나하나에까지 섬세한 숨결이 느껴지는 이유랍니다. 1세기에 제작된 이 대작은 언제까지나 멋진 예술혼을 뿜어낼 태세예요.

《공작》 같은 작품을 모자이크 용어로 '베르미쿨라툼Vermiculatum' 이라 부릅니다. 라틴어로 '베르민vermin' 은 아주 작은 '벌레worm' 를 뜻해요. 라틴어에서 온 영어 단어 '버민Vermin' 도 비슷한 뜻이죠. '쿨라툼culatum' 은 '밀어내다drive, thrust, shove' 라는 의미를 갖고요. 그러니까 눈에 보일 듯 말 듯 작은 벌레들이 꿈틀거리며 밀고 나가는 것처럼 보일 만큼 아주 세밀하게 시공된 모자이크라는 뜻이에요. 이 작품뿐 아니라 나폴리 박물관에서 보았던 '희곡 관련' 작품이나 카피톨리니 박물관의 《비둘기와 물그릇》 등이 베르미쿨라툼에 속합니다.

루브르 박물관을 지키는 피닉스에 비할 바 아닐 정도로 뛰어난 작품인 《공작》에서 군계일학 공작이 왜 오색찬란한 날개를 제 몸집보다 더 넓게 펼칠까요. 다 이유가 있죠. 화려하고 멋지게 보이려는 거예요. 누구에게 보여주려고? 동물원을 찾은 관람객들에게? 물론 아니죠. 사람이나 짐승이나 잘 보이고 싶은 상대는 바로 배우자예요. 짝짓기 할 때입니다. 성적으로 매력을 발산시켜 암컷의 마음을 흔들어놓기 위한 구애작전이죠. 사람도 그렇잖아요. 최고의 아름다움은 사랑하고 연애할 때 나오는 것 아닌가요.

님므

로마 기술의 금자탑 뽕뒤가르

 오랑쥬로 돌아와 다시 기차를 타고 서남쪽으로 론느 강을 따라 더 내려가면 님므가 나와요. 인구가 15만 명이나 될 만큼 비교적 큰 도시랍니다. 따뜻한 남국의 이미지가 물씬 풍기는 드넓은 평야에 한마디로 살기 좋다는 말이 절로 나올 만큼 온화한 기후, 아름다운 자연이 마음마저 푸근하게 만들어요. 그러니 1만 년 전 부싯돌이 발견되죠. 구석기시대 사람들이야말로 본능적으로 살기 좋은 곳은 잘 찾았을 테니 말입니다. 님므는 BC 118년 로마가 이탈리아 반도에서 남프랑스를 거쳐 스페인으로 가는 도로 비아 도미티아를 만들 때 이미 그 경유지였답니다. 이후 그리스 최후거점 마르세유가 BC 49년 로마에 함락되면서 로마의 영향 아래 자치를 누리다 BC 28년 로마의 영토가 돼요.

 지금까지도 당시 융성했던 문화상을 전하는 훌륭한 로마 유적이 여럿 남아 있죠. 무엇보다 수도교 뽕뒤가르가 볼 만합니다. 상수원에서 도시까지 물을 공급하는 수도교량이죠. 지중해 전역에 남아 있는 유적 가운데 가장 인상적인 단일 로마 유적 하나를 추천하라면 로마의 콜로세움 대신 님므의 뽕뒤가르를 주저없이 꼽고 싶어요. 아름답다는 말이 구차스러울 만큼 빼어난 풍경 아래 압도적이라는 감탄이 무색할 만큼 장엄한 유적입니다. 그림 같은 절경의 가르동 강 계곡 위로 양쪽 산에 다리를 걸치고 높이 49미터, 길이 275미터로 위엄 있게 우뚝 선 모습은 장관 중의 장관이죠. 3층 아치 구조로 1층은 지금도 도로로 사용되고 3층은 하루 2만 세제

뽕뒤가르_님므

곱미터5백만 갤런의 물을 통과시키던 수도관이랍니다. 수원지 위제스에서 님므의 저수장까지 총길이는 51킬로미터인데, 백 리가 훨씬 넘죠.

하지만 6만 명의 시민을 먹여살리던 수도교의 위대함은 이렇게 겉으로 보이는 것에 머물지 않는답니다. 눈에 드러나지 않는 측면, 즉 기술의 금자탑이란 점에서 더욱 두드러지죠. 수도교의 전체길이 51킬로미터의 끝에서 끝까지 고도차는 17미터예요. 무척 낮은 편이죠. 경사를 이용해 자연스럽게 물이 흐르도록 하려면 51킬로미터 길이로 수도교량을 건설하면서 평균 1킬로미터에 34센티미터씩 낮아지도록 설계 시공해야 합니다. 기울기 0.4퍼센트예요. 1세기 중반에 이런 기술이 가능했다니 놀랍다는 말 외에 다른 표현이 잠시 무의미해지죠.

님므 시내 한복판에 자리한 원형경기장을 찾으면 다시 한 번 가슴 뛰는 흥분을 감추지 못하죠. 비록 로마의 콜로세움보다 규모는 작고 더 후대에 만들어졌지만, 콜로세움보다 훨씬 완벽한 형태의 외관과 내부구조를 갖추고 있거든요. 더 흥미로운 것은 지금도 투우 경기장으로 사용되는 점이에요. 투우는 스페인뿐 아니라 남프랑스 사람들도 즐기는 경기죠. 2세기 말 안토니누스피우스 황제 때 만들어 지금까지 1900년 동안 현실 속에 시민생활의 일부로 살아 숨쉬는 원형경기장입니다. 다시 봐야겠죠.

신전 메종꺄레도 보존상태가 완벽해서 로마 신전의 면모를 들여다보기 안성맞춤입니다. 기단 위에 신상실을 앉힌 로마식 신전의 진수를 선보이거든요. 이 신전은 옥타비아누스의 군사적 승리 대부분을 가능하게 해준 명장 아그리빠 장군이 건축했답니다. 옥타비아누스는 자신의 유일한 혈육 율리아의 남편이던 조카 마르켈루스가 죽자 BC 19년 아그리빠를 이혼시키고 율리아와 재혼시킵니다. 최고의 군사적 실력자를 자기 휘하에 두는 가장 좋은 방법이죠.

애욕이 강해 각종 스캔들로 아버지 옥타비아누스의 속을 무던히도 썩였던 율리아는 뒤늦게 효도하는지 아그리빠와의 사이에서 연이어 세 명의 아들을 낳습니다. 가이우스 카이사르와 루키우스 카이사르, 그리고 셋째 아이는 나중에 태어나죠. 옥타비아누스는 위로 두 아이를 자신의 양아들로 입적시켜요. 손자가 아들이 된 거죠. 아들이 처남이 되고요. 아그리빠는 BC

메종꺄레_님므

16년 졸지에 처남이 된 갓난 두 아들을 위해 신전을 짓습니다. 님므의 메종꺄레가 세워진 배경이에요. 두 아들은 아버지 겸 처남의 사랑과 아버지 겸 할아버지의 극진한 보살핌에도 그만 일찍 죽어 옥타비아누스의 후계자가 되지 못하지만요. 인생사가 억지로 되나요.

표범과 칸타로스_님므

'사각형 집'이란 멋대가리 없는 뜻의 메종꺄레는 중세를 거치며 교회로 사용되다 1823년 현재의 간이 박물관으로 개조됐죠. 로마 제국을 일군 두 주역 옥타비아누스와 아그리빠의 하늘을 찌를 듯한 권세는 어디 가고 메종꺄레에는 《메두사》를 비롯한 몇 점의 모자이크와 조각이 초라하게 자리를 지킵니다. 이 가운데 《표범과 칸타로스》가 눈길을 끌어요. 흑백 모자이크인데요. 사나운 표범 두 마리가 양발로 정성스럽게 포도주잔 칸타로스를 받치고 있는 모습이 기특하죠. 칸타로스가 마치 하늘처럼 떠받들어지던 가이우스, 루키우스 두 형제처럼 느껴진답니다.

관능의 화신 알케스티스

님므에 모자이크는 많지 않아요. 하지만 압도적인 유적 뽕뒤가르가 많은 탐방객을 불러모으듯 한 점의 모자이크가 세계 각지의 모자이크 팬들을 불러모으기에 충분해요. 그만큼 매력 넘치는 최고 수준의 걸작으로 찬연히 빛나요. 프랑스 땅에서 지금까지 발견된 작품 가운데 가장 아름답다는 평가가 무색하지 않을 만큼 휘황한 광채를 발하는 모자이크입니다. 님

아드메토스의 결혼식_님므 예술박물관. 한가운데 결혼식 장면을 넣고 주변에 15개 엠블레마로 기하학 무늬를 배치했다.

므 예술박물관에서 화려한 자태를 뽐내며 탐방객을 흥분시키는 걸작 《아드메토스의 결혼식》이에요.

박물관 1층 바닥을 뒤덮는 이 '마그눔 오푸스_{대작}'는 너무 커서 2층으로 올라가야 전경을 겨우 볼 수 있어요. 작품이 크면 표현이 서툴고 완성도가 낮아지기 십상이죠. 그러나 이런 선입견은 《아드메토스의 결혼식》 앞에서 설 자리를 잃어요. 전체를 미앤더 무늬가 둘러싸고, 15개의 엠블레마에 다양한 기하학 무늬를 담은 작품을 보면 절로 알게 됩니다. 지중해 전체를 합쳐 이렇게 다양한 무늬를 하나의 작품 속에 녹여낸 모자이크도 드물지만, 등장인물 하나하나가 마치 살아 있는 것처럼 생생한 표정을 짓거든요.

이올쿠스의 왕 펠리아스가 옥좌에 앉아 있고, 어여쁜 딸 알케스티스가 놀란 표정으로 서 있죠. 아드메토스가 사자, 멧돼지에게 멍에를 씌워 앞세우고 결혼을 허락해달라고 청하고 있고요. 병사들은 이게 어찌된 일인

● 아드메토스의 결혼식 중에서 중심의 청혼 장면_님므 예술박물관. 등장인물들의 표정이 살아 숨쉬고, 과장과 사실 사이를 무리 없이 넘나든다.

●● 아드메토스의 결혼식 중에서 알케스티스. 앳되고 깜찍한 알케스티스의 놀라는 표정이 생생하다.

가 놀란 표정이죠. 뭔지 모른 채 끌려와 멀뚱한 표정을 짓는 사자와 돼지의 엇갈리는 시선이 해학적입니다. 등장인물 모두가 다른 시선 다른 표정으로 묘사가 뛰어나죠. 섬세한 눈과 입, 표정 묘사는 인물이 갖고 있는 감정을 잘 담아냅니다. 등장인물의 구도 또한 나무랄 데 없고요. 건축물 포장을 넘어 예술의 경지로 승화되는 수작이에요.

1883년 12월 발굴된 《아드메토스의 결혼식》이 탐방객의 발길을 한참이나 붙드는 비결은 또 있어요. 탐방객의 관심은 결혼식 장면의 여러 인물 가운데서도 반라의 아름다운 몸매를 드러내놓고 수줍은 듯 두 눈을 동그랗게 뜬 여인에게로 모아집니다. 놀란 표정으로 문 쪽을 바라보는 여인은 신부 알케스티스예요. 부드러운 곡선미의 날씬한 몸매가 매력을 넘어 요염하죠. 군살 없이 매끈한 허리에서 가슴, 어깨로 이어지는 선이 특별히 강조된 것 없이도 충분히 육감적이란 표현에 고개가 끄덕여집니다. 단정히 가다듬었으면서도 어깨 위로 자연스럽게 흘러내린 치렁한 금발도 눈부시고 젖가슴도 알맞게 예뻐요. 고대 모자이크에서 흔히 보듯 어색하게 강조된 가슴이 아니어서 거부감 없이 편안히 볼 수 있답니다. 표정도 무척 앳되고 깜찍하고 순진해 보이죠. 그런데 알케스티스는 왜 깜짝 놀라는 표정을 짓고 있을까요?

　그리스의 유명한 희곡작가 에우리피데스가 그녀의 이름을 따 저술한 「알케스티스」에 그 전후 사정이 고스란히 담겨 있어요. 그녀의 신랑이 될 모자이크 제목의 주인공 아드메토스가 누구인지부터 살펴보죠. 아드메토스는 멜레아그로스가 주관한 칼리돈의 멧돼지 사냥과 이아손의 아르고호 원정에 참여한 테살리아 지방 페라이의 왕입니다. 그는 이아손의 왕위를 부당하게 빼앗은 이올쿠스 왕 펠리아스의 딸에게 반하는데요. 그녀가 바로 알케스티스예요. 대개 아버지가 고약할수록 딸이 미인이듯이 못된 왕 펠리아스와 그의 딸 절세가인 알케스티스가 그랬답니다. 펠리아스는 딸에게 군침을 흘리는 구혼자들에게 선언했어요. "멧돼지와 사자가 함께 끄는 마차를 몰 수 있는 자에게 딸을 시집보낸다."

구두선□頭禪. 말은 좋지만 이게 실현될 일인가요. 멧돼지와 사자를 어떻게 하나로 묶을 수 있겠어요. 구혼자들을 속이려는 검은 마음이었죠. 알케스티스에게 마음을 빼앗긴 수많은 구혼자들은 끙끙 앓고, 아드메토스 역시 머리를 싸맸지만 묘수가 떠오르지 않았어요. 인생사 잘되려면 귀인이 나타나는 법이죠. 아드메토스에게 아폴론이 다가왔어요. 아폴론은 키클로페스를 죽인 벌로 지상에 귀양 와 있을 때 아드메토스의 도움을 받은 적이 있거든요. 실업자가 될 뻔한 아폴론을 아드메토스가 양치기로 받아준 겁니다. 신이라도 제우스에게 밉보이면 귀양가고, 한편 제멋대로인 신이지만 결초보은한다는 게 흥미롭네요. 아폴론은 아드메토스에게 사자와 멧돼지를 묶는 특수 멍에를 줬어요. 아드메토스는 마차를 모는 데 성공하고 경사스런 결혼식을 치릅니다. 하지만 처녀신 아르테미스가 자신에게 공양을 바치지 않았다면서 신방에 뱀을 풀어요. 고약하죠. 아폴론의 도움으로 이를 해결한 아드메토스는 알케스티스와 해로합니다.

아드메토스는 아폴론의 도움으로 운명도 바꿉니다. 아폴론은 아드메토스가 명대로 살다 저승으로 떠날 때 누가 대신 죽어준다면 아드메토스를 살려주겠다고 약속한 바 있어요. 다른 신들도 이를 인정했고요. 하지만 막상 아드메토스가 죽게 됐을 때 대신 죽겠다는 사람이 없었어요. 쉽지 않은 일이죠. 하나뿐인 목숨을 다른 사람을 위해 바친다는 게 말입니다.

그런데 알케스티스가 남편 대신 죽기로 자청합니다. 경국지색에 지극한 남편 사랑까지……. 아! 이 여인 누가 살려줘야 하는데……. 아내의 죽음으로 살아난 아드메토스가 살아도 사는 기분이 날까요. 곡기를 끊고 슬픔에 잠겨 눈물로 지새우니 지극한 사부곡이죠. 마침 근처를 지나던 천하

무적 헤라클레스가 이 곡소리를 들었어요. 헤라클레스와 아드메토스는 아르고 호 원정에서 생사고락을 함께 한 전우죠. 사연을 들은 헤라클레스는 목숨을 걸고 용감하게 저승으로 가서 지하세계의 동의를 얻어 알케스티스를 구해옵니다. 저승까지 내려갈 전우애라면 그 어떤 전쟁에서도 승리를 일궈낼 수 있겠네요. 아리스토텔레스가 말한 진정한 우정과 사랑 '필리아'가 바로 이것이겠죠. 아드메토스는 오히려 젊어진 알케스티스와 다시 행복하게 살았답니다.

요즘 세태는 어떤가요. 남녀간 사랑이든 친구간 우정이든 사회의 공적인 약속이든 간에 믿음과 신의를 가볍게 여겨 자신의 감정이나 눈앞의 실리에 바람 앞 갈대처럼 조변석개하는 게 현실이죠. 달면 삼키고 쓰면 뱉는 감탄고토甘呑苦吐의 세태 속에서 알케스티스의 순애보와 지극한 부부사랑은 다시 한 번 우리를 돌아보게 합니다.

산다는 게 무엇일까요. 영생의 신이 아닌 다음에야 태어나자마자 결국 죽음을 향해 달려가는 것일 테죠. 언젠가는 죽어야 하니 말입니다. 열흘 피는 꽃 없고, 10년 넘는 권력 없다고 '화무십일홍 권불십년花無十日紅 權不十年'이라 했던가요. 이웃에 해악이 되는 줄도 모르고 자기 욕심에 대한 집착을 마치 강한 의지의 실현으로 착각하는 정치인과 사회지도층이 말끔히 사라지는 사회, 힘세고 돈 많고 수단과 방법을 가리지 않으며 거짓을 통해서라도 결과만 얻는 자가 더 이상 과대포장되지 않는 사회, 있는 그대로의 정직하고 순수함이 존중되는 사회, 넉넉한 마음으로 사정이 좀 더 어려운 사람들과 함께하는 사회였으면 좋겠습니다.

모자이크란

이국적인 모자이크 탐방은 원래 역사부터 간단히 더듬는 게 순서겠죠. 사실 책 맨 앞부분을 역사로 시작하려 했습니다. 그런데 역사는 일방적인 설명이 되기 쉬워요. 좀 따분할 수도 있겠다 싶어 부록이란 제목을 달아 뒤로 돌렸습니다. 부록부터 읽고 모자이크 세계로 들어온다면 좀 더 체계적으로 탐방을 할 수 있어 좋겠죠.

모자이크의 역사와 장르 History & Genre of Mosaic

모자이크Mosaic란 자갈이나 대리석, 도자기, 유리 등을 잘게 자른 조각, 즉 테세라 Tesserae를 촘촘히 붙여 물이 새지 않도록 하는 포장 기법인 동시에 원하는 디자인을 아름답게 표현해내는 예술 장르입니다.

모자이크의 기원_BC 2000년_페르가몬 박물관. 이라크 우루크 유적에서 뜯어온 콘 모자이크가 계단 벽을 장식하고 있다.

유사한 기법으로 제작된 모자이크의 남상濫觴은 고대 메소포타미아 문명으로까지 거슬러 올라가요. 무척 유구한 역사를 지니죠. BC 2000년 수메르 유적에 모자이크 기법을 사용한 흔적이 남아 있어요. 흙을 원추Cone 모양으로 구워 사용한 모자이크의 기원, 콘 모자이크 Cone Mosaic입니다. 이후 BC 8세기 아나톨리아의 후기 히타이트 왕국을 거쳐 BC 5세기 그리스 문명권 도시에서 재료로 자갈을 쓰는 페블 모자이크Pebble Mosaic가 등장해요. BC 4세기 세련된 형태로 자리 잡은 모자이크는 알렉산더 대왕 원정 뒤 그리스 본토와 아나톨리아는 물론 오리엔트와 에게 해의 헬레니즘 권역 전체로 퍼졌죠. 설치장소도 궁전이나 초호화 빌라의 식당 같은 특정 장소에 한정되다 차츰 부유층 주택으로 대상을 넓혔답니다. 바닥 포장과 장식이라는 두 마리 토끼, 즉 건축과 예술을 접붙인 설치물로 인기를 모았어요. 이때는 재료도 자갈에서 벗어나 대리석이나 도자기 조각을 잘게 자른 테세라를 활용해 테세라 모자이크

● 초기 예수 모자이크_5세기_라벤나 갈라 플라키디아 묘. 기독교를 국교로 정한 테오도시우스 황제의 딸 갈라 플라키디아가 죽은 뒤 만든 묘소의 예수 모자이크

●● 비잔틴 예수 모자이크_6세기_라벤나 산비탈레 성당. 가운데 예수, 오른쪽에 성당을 손에 들고 있는 사람이 성당을 짓기 시작한 에클레시우스

●●● 마리아와 아기 예수 모자이크_6세기_이스탄불 성 소피아 성당. 성스러운 모습의 마리아가 아기 예수를 안고 있다.

Tesserae Mosaic, Opus Tessellatum를 탄생시켰어요. 우리가 흔히 모자이크라고 부르는 장르죠.

이 무렵 카르타고 문명권에서는 모르타르 위에 간단한 무늬를 내는 조잡한 형태의 오푸스 시그니눔Opus Signinum을 바닥포장 기법으로 활용했고요. 카르타고와 헬레니즘 문명을 격파한 로마는 1세기 기존의 테세라 모자이크를 계승할 뿐만 아니라 흑색과 백색 테세라만 사용하는 흑백 모자이크Black & White Mosaic를 독특하게 발전시켜요. 재료로 보면 테세라 모자이크죠. 동시에 색 대리석이나 유리를 크게 잘라 활용하는 오푸스 섹틸레Opus Sectile도 활용했고요.

4세기 이후 로마 제국이 기독교 국가로 변하면서 모자이크는 변화기를 맞습니다. 그리스·로마 신화와 일상을 다룬 작품이 사라지는 대신 기독교 소재로 옮아가 초기 기독교 모자이크Christian Mosaic로 이어지는데요. 5세기 서로마 제국의 마지막 수도 라벤나를 중심으로 장소를 바닥에서 벽이나 천장으로 이동시켜 '성스러운 예수님Christus Rex, 예수 왕'을 표현하는 기독교 모자이크가 명맥을 유지했지만, 476년 서로마 제국 멸망과 함께 게르만 족이 장악한 서로마 권역에서는 모자이크 문화가 쇠퇴해요. 이슬람이 장악한 구 로마 영토에서는 8세기까지 이어지다 자취를 감추죠. 대신 비잔틴동로마 제국에서 라벤나의 모자이크를 계승해 기독교 소재를 영롱한 황금빛으로 표현해낸 비잔틴 모자이크Byzantine Mosaic를 발전시켜 제국이 멸망하는 15세기까지 교회를 중심으로 발전시켜요. 비잔틴 모자이크는 재료나 기법으로 보면 테세라 모자이크랍니다. 이 책에서는 라벤나 이전 시기인 초기 기독교 모자이크까지만 다뤄요.

콘 모자이크

모자이크의 효시는 인류문명이 그렇듯 메소포타미아랍니다. 필자는 지구라트ziggurat라는 거대한 탑필자가 탐방했던 이란 초가잔빌 지구라트는 밑면 105미터, 높이 28미터으로 상징되는 메소포타미아의 본거지 이라크를 아직 밟아보지 못했어요. 기자 시절 종군의 기회가 있었지만 사정이 여의치 않았거든요. 대신 베를린의 페르가몬 박물관에서 아쉬움을 달랬죠. 페르가몬은 터키 이오니아 지방에서 번영하던 그리스·로마 시대 도시를 가리키는데요. 페르가몬 유적지를 독일 연구팀이 발굴한 뒤 제국주의 관행대로 신전 유적을 통째로 뜯어다 전시해놓은 탓에 페르가몬 박물관이라는 이름이 붙었어요. 터키의 페르가몬에 가보니, 현장에는 휑하니 찬바람만 날려요. 그 황당함이란! 야외극장처럼 뜯어갈 수 없는 유적을 제외하면 모두 박물관으로 옮겨놨답니다.

유적을 건물 안에 재배치한 페르가몬 박물관에는 페르가몬의 유적만 있는 게 아닙니다. 뜻밖에 메소포타미아의 유적이 한구석을 차지하고 앉아 있어요. 이라크

• 다양한 모자이크 무늬들_BC 2000년_페르가몬 박물관
•• 확대한 마름모 무늬_BC 2000년_페르가몬 박물관. 촘촘하게 하게 박힌 콘의 모습을 볼 수 있다.
••• 콘_BC 2000년_페르가몬 박물관. 기다란 못처럼 생겼다.

와르카Warka, 고대사에서 우루크, Uruk로 불리는 곳에서 거대한 유적의 계단 통로 벽면과 기둥을 걷어왔는데요. 여기에 BC 2000년에 제작된 것으로 추정되는 이른바 콘 모자이크가 설치되어 있습니다. 흙을 원추형, 그러니까 여름철 즐겨 먹는 얼음과자 콘 있잖아요. 그런 모습으로 길게 구워 색을 입힌 뒤 촘촘히 벽에 박아 원하는 무늬를 만들어냈어요. 서로 다른 색의 재료를 이용해 바닥이나 벽, 천장을 장식했는데, 모자이크의 기원으로 손색없어요. 흙으로 구운 원추형 콘은 마치 커다란 대못처럼 생겼는데 길이가 10센티미터 정도죠. 머리 부분의 직경은 1.5센티미터이고 검은색과 흰색, 붉은색이 많아요. 이런 재료를 사용해 삼각형, 마름모, 줄무늬, 지그재그 무늬를 그려냈어요. 1912년 독일이 당시 이라크를 장악하고 있던 터키의 허가를 얻어 발굴한 뒤 가져왔답니다.

페블 모자이크

콘 모자이크가 등장한 지 1500여 년이 흘러 BC 5세기에 그리스에서 자갈을 사용한 페블 모자이크가 나와요. 흑색과 백색의 자갈을 깔아 바닥 포장에 활용했던 것이죠. 그러다 유채색 자갈을 섞어 원하는 무늬를 만들어내면서 예술로 발전합니다. 페블 모자이크에 대해서는 그리스의 펠라와 스파르타 편에 자세히 소개되어 있어요. 지중해의 섬나라 키프로스에도 가보니 자갈 모자이크가 남아 있었어요. 키프로스의 관광 중심지이자 로

스킬라_BC 4세기_파포스. 상체는 젖가슴이 불룩한 여인이지만 허리에는 개가 세 마리 붙어 있고 용꼬리를 하고 있다.

마 유적지 파포스죠. 헬레니즘 풍의 수많은 모자이크가 거대한 저택을 뒤덮고 있는데요. 집 입구에 자갈 모자이크가 자리합니다. 그리스 신화에서 불운의 여인으로 통하는 《스킬라》예요. 학자들은 BC 4세기 말 제작된 것으로 추정합니다. 자갈 모자이크는 고대사회 전유물이 아니랍니다. 지금도 에게 해에 흩어져 있는 섬들에 가면 자갈을 활용한 바닥 모자이크를 어렵지 않게 목격하는데요. 물론 유물이나 유적이란 게 특별한 것은 아니죠. 사람들이 사용하다 오랜 세월이 흐른 뒤에까지 사라지지 않고 남아 있으면 그게 유물이요, 유적이 되는 거니까요.

현대의 자갈 모자이크_린도스. 헬레니즘 시대 모자이크의 중심지이던 고대도시 린도스에서는 요즘도 주택 입구 등을 자갈 모자이크로 장식한다.

테세라 모자이크

대리석이나 유리, 도자기를 규칙적으로 자른 테세라와 불규칙적으로 자른 칩으로 화려한 컬러의 세계를 구현하는 테세라 모자이크는 오푸스 테셀라툼이라고도 불러요. 테세라는 그리스 어로 숫자 4, 또는 사각형을 뜻하죠. 수십, 수백만 개의 돌이나 유리 조각으로 원하는 이미지를 구현해 바

여인탈_2세기_로마. 크게 벌린 입, 놀라는 표정의 눈 등 눈부시게 찬란하고 선명한 테세라 모자이크

닥 포장재로서의 견고함에 아름다움을 접목시켰는데요. 엄청난 시간과 노동, 투자를 뒷받침할 경제여건이 선결조건이죠. 헬레니즘 문명의 중심지이며 파피루스 수출지이고 프톨레마이오스 왕조의 수도 알렉산드리아, 셀레우코스 왕조의 수도 안타키아, 양피지의 고장 페르가몬은 광에서 인심 나듯 경제번영으로 쌓은 두둑한 금고를 배경으로 BC 3세기 이후 세련된 형태로 테세라 모자이크를 발전시켰고 로마 제국은 이를 계승합니다.

오푸스 섹틸레

돌을 잘라 붙여 기하학적 무늬나 특정 주제의 그림을 표현하는 점에서 테세라 모자이크와 비슷해요. 하지만 기법이 달라요. 아름다운 색의 대리석이나 유리를 잘게 써는 게 아니라 큼직하게 잘라 사용합니다. '섹틸레sectile'는 무엇인가를 '자른다cut'는 뜻인데, 1세기 로마 제정시대 이후 활용됐으니 좀 늦게 시작된 장르죠. 오푸스 섹틸레는 사진을 대하듯 선명한 색상이 장점인데요. 로마의 카피톨리니 박물관과 로마 국립박물관 팔라쪼 마시모 편에서 다양한 작품을 만날 수 있어요.

마에나드_나폴리 박물관. 디오니소스 제전에서 마에나드가 알몸으로 춤추는 장면

흑백 모자이크

별도의 장르라기보다 값비싼 대리석이나 유리 대신 검은색과 흰색 돌

배_2세기_오스티아. 검은 돌과 흰 돌로만 대상물을 간결하게 표현해서 더욱 돋보이는 흑백 모자이크

만 재료로 사용하는 테세라 모자이크를 가리킵니다. 저렴한 모자이크 포장 예술로 보면 돼요. 로마 인이 이탈리아 반도를 중심으로 유행시켜 새로 개척한 갈리아프랑스, 브리타니아영국, 이베리아 반도 등 서유럽에 전파했죠. 흑백 모자이크는 흰색 돌을 바탕으로 깔고 검은색 돌로 대상물을 표현해요. 기하학 무늬를 여럿 사용하는 것도 특징이고요. 로마 근교 오스티아가 흑백 모자이크의 보고죠.

오푸스 시그니눔

모자이크라기보다 바닥포장 방법이라고 말할 수 있는데요. 카르타고인이 BC 4세기경 사용하기 시작했어요. 바닥이 질척거리지 말라고 사용하는 일종의 모르타르예요. 모르타르 위에 도자기 파편, 돌이나 유리조각을 넣어 원하는 무늬를 표현하기도 했죠. 시칠리아 시그니아에서 시작됐다고 알려져 오푸스 시그니눔이라고 부릅니다.

오푸스 시그니눔_셀리눈테. 왼쪽 아래 카르타고 문명권에서 널리 떠받들던 행운의 여신 타닛(Tanit)이 보인다.

모자이크 기법 Design & Technique of Mosaic

모자이크라는 말은 어떻게 생겨났을까

라틴어로 무사이Musae는 문학이나 음악을 관장하는 여신 뮤즈Muse를 가리킵니다. 그리스·로마 신화에서는 숲속 샘에 사는 정령, 생명의 근원인 샘의 여신을 요정Nymph이라고 부르죠. 범위를 넓혀 여신은 모두 요정이라고 부르기도 합니다. 그러니 무사이도 요정이라 볼 수 있는 거예요. 로마 시대에 집안에 요정이 사는 집, 즉 분수Nymphaeum를 만들었는데요. 이때 분수에 화려하게 모자이크를 설치하고 요정 무사이를 따 '무사이 같다' 라는 뜻으로 '무시움Musivum' 이라 불렀어요. 또 '무사

분수 모자이크_나폴리 박물관. 분수는 늘 물이 흐르는 공간이므로 방수가 제일 중요해서 아주 작은 테세라를 사용해 세밀하게 시공한다.

이의' 라는 뜻으로 '무사이움Musaeum' 이나 '무사이아Musaea' 라고도 불렀답니다. 모자이크Mosaic라는 말이 여기서 유래된 거죠. 폼페이 교외 목욕탕의 분수 모자이크 설명을 참조하세요. 분수 모자이크를 설명하는 데에도 설명해놓았어요.

모자이크는 누가 설치했을까

모자이크를 설치하는 사람은 무세아리우스Musearius라고 불렀어요. 애

초에는 분수에 모자이크를 설치하는 장인을 가리켰지만, 모자이크를 설치하는 모두를 부르는 호칭으로 굳었죠. 테세라 모자이크를 만든다고 해서 테세라리우스Tesserarius라는 이름으로도 불렸고요. 장인들은 각 지역에 설치되어 있는 모자이크 학교에서 기술을 습득한 뒤 작업현장에 투입됐답니다. 모자이크 설치에 관련된 인력은 등급이 정해져 있었는데요. 전체 공사를 책임지는 총감독무세아리우스, 무늬와 형상을 결정하는 디자이너, 테세라를 직접 바닥에 시공하는 설치가, 돌을 깨 테세라를 만드는 재료공 등으로 팀을 이뤘죠. 대규모 현장의 경우 디자이너와 설치가를 수석과 차석으로 나누는 등 인원이 더 늘어났어요. 반면 규모가 작은 현장은 더 적은 인원으로 단촐하게 팀을 짰어요. 총감독 무세아리우스는 이곳저곳 초빙받아 작품활동을 펼쳤는데, 대개는 현지에서 보조인력을 지원받아 작업에 들어갔어요. 요즘도 중요한 예술작품을 설치할 때는 국적을 가리지 않고 그 방면의 대가를 각국에서 초빙하고, 현지인력이 시공하는 방식을 택하죠. 예나 지금이나 다르지 않네요.

모자이크 작가는 큰 자부심을 가졌던 것으로 보입니다. 헬레니즘 시대에도 일부 작품에 제작자인 무세아리우스의 이름을 남겼지만 로마 시대로 오면 제법 많은 작품에서 이름이 나타나거든요. 모자이크 화면 구석에 작가의 이름을 새겨넣는데, 그림 구석에 이름 적어넣는 낙관으로 보면 쉽겠죠. 자부심에 비해 처우가 그리 좋지는 않았답니다. 301년 디오클레티아누스 황제 시절 기록을 보면, 임금이 프레스코를 그리는 화가의 75퍼센트 정도에 그쳤다고 하네요. 초상화를 그리는 화가에 비하면 50퍼센트에 그쳤고요. 문화 예술을 창조하는 장인계급 중 2류에 속했다는 것을 말해주죠. 하지만 상당한 재산을 모은 사람도 있었나봅니다. 2세기에 활약한 아엘리우스 프로클루스는 아버지의 대를 이어 모자이크 예술가로 이름을 날리면서 운명의 여신인 티케 신전을 건립해 기부할 정도로 부를 쌓았거든요. 이 공로로 대중의 인기를 얻은 그는 선거를 통해 공직에까지 올랐답니다.

모자이크의 재료는 무엇일까

테세라는 무엇으로 만들었을까요. 흰색과 검정색을 나타낼 때는 주로 석회석을 사용했고요. 검정색의 경우 화산지대의 현무암을 조각내 쓰는 경우도 많았죠. 붉은색과 노란색은 자연상태의 대리석에서 찾았지만, 흙을 구워 사용하는 방법, 즉 도자기 조각이 더 손쉬웠어요. 그러나 고급스

다양한 색의 테세라_생제르망앙레 박물관. 이런 테세라를 적게는 수만 개에서 많게는 수백만 개를 활용해 한 작품을 완성했다.

럽고 우아한 분위기를 자아내기 위해선 비록 비싸지만 유리를 사용하는 게 효과 만점이었어요. 유리는 가격도 비쌌고 바닥에 설치하면 위험도 뒤따라 주로 분수 모자이크의 벽이나 천장에 설치했어요. 재료는 대개 모자이크를 설치하는 작업현장으로 가져와 잘랐고요. 재료를 구하기가 어려워 강탈과 절도로 재료를 얻기도 했죠. 가로, 세로 1미터 크기의 모자이크를 설치하는 데 평균 1주일 걸렸어요.

얼마나 많은 사람이 테세라 모자이크를 사용했을까

순식간에 화산재에 묻혔다 되살아난 폼페이를 볼까요. 조사결과 폼페이에서 모자이크로 건물 바닥을 포장한 비율이 전체 바닥 면적의 2.5퍼센트에 불과했어요. 또 발견된 모자이크의 75퍼센트가 세 채의 집에 집중되어 있었고요. 소수의 부유층만 누린 건축과 예술의 산물임을 알 수 있죠. 하지만 폼페이 하나로 헬레니즘 권 세계 전체를 함부로 재단하면 곤란합니다. 에게 해 델로스 섬의 경우 이보다 훨씬 많은 주택에서 모자이크를 사용한 것으로 나타났거든요. 테세라 모자이크의 고향 헬레니즘 권에서는 로마 제국의 심장부 이탈리아 반도보다 모자이크가 더 보편화됐던 것으로 추정해볼 수 있어요. 헬레니즘과 로마 시기에 살았던 유력자들은 호화로운 장식과 기호, 허영을 과시하며 삶의 만족을 얻었어요. 모자이크 역시 그 대표적 문화 향유 수단이었던 거죠.

테세라 모자이크는 주로 어디에 설치했을까

대저택 도무스Domus와 장원의 빌라Villa 같은 호화주택, 공중목욕탕 같은 공공시설입니다. 집안에 설치할 때 가장 많은 돈을 들여 화려하게 장식한 장소는 손님 맞는 거실이나 남자 주인의 공간 타블리눔Tablinum, 넓은 실내홀 오에쿠스Oecus, 식당 트리클리니움Triclinium, 드넓은 야외홀 엑세드라Exedra 가운데 의자형 야외식당 공간, 목욕탕Terme, 침실 Cubiculum, 회랑Peristilium 등이에요. 최상류층은 자기 집의 목욕탕에도 공들여 모자이크를 설치했습니다. 모자이크 소재는 공간에 따라 달랐는데요. 식당 바닥은 신화의 음주나 연회 장면, 특히 포도주의 신 디오니소스

저택 바닥을 장식하던 모자이크_2~3세기_비엔느

가 많았어요. 목욕탕 바닥은 바다를 연상시키는 바다의 신 포세이돈과 그의 아내 암피트리테, 트리톤, 해마海馬, 수영하는 에로스, 돌고래 등이 많았고, 침실에는 에로틱한 분위기가 제격이었답니다.

원하는 형상은 어떻게 디자인 했을까

모자이크가 단순히 바닥포장 수단에서 예술적 특성을 띠는 작품으로 승화되면서 디자인, 즉 어떤 모양으로 표현할 것인지가 주요 관심사로 떠올랐어요. 그래서 동식물, 자연, 인물, 신화의 내용 등을 다양한 방식으로 표현하도록 도와주는 교본, 즉 패턴북Pattern Book을 미리 만들었답니다. 이집트 파피루스에 헬레니즘의 중심도시 알렉산드리아에서 다른 도시로 보내는 모자이크 지침서를 나타내는 장면이 들어 있어 패턴북의 존재사실을 뒷받침해요. 모자이크 제작과정을 떠올려보면, 모자이크 설치 예술가는 다양한 모델을 패턴북에 담아 고객에게 보여주고, 고객은 자신의 취

향과 품격, 기호에 어울린다고 생각하는 소재를 고르죠. 여기다 자신만의 독특한 가치관을 얹어 주문하고, 모자이크 예술가는 다시 자신만의 감각으로 독특한 이미지를 가미하려 시도했겠죠.

기성제품도 있었을까

특정 주제를 사각형 틀 안에 표현한 모자이크를 엠블레마Emblema라고 합니다. 기하학 무늬나 기타 동식물로 주변 장식을 마친 뒤 가운데 사각형 안에 주제를 표현하는 방식은 헬레니즘 시대 벽에 그리는 프레스코에서 원리를 따왔는데요. 엠블레마 역시 헬레니즘 모자이크의 특징이죠. 나중에 패턴북에 의존해 모자이크를 시공하면서 기성복처럼 주요 장면을 미리 엠블레마 판넬로 만든 기성품이 나

엠블레마_터키 안타키아 박물관. 모자이크가 액자 속 그림처럼 틀 안에 표현되어 있다. 왼쪽은 마에나드와 젊은 사티로스, 오른쪽은 마에나드와 늙은 실레노스

왔어요. 헬레니즘 문명의 중심지로 모자이크 기술이 발달했던 알렉산드리아, 사모스 등이 엠블레마 판넬을 만들어 지중해 전역으로 수출했던 것으로 보입니다.

추상명사는 어떻게 표현했을까

추상적인 내용이나 무생물을 사람으로 나타내는 인격화 표현방법은

헬레니즘 모자이크 기법의 특징이죠. 쉽게 말하면 봄을 장미꽃을 머리에 쓴 여신으로 그리는 식이에요. 모자이크 소재의 폭을 넓히고, 모자이크를 이해하기 쉬운 문화예술로 승화시킬 수 있었던 계기가 되었어요.

크티시스_키프로스 쿠리온 유적지. 집안 번영을 상징하는 '크티시스'를 여인 얼굴로 표현했다.